백운산 봉우리에 남겨진 이름
마지막 소년 빨치산

김영승

회고록

일러두기

저자의 표현과 용어를 가능한 살렸다.
가장 많이 쓰인 '적', '적들'이란 용어는 당시 빨치산의 일반적인 표현이기에 현장감을 살리기 위해 그대로 사용했다.
역사적 사건인 '6.25전쟁', '9.28수복' 등도 당시 필자의 입장인 '조국해방전쟁', '9.28후퇴' 등으로 표현했다.
지역 사투리를 그대로 사용했다.

감수 박동기 근현대사 연구가 · **사진** 조성봉 감독 / 윤병구

백운산 봉우리에 남겨진 이름
마지막 소년 빨치산

김영승 회고록

김영승 지음

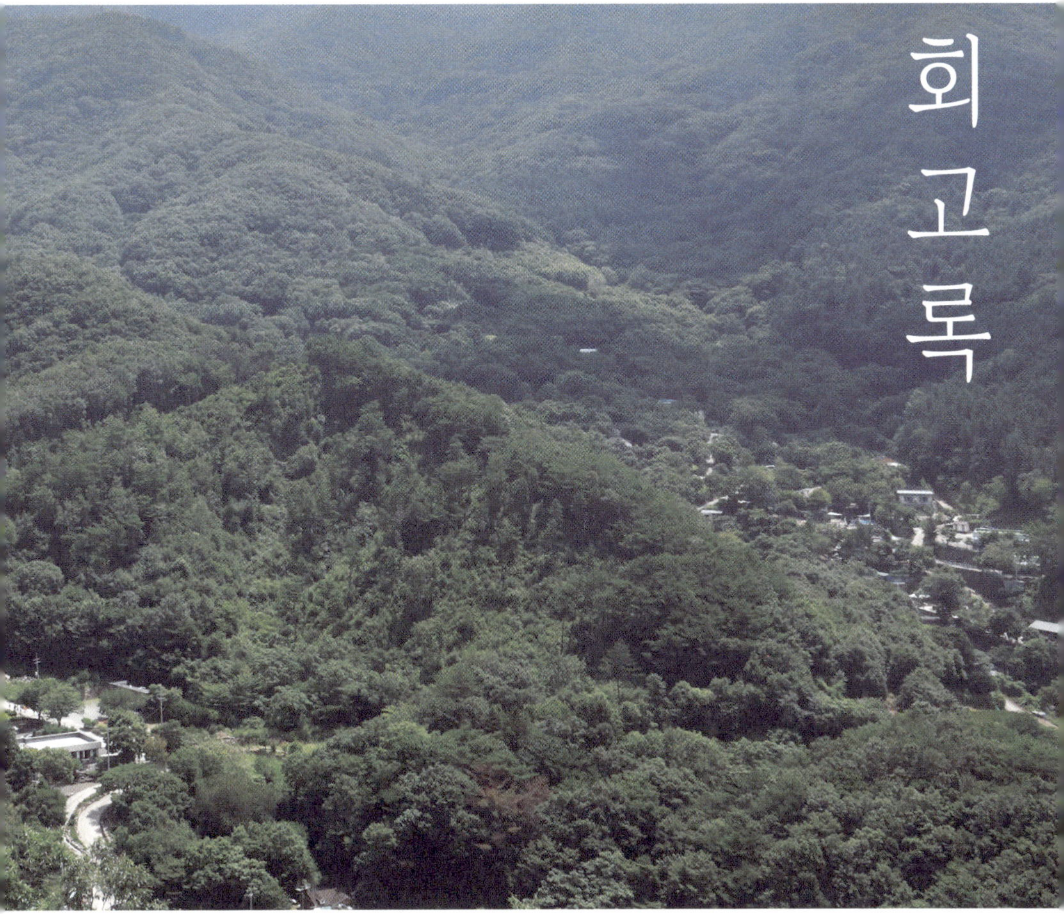

통일뉴스

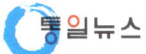

작
가
의
말
／

    나는 소년 빨치산 출신으로서 비전향 장기수의 한 사람이다. 소년 빨치산 출신들이 많기도 하지만 징역을 36년 가까이 살고 출옥한 장기수 중 유일하게 생존한 사람은 나 하나뿐이다. 그리고 빨치산 종막을 고할 때까지 증언할 수 있는 사람도 나 혼자뿐이다.

    이만큼 책임감이 중요하다고 생각한다. 단 내가 실제 경험하고 듣고 보고 한 것을 나름대로 서술했지만 부족하고 수정 보충할 점이 많다고 생각한다.

    살아생전에 불초한 내가 겪은 투쟁들을 사전에 자료로 정리한 것도 아니고 기억나는 대로 서술한다고 했지만 부족한 점은 많을 것이다. 그런 인식의 바탕위에 독자 여러분들께서 봐 주시는 것만으로도 제 생애의 영광이라고 생각한다.

    이 험악한 가시밭길을 왜 선택했는가를 이야기한다면 끝이 없을 것이나 희미해져가는 기억을 더듬고 현장을 다니며 확인하는 노력 끝에 어설픈 기록이나마 세상에 내 놓게 되어 그 실마리의 한쪽을 붙들게 됨을 다행으로 생각한다.

    나는 부친이 20년 동안 이웃집 홍가네 부잣집 머슴살이로부터 소작료 열 마지기를 부쳐 먹는 빈농의 집안에서 태어났다. 그래서 옛 집은 사그라들어 방 두 개를 가진 집을 새로 지었는데 그 집 부엌에서 태어났다. 새 집 짓고 방바닥을 말리는 과정이었기 때문이다.

    만 10살 때인 1945년 8.15광복을 맞이하였다. 이때 서당을 3년 다니는 과정이었다. 광복 후에는 일제병탄 시기 학교에 들어가지 못한 가정의 어린이들이 소학교에 많이 들어갔다. 나의 부친은 국어를 배워서는 성공하지 못하니 서당을 계속 다녀야 한다고 했다. 그러나 나는 한문공부를 잘해 봐야 성공할 수 없고 국어를 배워야 능히 성공을 거둘 수 있다고 주장하여 결국 서당을 때려치우고 소학교 2학년에 들어갔다. 하지만 난 생전 학교 교육은 5년밖에 받지 못했다. 우리 고장에서는 똑똑한 소년이었다고 칭찬을 받기도 했다. 장차 큰일을 할 수 있기 때문에 잘 가르쳐야 한다고 이웃 어른들은 이구동성으로 말하기도 했다.

    일제 말에 우리 큰형님이 유언비어 유포죄로 감옥을 살고 있었는데

1945년 8.15광복을 맞이하여 평양감옥에서 출옥했다. 이로 인해 일제에 대한 증오심이 싹트기 시작했다. 1948년 여수 14연대 봉기 후 불갑산에도 30여 명의 무장대가 투쟁하고 있어 밤이면 마을에 내려왔다. 그래서 밥을 지어 먹고 가면 지서에 신고했다. 경찰들은 제 때에 신고하지 않는다고 경찰 기동대들이 출동하여 갖은 탄압을 자행했다. 그것을 목격하고 어린 소년의 마음은 일제에 대한 증오심과 정권에 대한 증오심이 싹트기 시작했다.

그런 과정에 1950년 6.25해방을 맞이하여 우리 세상이 되어 소년단 활동을 시작하면서 리지구당 세포에서 명단 작성과 면당부 연락사업을 하다 9.28 전략적 후퇴를 맞아 입산해서 빨치산 활동을 1954년 2월 20일까지 했다. 실제 전투경험은 1년 남짓밖에 되지 않는다. 투쟁 중 중상을 당해 생포 당했다. 재판에서 사형을 받고, 이후 무기형으로 감형돼 35년 9개월을 살고 비전향 출옥했다.

출옥 후 내가 할 일이 무엇인가를 생각하고 꾸준히 실천한 것이, 동지들의 반대를 무릅쓰고 현장 촬영을 해 왔으며 일기는 매일 하루도 빠지지 않고 30여 년을 쓰고 있다. 그런 이유로 지금까지 과거행적을 짬짬이 자료로 기록하고 또 각 매체의 기고를 통해 아픈 현대사를 공유하도록 하고 있다. 기록은 기억이다. 산에서 투쟁하며 그때그때를 기록할 수 없는 상태에서 나의 기억과 함께했던 동지들의 기억을 공유하며, 사실로 객관화된 기억들이 되도록 노력했다.

이 글을 읽으면 뜻이 통하지 않는 곳과 처음 듣는 말들도 있을 것이다.

지방 말과 투쟁하던 사람들이 쓰던 말이 혼재하고 가끔은 일본말들도 있어 현재말로 바꾸어 두었다. 또한 본인의 기억에 오류가 있을 수 있어 역사학자들에게 수정가필을 청하였다. 그중에서 전남 광주의 박동기 선생께서 고생을 많이 해줘 고맙다는 말씀을 드린다.

현재 계획에는 본인의 회고록을 빨치산편, 감옥편, 사회편 세 개를 집필하려고 결심하고 있는데 지금 뇌졸중 현상이 나타나 앞으로 어떻게 될지 몰라 우선 써놓은 빨치산편을 출판하라는 친구들의 종합적인 여론을 수렴하여 첫 번째 빨치산편을 출간하게 되었다.

이 책을 출간하는데 일차적인 자료정리에 애써 준 노사연 연구소 서의윤 님과 회고록을 출판하는데 총체적 책임을 맡은 전 전농 의장인 한도숙 선생과 신금용 선생, 그리고 조성봉 감독, 박동기 선생, 양희철 선생과 역사학자 한홍구 선생, 박준성 선생과 출간비용을 지원해 준 진달래산천 여러분, 마지막으로 출간을 맡은 통일뉴스 이계환 사장에게 심심한 감사의 인사를 올린다.

독자 여러분! 부족한 책이지만 많이 읽고 분단의 역사를 이해하고 통일문제에 관심을 가져줄 것을 부탁드립니다.

2022년 10월　김 영 승

차례 /

004 　작가의 말

제1부 ──────────── 나는 왜 빨치산이 되었는가

014 　나는 왜 빨치산이 되었는가
022 　이승만 정권은 전쟁 준비에 광분하고 탄압은 극에 달했다
026 　전쟁 전 백골단의 발악
030 　우리 가족과 이웃집 가족들의 재입산
034 　전남도당의 종막

제2부 ──────────── 피로 물든 불갑산

038 　피로 물든 불갑산
048 　지울 수 없는 소년 동지
050 　똥섬 투쟁에서 얻어진 교훈
059 　중대장 동지 구출작전

- 063 화학산은 말한다
- 072 두 여성 동무의 장렬한 죽음
- 075 백운산 용지동골에 얽힌 사연
- 080 금성산 골짝의 눈물
- 086 무적을 자랑하던 '정공대'의 비극
- 090 비트에서 살아남는 투쟁의 깃발
- 097 부대를 살리는 예감은 오랜 경험에서 축적된 현상의 발로다
- 100 삼학출장소 점령 전투
- 106 전남 유격투쟁의 중요 연락거점이었던 봉두산
- 109 버스 정차 기습전에서
- 113 진상장터 진격 투쟁에서

제3부 ─ 아아! 백운산

- 120 백운산 800고지를 잊을 수 없다
- 123 하동경찰서 전초기지 파출소 진격투쟁에서
- 128 재산(在山) 시 학습은 어떻게 전개되었는가

132	빨치산 매복전에서
136	기념일과 문화오락은 어떻게 전개되었는가
139	빨치산 생활에서 남녀 애정에 관하여
144	빨치산 투쟁에서 희생된 동지들을 어떻게 해결했는가
148	전남 빨치산 전적지 중 도당 핵심기지인 백운산에 남겨진 이름들
153	빨치산 투쟁 시 옷과 신발은 어떻게 해결했는가
157	빨치산 투쟁에서 잠자리에 관하여
161	조국해방전쟁 때 미제의 세균전은 어떻게 전개되었는가
164	제5지구당 결성과 해체에 관하여
169	빨치산 투쟁에서 동지애는 어떻게 발휘되었는가
173	지울 수 없는 고위 간부 동지들에 대한 인상
184	빨치산 투쟁에서 내가 보위했던 간부 동지들에게서 받은 교훈
191	전남 영암 국사봉에 얽힌 사연
195	나는 빨치산 투쟁으로 영예로운 조선노동당원이 되었다
199	투철한 혁명적 신념 없이는 최후의 승리를 담보할 수 없다
204	나의 빨치산 투쟁에서의 최후의 결전
212	용맹을 떨친 군사간부 동지들

제4부 ─── 빨치산의 안식처 지리산

220	지리산 피아골 제5지구당 아지트를 습격당한 교훈
223	지리산 지초봉 전투에서

제5부 ——————————————————— 전적지 답사

231   백운산 지역
253   지리산 지역
265   백아산
279   지리산 빨치산 투쟁의 역사성과 그 의미를 되새겨본다

299 |추천사| 외세와 분단이 빚은 동족상잔의 아픈 상처 · 권오헌

305 |추천사| 분단의 아픔을 오늘도 앓고 있는 이 있다 · 양희철

310   나의 살아 온 이력

김영승

제1부

나는 왜 빨치산이 되었는가

나는 왜 빨치산이 되었는가

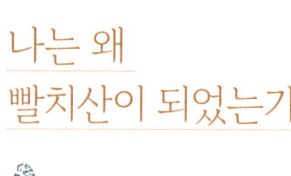

고향의 봄

나는 1935년 8월 7일 전남 영광군 묘량면 삼학리 신성마을 235번지에서 7남매 중 3남으로 태어났다. 고향마을은 빨치산 투쟁의 전적지의 하나인 불갑산의 정기를 타고 뻗어 내린 안개봉우리 기슭에 자리 잡은 아담한 마을이었다. 마을 어귀에는 마을의 안전과 평화를 지켜주는 수호신처럼 지금도 당산나무가 고목이 되어 지켜보고 있다. 마을 앞 국도는 광주에서 영광읍으로 통하는 직선도로가 나 있다. 마을에는 16가구가 살고 있었다. 청년들도 스물 몇 명이 살고 있었지만 무학자들이 대부분이었다. 이는 사회가 낳은 가난의 결과였다.

마을에는 땅 부자인 홍가네 지주가 살고 있었으며 나의 아버지는 지주인 홍가네 집에서 20여 년 머슴살이로 얻은 10여 마지기의 소작지를 일구

어린 시절 필자의 고향마을

면서 살아온 빈농이었다. 우리 식구는 10여 식구의 대가족이었기 때문에 1년 농사를 지어도 보릿고개를 넘기는 데는 말할 수 없는 고난을 겪어야만 했다. 나는 그렇게 빈곤한 생활환경 속에서 어린 시절을 보내게 되었다.

사실 1950년 전쟁이 날 당시까지 나는 고무신 한 켤레도 신어보지 못하고 짚신을 삼아 신던가 아니면 그냥 맨발로 10리, 20리 떨어진 학교를 다녔으며, 양복은 중학교 다닐 때 무명베로 만든 여름 옷 한 벌이 전부였고 나의 누이동생은 속옷도 없이 검은 통치마로 1년을 입고 사는 형편이었다. 그리하여 당시 학교는 만 5년밖에 다니지 못했고 서당을 3년 다녔다. 이 과정에 1950년 전쟁이 일어나 7월 23일 인민군대의 점령으로 해방을 맞이하게 되었다.

반일 의식이 싹튼 계기

일제 말 내가 열 살 때 큰형님이 유언비어 유포죄로 몰려 일경에 체포돼 지서, 경찰서, 목포감옥, 대구감옥, 평양감옥에 수감되었고, 마지막 평양감옥에서 8.15해방을 맞이하고서야 비로소 출옥할 수 있었다. 이로 말미암아 일본 놈들에 대한 증오심이 발로되기 시작했다. 이 증오심이 해방 후에도 그대로 이어졌다. 해방정국은 미국의 점령 통치 속에 일제 때나 하등 다를 바 없었기 때문이다.

빨치산과의 접촉 그리고 빨치산 대장과의 약속

해방 정국에서 동네 청년들이 좌익 운동에 나서게 되어 자연 청년들의 영향을 받지 않을 수 없었다. 그런 와중에 1948년 여수 14연대 봉기 후 불갑산에도 약 30여명의 무장대가 1949년 말까지 활동하고 있었다. 이 무장부대는 가끔 마을에 내려와 밥을 시켜 먹었으며 당시 감수성이 예민한 나이에 이들과의 접촉은 너무도 자연스러운 것이었다.

우리 집에서도 빨치산 대장의 밥을 지어주게 되면서 자연 교양을 받게 되었다. 그때 내가 빨치산이 되고 싶다고 하니 "너는 아직 나이가 어리니 공부 열심히 해서 장차 우리 뒤를 따라도 된다"고 했을 때 그렇게 하겠다고 맹세했던 기억이 아직도 생생하게 남아있다. 그때 손위 누님이 접촉하고 있어서 누님의 영향 속에 심부름도 했었다. 그리고 총 쏘는 법도 그때 배웠다.

동네 청소년 소녀들을 문맹퇴치

가난 때문에 학교에 들어가지 못해 몇몇 집을 제외하고는 문맹자 가족들이었다. 나는 서당을 다니면서 양식 있는 훈장 선생으로부터 국문을 완전 터득했기 때문에 동네 야학(사랑방) 선생노릇을 하면서 국어와 수학(보태기, 빼기, 곱하기, 나누기) 등을 가르쳤다. 그렇게 학교에 들어가지 못한 청소년소녀들을 전부 문맹퇴치 하는데 기여했다. 그리고 야학을 통해 동네 청년들에게서 적기가, 농민가도 배웠다.

군경들의 무자비한 탄압과 학살은 증오와 분노를 솟구치게 했다

우리 부친은 보릿고개를 무사히 넘기기 위해서 산에서 숫돌을 캐 다듬어 장에 나가 팔아서 호구지책을 유지하고 있었는데 밀재출장소에서 기동대 7명이 여자들을 전쟁 준비를 위한 죽창훈련을 매일 삼학리 산상학교 운동장에서 시켰다. 이들이 광주에서 영광읍으로 내려오는 버스를 타고 오는 것을 알고 빨치산들은 그 길목인 연암교에서 매복했다가 버스를 전복시켜 경찰 6명을 사살한 뒤 불갑산으로 후퇴했었다. 기동대 중 1명은 부상당한 채 살아나왔으나 그 후 혼자만 살아나왔다고 총살당했다는 소식도 들었다.

몇 시간 후 영광기동대가 출동하여 추격하는 중 부친은 바깥 총소리에 놀라 숫돌 굴에 웅크리고 앉아 있다가 발각되었다. 기동대는 무턱대고 빨치산 매복을 안내해주었다고 안 죽을 만치 두들겨 팬 후 불지 않는다고 수건으로 눈을 싸매고 숲속으로 끌고 가 총살하려고 했다. 마침 밀재출장소장이 보고, 어떤 사람인가 보자 하면서 수건을 벗겼고 "이 영감은 그런 사람이 아니다. 밀재출장소 돌담 쌓을 때 부역도 한 영감이며 이곳에 오랜 기

필자가 다닌 소학교 터

간 숫돌을 캐는 영감이니 총살하면 안 된다"고 해 살아났다.

이 소식을 전해들은 우리 가족들은 참담함을 금치 못했다. 우선 들것을 만들어서 몸을 가누지 못하는 아버지를 집으로 운반했고 그렇게 아버지는 맞은 얼을 뺀다고 당시 농촌의 단방약으로 똥통(소망, 뒷간)의 똥물을 걸러 마시면서 수개월을 앓아누웠다. 당시 마을의 처녀들과 청년들은 한청단을 만들어 죽창훈련을 시켰던 상황이었다.

토벌대들의 횡포

그 후 동네 이웃집 청년들이 빨치산으로 입산했는데 1949년 가을에 불갑산 용천사에서 소위 토벌대의 불시의 기습을 당하여 동네 김영하라는 청년이 산을 넘고 넘어 우리 동네에 들어왔다. 토벌대가 이를 추격하여 동네 뒷동산을 완전 포위하고 날이 밝자 각종 중화기로 집중사격을 가하면서 진입해 들이닥쳤다. 토벌대들이 가가호호를 다니면서 동네 홍가네 부잣집 마당으로 총집결하라는 명령을 내려 영문도 모른 채 나갔다.

토벌대는 집집마다 수색하는 과정에서 우리 집 헛간 재 속에서 "군복과 단도, 수류탄이 나왔다. 이것을 고의로 감추었다"고 솔직하게 말하라면서 큰형님을 안 죽을 만치 두들겨 팼다. 이 광경을 직접 목격하고 어린 마음에 천불이 날 정도로 분노가 치밀어 오기도 했다. 그 옷은 이웃집 김영하의 옷이었다. 당시 김영하가 우리 헛간 재 속에 묻어 놓고 농민 바지저고리를 입고 소 꼴 구덕과 낫을 들고 변장한 모습으로 집합 장소에 나올 줄은 전혀 몰랐었다. 결국 김영하는 체포되고 말았다.

집결한 동네 가족들 중 청년들은 두들겨 팬 다음 구루마나 리어카에 싣고 지서 유치장에 일주일정도 유치했다가 풀어줬다. 이런 탄압상은 말로 다 할 수 없을 정도로 많다. 이는 나로 하여금 사회개조 운동에 나서게 만들었다.

우리 숙부의 참상

1948년 가을 우리 막내 숙부가 경찰서 보안과장 지프차에 치어 허벅다리 뼈가 부서지는 중상을 입었다. 이 소식을 전해들은 우리 큰형님이 나갔지만 주눅이 들어 말 한마디 당당하게 하지 못하는 것을 보고 나는 '우리 집안에 사람이 없구나' 하는 것을 뼈저리게 절감하고 빨리 어른이 되어서 반드시 복수하고야 말겠다고 두 주먹을 불끈 쥐고 맹세했다. 결국 숙부는 불구가 되었고 보상은 당시 알랑미(안남미) 수입쌀 소두 한 말(5되) 정도를 받았을 뿐이었다. 당시는 경찰 탄압의 공포 속에 벌벌 떨고 있는 판국이었다.

우리 학교 교사에 대한 지서 순경들의 학살만행

1950년 6월초에 우리 학교 체육담당 정병태 선생이 지서 순경과 주막집에서 술을 마시다가 말다툼이 났다. 이에 그 순경이 정병태 선생을 빨갱이라고 즉석에서 쏘아 죽이고 그 시신을 지서 앞 도로변에 가마니로 덮어 놓고 가족들이 시신조차 찾아가지 못하게 했다. 여름철이라 도로변을 지날 때 썩는 냄새가 코를 진동했으나 결국 7월 23일 인민군에 의해서 해방을 맞이했을 때 비로소 시신을 수습하는 광경을 보고 당시 경찰 군대들의 학살만행에 치를 떨기도 했었다.

드디어 해방세상

1950년 7월 23일 인민군에 의해서 해방을 맞이한 우리 고장은 고통 받고 탄압받았던 세기적 바람이 이제 비로소 성취되었다고 생각하여 농민들은 토지를 무상으로 분배 받았고, 여자들은 남녀평등권을 갖게 되었으며, 가난으로 배우지 못한 어린이나 소년들도 배움의 길이 비로소 열리게 되었다는 기쁨에 새 사회 건설에 한마음 한 뜻으로 동원되었다. 이때 나는 소년단 활동과 리당 세포위원회에서 면당부와 연락사업을 열심히 했고, 그 과정에서 9.28후퇴를 맞게 되었다.

9.28후퇴 후 입산해 빨치산이 되었다

　후퇴 후 미군을 비롯한 소위 유엔군들이 침공하여 점령하는 곳마다 살인 강간 약탈 방화 등이 자행되고 있었다. 숨어 있었던 우익세력들이 들고 일어나 판을 치고 있는 상황 속에서 우리 가족들은 동네 사람들과 함께 입산했다.

　결국 나는 하산하지 않고 남아 4년여의 빨치산 투쟁 속에서 지뢰 파편 50여 군데를 맞았으며 마지막에는 총 3발을 맞고 중상을 입은 채 포로가 되어 사형, 무기, 반공법 2년, 사회안전법 13년 등 도합 35년 9개월을 복역하고 비전향자로 출옥해서 오늘도 변함없이 범민족 통일운동의 가시밭길 속에서 남은 생을 바치고 있는 중이다.

이승만 정권은 전쟁 준비에 광분하고 탄압은 극에 달했다

우리 고장에서는 전쟁 전 1949년 여름부터 1950년 전쟁 날 때까지 처녀들과 청년들을 강제로 동원시켜 전쟁 준비를 위한 죽창훈련이 자행되었다. 여자들은 17세부터 처녀들이고 남자들은 30세까지가 청년이어서 농번기에 강제훈련에 동원되어 일할 사람이라고는 어린애들과 노인들뿐이었다. 우리 누나도 18세 처녀라 죽창훈련에 강제로 동원되었다.

삼학리 산상마을에 묘량분교가 있었는데 처녀들은 주로 이 분교에서 경찰들이 훈련을 시켰다. 밀재출장소에 주둔한 경찰대 7명이 광주에서 영광읍으로 내려오는 버스에 동승하여 1950년 6월 전쟁이 날 때까지 죽창훈련을 자행했다. 그리고 청년들은 영광 법성포에 끌고 가서 훈련을 시켰다.

1949년 7월 초순에 밀재에서 경찰대가 버스를 타고 내려오는 것을 알게 된 빨치산 무장대는 연암리 연암교에 미리 잠복해 있다가 버스를 전복

시켰다. 밀재출장소 주둔 경찰 7명중 6명이 사살되고 1명만 팔 부상을 입고 살아나왔는데 다 죽고 혼자만 살아나왔다고 총살당한 사실이 있었다는 내용을 앞에서 밝힌 바 있다. 그 후부터는 차를 타지 않고 걸어서 내려와 죽창훈련을 시켰다.

그날 오후에 영광읍에서 기동대가 출동해서 연암교에 도착했다. 빨치산 무장대는 불갑산으로 후퇴했는데 그들은 그 족적 따라 기동대와 밀재출장소 주둔 경찰대와 합동해 빨치산 무장대를 추적해 가다 우리 아버지가 당시 숫돌을 떼고 있는 숫돌굴을 발견하고, 굴 안 구석에 벌벌 떨면서 앉아 있는 아버지를 발견하고 나오라고 했다. 아버지는 멋모르고 총소리가 버글버글 나니 무서워서 안에 쪼그리고 앉아 있었던 것이다. 사실 총소리가 날 때 나와 뒷재를 넘으면 우리 집 뒷산 밭고랑에 떨어져 무사할 수 있었는데 이렇게 될 줄은 꿈에도 생각하지 못했다.

뭇놈들은 영감 할아버지를 다짜고짜 "네놈이 버스 통과를 사전에 빨치산들과 내통해서 가르쳐준 것 아닌가"라며 총개머리 판으로 두들겨 패고 발길질하면서 족치기 시작했다. 전혀 아무것도 모르는 일이라고 솔직하게 말해도 거짓말한다고 안 죽을 만치 두들겨 패다가 결국 무고한 아버지에게 분풀이로 총살시키라고 높은 놈이 명령했다. 그렇게 아버지의 양 눈을 수건으로 동여매고 숲속으로 데리고 가 총살하려는 순간 밀재출장소 소장(경위)이 보고 어떤 사람이냐고 물었다. 이때 수건을 풀어 놓고 보니 이 영감은 오랫동안 숫돌만 캐는 사람이고 밀재출장소 돌담 쌓을 때 부역한 사람이라고 증언해 주어서 아버지는 구사일생으로 총살을 모면해 살아남게 되었다.

　당시 밀재출장소도 삼학출장소와 같이 민간인들을 강제로 동원시켜 부역한 것인데 아버지가 돌담을 쌓는데도 다른 부역자들보다 잘 쌓고 오랜 기간 숫돌을 캐는 일을 하였기 때문에 모르는 사람이 없었다. 일면 그 밀재출장소 소장이 광산 김씨라고도 했다. 그리하여 아버지는 놈들에게 안 죽을 만치 두들겨 맞아 몸을 가누지 못하게 되어 기동대가 떠메어다가 연암리 하세미 주막집에 갖다 놓았다. 그 후 기동대는 불갑산 쪽 능선에 올라 총소리만 내다가 후퇴해 영광읍으로 갔던 것이다. 당시는 경찰대들이 빨치산 무장대가 나타났다고 신고해도 당장 쫓아오지 않고 떠난 후 한참 지나서야 도착해 민간인들만 때려잡는 것이었다. 그래서 '사또 떠난 후 나발 분다'는 말이 회자되기도 했다.

　이 소식을 듣고 어둠이 깔린 상태 속에서 큰형님과 같이 쫓아가 아버지를 당가(담가, 들것)에 실어 집으로 모셔왔다. 당시는 치료약이란 생각할 수조차 없었고 단방약으로는 맞아 얼진 데는 똥물이 좋다는 것을 알고 있었다. 똥통을 소망이라고 했다. 이 소망에 똥덩어리를 휘휘 졌고 바가지로 똥물을 떠서 마시고 하면서 달포 동안 끙끙 앓기도 했다. 몸이 좀 낫아 기동할 만큼 되니 자식들을 먹여 살리기 위해 숫돌굴을 찾아 그 작업을 계속하는 과정에 1950년 7.23해방을 맞아 그만두게 되었다.

　당시 불갑산 토벌이 매일 벌어지고 있고 경찰들의 행패는 극에 달하고 있었다. 그들의 요구에 조금이라도 불평을 가지면 빨갱이라고 낙인 찍혀서 살아날 수 없는 살벌한 분위기 속에 살아야 했다. 이렇게 일제 전쟁 말기보다 더하면 더 했지 경찰과 세무직원들의 행패는 말로 다 표현할 길이 없었다. 이승만 정권하의 전쟁 준비 발광은 하늘을 솟구치고 있었다.

전쟁 전
백골단의 발악

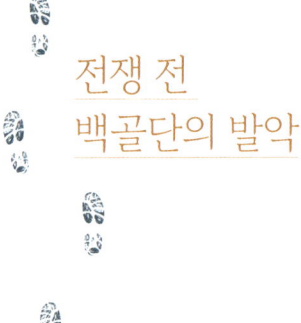

    때는 1949년 10월 초순이다. 우리 동네는 유명한 불갑산 기슭에 자리 잡고 있는 마을이다. 1948년 10월 19일 애국병사 봉기 후 불갑산에도 30여 명의 빨치산 무장부대들이 투쟁하고 있었다. 이들은 밤이면 가끔 마을에 내려와 밥을 해달라고 했고 밥을 해주면 무사히 어디론가 사라졌다. 우리 마을에서도 김영하와 서치술이라는 청년 두 사람이 입산해 투쟁하고 있었다. 당시 김영하는 19세의 청년이었다. 그의 집은 우리 집에서 두 번째 집이었다. 서치술 청년은 부모님, 형님, 동생까지 합하여 5명이 생존해 있었다. 그의 부모님을 마을에서 당촌댁으로 불렀다.

    당시 묘량국민학교에 국군이 주둔해 있었고 마을 사람들은 매일 같이 불갑산 토벌작전에 동원되었다. 그들은 하루 점심 한 때는 각 마을 별로 몇 십 상씩 준비하라고 지시가 내려오면 자기는 못 먹어도 어떠한 수단과 방법을 써서라도 장만해 바쳐야 했다. 만일 못한다고 하면 빨갱이로 몰리게 되고 그러면 살아남지 못했다.

이러한 공포와 억압 속에서 살아오는 과정에 1949년 여름 불갑산 용천사 근처에서 청년 한 명이 생포되었고 국군이 그를 묘량국민학교에 붙잡고 있으면서 매일 토벌작전에 앞세워 끌고 다닌 것을 목격했다. 포로가 된 그 청년은 중학생 모자를 쓰고 있었다. 당시 중학교 3학년생이면 18, 19세 나이였다. 그는 그렇게 1949년 늦은 가을까지 끌려 다녔다.

그때는 빨치산 부대들에게 밥을 해 주었다 하면 이튿날 기동대들이 나와 동네 젊은 사람들에게 몽동이 매타작을 가하여 지서 유치장에 일주쯤 가두었다가 풀어주고는 했다. 무장부대가 내려오면 제 때에 신고하라는 것이었다. 그렇게 하도 탄압이 심하니까 꾀를 냈다. 무장부대들을 밤손님이라고도 했는데 밤손님들은 앞으로는 "우리가 내려와 밥 해 먹고 떠난 후에 한 사람씩 릴레이로 달려가 신고하되 첫째 주자는 지금 막 내려와 밥을 지어 달라 해서 밥을 짓고 있다 하고, 두 번째 주자는 지금 밥을 먹고 있다고 신고하고, 세 번째 주자는 지금 떠났다고 신고하라"고 해서 그대로 신고하니 잘한다는 말까지 듣고 몽동이찜질을 당하지 않았다. 당시는 밤손님이 나타났다 해도 신고만 받지 밤에 출동하지는 않았기 때문이다. 그리고 전봇대 하나에 민간인 한 사람씩을 붙여 보초를 서게 하여 밤손님이 지나가면 신고하라는 것이었다.

그런데 1949년 10월 초순에 이웃집 김영하라는 친구가 불갑산에서 군인들과 조우한 후 우리 마을까지 후퇴해 들어왔다. 군인들은 꼬리를 물고 우리 마을 뒷산을 포위했고, 날이 뿌옇게 새자 느닷없이 총소리가 나더니 마을을 향해 집중사격을 가하기 시작했다. 사람들은 부엌으로 들어가거나 이불을 뒤집어쓰고 있는데, 날이 훤히 새자 백골이 그려진 철모를 쓴 군인들과 백골단이 집집마다 돌아다니며 이웃집 홍경호 부잣집 마당으로 모이라는 것이었다. 주민들은 영문도 모른 채 공포에 질려 벌벌 떨면서 홍가 큰 마당에 모였었다 그리해 놓고 뭇놈들이 가가호호 수색전을 펼쳐 불행하게도 우리 집 헛간 재 속에서 군복과 칼빈 단도와 수류탄이 나왔다고 했다. 나도 나와 보니 김영하 동무가 중의적삼(여름용 홑저고리)을 입고 소깔구덕이(여물 소쿠리)와 낫을 들고 집 마루 평상에 앉아 있는 것을 보고 깜짝 놀라기도 했다. 당시 그의 인상은 우선 눈빛이 번쩍번쩍 빛났으며 얼굴이 하얗게 보였다.

보고도 말이나 눈길도 못주고 있는데 백골단들은 모인 마을 주민들에게 자기 가족단위로 앉으라는 명령을 내렸다. 김영하는 홍경호 집 식구들 맨 뒤쪽에 앉았다. 백골단은 일일이 본인에게 가족이 맞냐고 묻고 나이 어린 애들이 있으면 그에게 가족이 맞냐고 물어 맞다고 하면 다음 집으로 넘어가는데, 드디어 홍경호집 식구들에게 와서 김영하에게 물으니 이 집 머슴이라고 답변하자 그 집 딸인 홍정숙(당시 12세)에게 머슴이 맞냐고 물었다. '아니라'는 말이 끝나기 무섭게 백골단들이 김영하를 낚아채더니 뭇놈들이 안 죽을 만치 두들겨 팬 다음에 꼭꼭 묶어 싣고 가는 참상이 벌어졌다. 그뿐만이 아니라 우리 집 가택수색에서 나온 군복과 단도 수류탄을 고의로 감추어 두었다고 뭇놈들이 우리 큰형님을 안 죽을 만치 두들겨 패면서 솔직히 불라고 고문하는 과정에 한 군인이 옆에서 그만 패라고 말하니 구타가 멈췄다. 이 후 그들은 동네 청년들을 마을 앞 논 들판에 끌고 가서 두들겨 패더니 모두 구루마(달구지)에 실어서 지서까지 끌고 가 유치장에 가뒀다가 일주일 만에 석방시켰다.

백골단은 김영하 손목을 묶어서 불갑산 토벌에 끌고 다니며 아지트를 대라고 했다. 나중에는 수정을 채우지 않고 다니게 되었고, 결국 그는 밤길에 탈출에 성공했다. 그 후 적들은 거의 매일 김영하의 부모 형제들에게 찾아내라고 발가벗겨 놓고 고문하며 족쳤다. 가족은 어디 있는지 알았던 것이다. 결국에는 도저히 아들 하나 때문에 가족 전체가 살 수 없어 1950년 초에 자수를 시켰다. 그리하여 김영하는 광주감옥에 미결로 있다가 1950년 7월 23일 인민군의 광주 진격에 의하여 구사일생으로 살아남아 합법 때 전남도 정치보위부에서 사업하면서 고향마을을 한번 찾아와 반갑게 상면하기도 했다. 그 후에는 9.28후퇴를 맞은 후 북상했다는 소식만 들었을 뿐이다. 그리고 그 마을 가족들은 고향에서 모두 학살당하는 비극을 겪고 말았다.

이와 같이 전쟁이 날 때쯤 백골단의 발악상은 극에 달했고 소위 유엔군이 진주해 들어온 후 고향에 살아남은 자 몇 사람 없었다. 미군 점령 하 꼭두각시 이승만 정권에서 일어난 전쟁 전의 발악상을 회고해 본다.

우리 가족과
이웃집 가족들의 재입산

1950년 7월 23일 인민군대에 의해서 해방세상이 되었다. 큰형은 리민청 위원장을 했고 둘째형은 의용군 제1기 모집에 들어갔고 둘째 형수는 리여맹 위원장을 했다. 손위 누나는 면여맹 선전부장을 하다 9.28후퇴 후 면당 연락과장을 했다. 그리고 불갑산으로 이동해 와서는 면여맹 위원장으로 활동하다가 불갑산 2월 20일 작전을 맞이했다.

우리 묘량면 삼학리 자위대는 후퇴 후에도 얼마 동안 마을에 남아 이 마을 저 마을 이동하면서 숨어 있다가 자기 세상인양 날뛰는 반동들을 잡아들이고 있었다. 유엔 16개 침략군들이 진격해 들어올 때는 살인 강간 방화 약탈을 하면서 들어오기 때문에 그들의 망에 걸린 자는 하나도 살아남는 자가 없다시피 하고 있었다. 특히 우리 유가족이나 협력한 자는 숨어 있다가 살아나온 자들의 밀고에 의해서 즉결처분을 당하는 학살 만행이 자행되

필자의 가족사진

고 있었다.

　공중에는 미제의 쌕쌕이(제트기)들이 맹폭격을 하는데 특히 개신교 목사, 선교사들이 숨어 있다가 광주에서 영광으로 걸어서 들어오는 것을 목격했다. 그들은 밤에 비행기가 떴다 하면 라이타불을 켜서 반짝이게 했고 그러면 폭격이 자행되어 민간인들이 피해를 입고 있었다. 그리고 우리 마을 건너 내촌마을에 강씨들이 집성촌으로 살고 있는데 일제 말기부터 1950년 전쟁이 일어날 때까지 밀대질을 많이 해서 일반인들은 그들의 위압에 눌려 쥐죽은 듯 살아야 했다. 그런데 그 강씨 집안에 경찰 한 명이 있었다. 합법 때 잡으려고 애를 썼으나 잡지 못하고 후퇴했는데 그 경찰이 살아 돌아와서 우리 마을 청년들을 남김없이 살육하는 만행을 자행했다. 이러한 환경 속에서 입산하지 않을 수 없었다. 그리하여 우리 마을 사람들은 장성 태청산으로 피신했던 것이다.

그러나 유엔 침략군들이 들어와 자리를 잡고 토벌작전을 하는 통에 배길 수 없는데다가 당시 면당부에서는 메가폰으로 다시 고향마을로 돌아가라고 선전하면서 설득작업을 해서 우리 마을 사람들은 마을로 돌아왔다. 그렇게 다시 살고 있는데 진주해온 삼학출장소 경찰대들은 피난 갔다 돌아온 마을 사람들을 자수하면 살려준다고 해놓고서 막상 자수한 사람들을 고문하여 빨갱이로 몰아 죽이고는 상부에는 도주해서 사살했다고 허위 보고를 했다(당시 출장소 소사로 있다 영광경찰서 사찰계 형사까지 하다가 정년퇴직한 강대인 씨의 증언). 그리고 여기에서 우리 유가족과 협력한 사람을 고문으로 강제 자백을 받은 자들 30여 명을 우리 마을 아래에 있는 포천마을에서 불갑면으로 넘어가는 시산재에 끌고 가 구덩이도 파지 않고 산비탈 노상에 잔인하게 학살했다(포천마을 이이천이란 사람이 당시 의경으로 있어서 자기 가족은 무사했고 학살의 실상을 증언함).

그리고 당시는 제2국민병을 강제로 동원시켜 겨울철에 끌고 가다 굶기고 동사시키는 만행을 자행하고 있는 때라 가족을 다시 불갑산으로 입산시키기 위해서 두 번이나 설득작업 끝에 재입산 시켰던 것이다. 당시 나는 불갑지구당부에 있을 때 한 차례 내려가 집에 들렀는데 아버지 혼자 계셨다.

아버지는 나를 얼싸안고 살아 내려왔다 하며 아무개도 무사히 중학을 다니고 있으니 올라가지 말고 함께 살면서 학교에 다니라고 설득시키는 것이었다. 당시는 불갑산 유격대와 영광 유격대, 전북 유격대가 합동작전을 하여 영광을 재해방시킨다고 할 때였다. 그래서 지금 제2국민병을 모집해 끌고 가니 조금만 더 피신하면 해방 세상이 오니 입산해야 한다고 권고하고 몇일날 다시 올 것이니 준비하고 있으라고 말씀드리고 나왔다. 그 후 이웃집에 무명실을 뽑는 물레 품앗이를 가셨던 어머니를 뵙기 위해 갔다. 인기척을 하고 문을 열고 들어가 인사를 하자 어머니는 깜짝 놀라며 어떻게 된 일이냐고 하셨다. 둘러보니 이웃 어머님들 5명이 한 방에서 일을 하고 있었다. 영광해방작전계획을 하고 있을 때라 얼마만 참고 기다리면 해방세상이 온다고 선전하면서 입산해야 한다는 말을 남기고 어머니를 모시고 집으로 왔다. 그리고 다시 입산 준비하고 있으라는 말만 남기고 불갑산 지도부에 도달하니 날이 뿌옇게 새고 있었다.

그 후 며칠 지나서 다시 내려가 집을 갔는데 텅텅 비어 있었다. 그리고 이웃집 할머니와 손자들과 같이 불갑산으로 오는 길에 용천사 뒤 능선 길에서 우리 부모님과 여동생 둘, 이웃집 신대양반 부부와 손자들이 이불 짐을 짊어지고 오는 것을 반갑게 만났다. 이리하여 오두치마을에 타버린 집터 위 구들방에 가운데 칸막이해서 두 집이 살다가 1951년 2.0작전을 맞이하게 되었다. 그리하여 입산 유가족들이라 당시 미제의 점령 하에 살아 남기위한 불기피한 상황에서 우리 동네 세 가족을 재입산시키지 않을 수 없었던 것이다.

전남도당의 종막

1955년 3월 3일 전남 화순군 동면 경치리 밭두둑 수풀 속에 지하 비트가 있었다. 이 비트 안에는 전남도당 부위원장 박갑출 동지를 비롯한 4명의 동지들이 있었다. 박갑출 동지는 화순탄광 노조위원장을 했고 6.25 합법 때는 화순군당 위원장을 했다. 9.28후퇴 후는 백운산 도당학교 학생이었으며 동계공세 때 체포되었다가 탈출에 성공했다. 탈출 후 도당 보위대에서 M-1 소총을 들고 투쟁했다. 동계공세가 끝난 후 1952년 3월에 도당 부위원장이 되어 전남 서부지구 책임을 맡고 지하 공작사업을 잘해서 영웅 칭호까지 받은 동지였다.

그런데 소위 빨치산 토벌대들이 토벌을 마치고 철수 하산하는 과정에 그가 우연히 발견된 것이다. 위치는 화순군 동면 정치리이다. 그 사연은 다음과 같다.

토벌대원이 밭두둑 길을 내려오는데 토끼가 수풀 속으로 들어가는 것을 보고 이를 잡으려고 밭두둑 언덕에서 수풀 속으로 내려가다 썩은 나무를 잡은 것이 나무와 함께 뒹굴어 비트 위에 쿵 하며 굴러 떨어졌다. 이때 비트 안에 있던 동지들은 발각된 줄 알고 안에 소지하고 있던 서류들을 다 소각하고 수류탄으로 자결해 버렸다. 이렇게 해서 비트는 드러나게 되었다.

4명의 동지들 중에는 임신한 여성동무도 한 명 있었는데 토벌대 놈들은 임신한 채 죽은 시신의 배 위를 군화발로 차고 올라타며 히히덕거리는 만행을 자행하기도 했다. 이 비트 발각으로 놈들은 주위에 비트가 더 있을 것을 생각하고 수색하여 이 비트로부터 5-60m 떨어진 곳 도랑가에서 또 다시 비트가 발각되어 그 안에 있던 동지들은 모두 손들고 나와 생포되고 말았다. 이로써 전남도당의 조직적인 투쟁은 당시로서는 종막을 고하고 마는 아픈 기록을 남기고 말았다.

당시 경치리에 살던 14세의 정씨는 이 과정을 가까운 발치에서 지켜본 당사자였다. 그는 그때의 참상을 생생하게 증언해 주었다. 이분은 현재 생존해 있다. 언젠가 다시 현장을 답사할 기회를 기대한다.

불갑산 전경

제2부

피로 물든 불갑산

피로 물든
불갑산

피로 물든 불갑산은 말한다

　불갑산은 영광군 불갑면 함평군 해보면 대동면 나산면으로 둘러 싸여 있는 516m 고지이며 상봉은 연실봉이라 부른다. 불갑산은 묘량면과 해보면의 경계인 밀재 능선을 통해 장성 태청산과 연결되어 있다. 상봉인 연실봉은 동서남북으로 한눈에 들어오는 위치이기 때문에 적들은 이곳에 초소를 설치하고 감시했다. 지금은 철수하고 입산제한이 해제되어 사람들이 산에 오를 수 있다. 불갑산에는 그 유명한 불갑사와 용천사를 비롯한 암자들이 많이 있다.

　또한 이 불갑산은 조국해방전쟁 후 빨치산 투쟁의 전적지의 하나이기도 하다. 이 전적지들은 주로 함평군 해보면 산내리 골짝과 용천사 골에 집중되어 있었다. 영광군 불갑면과 묘량면은 산세가 험악하고 적의 기동로가 가까워 전략적으로 불리하기 때문이다.

1950년 9.28후퇴 후 불갑사 골짜기, 산내리 골짜기, 용천사 골짜기의 각 마을들은 일시적 해방구로 설치되어 있었다. 1948년 10월 19일 여수애국병사봉기(여수 14연대 병사들의 봉기, 여순봉기) 후 불갑산에도 20-30여 명의 무장 빨치산 부대들이 투쟁하고 있었다. 그러나 1949년 겨울에 장성 태청산에 있는 숯골 아지트는 결국 적들에게 발각돼 동지들이 최후를 맞게 되는 아픈 역사를 갖고 있다.

불갑지구당과 지구사령부 설치

1950년 9.28후퇴 후 10월 5일 전남도당 조직위원회 결정에 의해서 재빨리 합법적 당조직 체계를 전시 비합법적 빨치산 당조직 체계로 개편하여 투쟁했다. 지구당 위원장은 김용우 동지(합법 때 목포시당 위원장), 지구 사령관은 박정현 동지(합법 때 나주군당 위원장)였고 이러한 체계 하에서 본격적인 빨치산 투쟁이 전개되었다. 당부와 사령부는 용천사골 광암리 가정마을에 자리 잡고 있었다. 그리고 불갑산에는 목포시당 일부(일부는 유치내산에 입산)와 무안군당, 함평군당 산하의 해보면당, 대동면당, 나산면당과 장성군당 산하의 삼서면당, 삼계면당 산하 각 부서들, 그리고 묘량면당 산하 기관들이 와 있었다.

무장부대는 지구사 부대, 무호대, 함호대 등 각 면당 유격부대들과 유가족들, 피난민들, 그리고 외지로 빠져나가지 못한 토착민들로 북적거리고 있었다.

적들의 공세

이 땅을 점령해 들어온 미 제국주의를 비롯한 16개 침략군(유엔 참전 16개국)들은 진주하는 곳마다 살인 약탈 방화 강간 등을 자행했고, 민간인들은 죽음을 모면하기 위해 보다 안전한 불갑산으로 입산하게 되었다. 진주한 적들의 수차에 걸친 침공이 있었으나 그때마다 격퇴시켰다. 그리고 장성 태청산으로 입산한 민간인들 역시 적들의 잦은 침공에 더 이상 버틸 수 없어 12월 초순에 불갑산으로 이동했다.

드디어 적들은 1951년 2월 20일 새벽을 기해 대대적인 무력을 동원하여 포위 공격을 감행했다. 당시 아군은 1천여 명의 적은 방어할 수 있다고 판단했다. 그리하여 만반의 준비태세를 갖추고 있었다. 그러나 새벽 2시 지하 정보선에서 올라온 정보에 의하면 적 5백여 명이 더 추가돼 총 1천5백여 명의 무력동원으로 추산됨에 따라 우리의 무장력으로는 도저히 방어할 수 없다고 판단해 지구당부 일부 성원들만 나주 금성산으로 후퇴시켰다. 그리고 당 지도부는 지하비트로 들어갔던 것이다.

지구사령부 작전 지휘부는 용천사 뒷산 용봉에 두고 작전을 지휘했다. 이 산은 불갑면과 신광면 방향으로 후퇴하기 용이한 전략적 고지였다. 지구사 부대는 용천사에 주둔하고 있었다. 무안군당부는 오도치 마을에 자리 잡고 있었다. 무안군당부는 지하비트에 들어가 한 사람도 피해가 없었다. 그러나 함평군당부는 종막을 고하고 말았다.

20일 새벽 1시경에 함평군당부를 찾았을 때 오락회를 하고 있었다. 이들은 당시 적정을 알려주고 비상대기 하라는 지시를 어기고 늦게 잠들어

깨어나지 못한 상태에서 날이 밝아왔다. 이후 적들의 기습을 받고 최후를 마감하는 아픈 기록을 남기고 말았다. 빨치산 투쟁원칙을 망각하면 어떤 결과를 초래한다는 것을 일깨워주는 사건이었다.

천인공노할 학살 만행의 실상

1951년 2월 20일(소위 2.0작전이라 함) 유엔군 산하 11사단 20연대와 각 군 기동대들은 강제 동원한 대한청년단과 학도병들에게 죽창을 들린 채 앞세워 포위 공격을 감행했다. 공중에는 미 폭격기까지 동원했다. 피아간의 치열한 공방전 끝에 아군은 할 수 없이 신광과 손불 방면으로 후퇴할 수밖에 없었다. 각 능선을 점령한 적들은 포위 수색작전을 펼쳐 무차별적 살육전을 자행했고, 그 결과 능선 골짜기 논과 밭 마을들마다 시체가 산을 이루었다.

당시 6명의 대가족을 잃고 구사일생으로 살아남은 최종남 할아버지(79세, 1935년생)는 죽임을 당한 민간인들의 시체가 마치 빨래를 널어놓은 것 같았다고 실토했다. 시신들이 봄에 해동되자 멧돼지들이 나타나 시신을 먹어 치우기도 했다고 한다.

또한 용천사골 냇가 덤불 속에 총상을 입고 은신해 있다가 그날 밤(20일) 11시경에 구사일생으로 살아나온 김영순 할머니(75세) 말에 의하면 좁은 골짝의 논밭이 시체로 깔려 있다시피 했으며 옆에서 팔 다리 등에 총상을 입고 죽어간 아는 사람, 또는 모르는 사람들의 시체를 보면서 어둠속에 적들을 피해 기어 나와 살아났다고 한다.

불갑산 최후의 격전지

최후의 격전지

　용천사 뒤 중허리에는 암바위(암은 바위의 한문 형으로 한문과 우리말이 겹쳐진 이중구조의 말이다. 필자가 즐겨 구사한다)들이 많이 있다. 이곳에는 불갑산 빨치산의 최후의 격전지라고 표지판이 세워져 있다. 그 시절 치열한 전투를 회상케 하는 바위벽에 당시 사용했던 수통, 숟가락, 나무총, 헬멧 등을 부착시켜 놓고 있다. 암벽은 벌집처럼 기관포탄 자국이 남아있어 당시 적들이 그 얼마나 무차별 총격과 포격을 가했는가를 실감케 하고 있다.

　최후의 격전은 1951년 3월 15일이었다. 1951년 2월 20일 소위 2.0작전에서 살아남은 무장부대들은 동나주 국사봉 밑 유치내산에서 대오를 정비하여 불갑산 재탈환 작전을 수행하기 위하여 지구사령부 총참모장(성명 미상, 전쟁 전 오대산 빨치산 대대장)의 지휘 하에 부대를 이끌고 들어갔다. 그러나 결국 재탈환 작전에 성공하지 못하고 3월 15일 최후를 맞게 되었다. 이로써 불갑산은 적들에게 완전 점령당하고 조직적인 무장투쟁은 종막을 고하고 소수의 연락루트 지점으로만 사용하게 되었다.

유골 발굴 현황

이명박 정권 하의 2009년 여름, 진실화해위원회(진실·화해를위한과거사정리위원회)는 전국 민간인 피학살자 유골 발굴지 45곳 중 불갑산 유골 발굴지 두 군데를 선정했다.

제1 학살지는 가정마을 뒷산 황토굴재이다. 이곳에서 154구가 발굴되었고 탄피, 신발, 숟가락, 거울, 돋보기, 안경알, 철사, 고무줄 등 다량의 유품들이 나왔다. 특히 어린이 해골과 신발 등이 나와 학살의 잔인성을 웅변해 주고 있다.

이 죽음의 구덩이에서 당시 14세인 류만섭 씨가 구사일생으로 살아나와 학살의 진상을 소상히 밝히기도 했다. 류 씨는 총 3발을 맞고 시체더미 속에 파묻혀 있다가 피투성이가 되어 시체들을 뒤집고 살아나왔다고 했다. 류만섭 씨는 장성에 거주했는데 이후 암으로 세상을 떴다.

첫 유골 발굴 당시 2.0작전 때 구사일생으로 살아난 함평유격대 참모장이었던 김진현 씨는 유골 발굴 현장을 찾아와 당시 파 놓은 참호 속에 학살된 시신을 보다가 남자들은 항문에 죽창이 꽂혀 있고 여자들은 국부에 죽

불갑산 유골 발굴지(위) | 불갑산 민간인희생자 유족들과 함께(아래)

창이 꽂혀 있는 것을 보고, 그 죽창들을 다 빼내고 주위 흙을 모아 덮어주고 갔다. 그는 반세기가 지나 흙 한줌으로 변하여 갔으리라 생각했는데 이렇게 유골이 있을 줄을 몰랐다고 하면서 눈물을 흘리기도 했다.

제2 학살지인 용천사 뒤 옆 능선(광암리 운암마을 뒷산)에서는 유골이 거의 다 썩어 주위 흙이 새까맣다. 그래서 유골 몇 구에 유품만 많이 나왔다. 기관포 탄이 많이 나온 것이 다른 유골 발굴지와 다른 특징이다.

제3의 유골 발굴지는 불갑면 쌍운리 옴팍골인데 이명박 정권의 발굴 예산 삭감으로 발굴하지 못하고 끝내 진실화해위원회는 해체되고 말았다.

전민특위(미군학살만행진상규명전민족특별조사위원회)는 불갑면 쌍운리 답사 과정에서 노인정에 들어가 노인들을 만났다. 노인들은 처음에는 입을 열지 않았다. 그러나 우리는 어떤 사람이라는 것을 자세히 소개함으로써 안심하고 말할 수 있는 분위를 만들었다. 그렇게 옴팍골 학살지를 알게 되었다.

그 사연은 다음과 같다. 불갑산 2.0작전 때 불갑면 기동대에 체포된 생포자들은 모두 불갑면 학교로 끌려왔다. 당시 지서는 소각되고 없어서 학교 운동장에 천막을 치고 운동장 둘레에 대울타리를 만들어 놓고 학교 관사는 지서로 사용하였다. 당시 포로로 있던 쌍운리 출신 14세의 강대언 씨는 어린 소년이라고 해서 때 되면 포로들의 식단인 주먹밥을 날라 주는 심부름을 하였다. 매 끼니 주먹밥 174덩이를 날라 주었기 때문에 학교 안 포로 숫자는 174명인 줄 알았다고 했다. 2월 23일 조지오 불갑면 지서장은 강 씨 집안 식구 2명을 다른 포로들이 보는 앞에서 시범 사살하고 나머지 포로들을 전선줄로 묶어서 옴팍골에 구덩이 두개를 파고 학살만행을 자행했다고 한다. 당시 소년인 강 씨는 우여곡절 끝에 살아오면서 세 살박이(세 살배기) 엄마가 삼대독자 외아들이니 나갈 때 애만이라도 데리고 나가

달라고 한 사정을 들어주지 못하고 학살당하고 만 것이 평생 후회된다고 하면서 눈시울을 적시기도 했었다. 그 두 구덩이는 반공단체였던 한국청년단체를 동원시켜 판 것이라고 한다. 도로에서 10m도 채 떨어져 있지 않아 시신 썩는 냄새가 코를 진동시켜서 지날 때는 코를 막고 지나갔다고 하며 무서워서 지나는 사람도 별로 없었다고 한다.

전민특위 일꾼들이 현장을 찾아 유골이 있는지를 확인했다. 그 후 관심을 가지고 있는 영광 백수면 원불교 김성진 총무와 영광농민회를 발동시켜 포크레인을 동원하여 옴팍골 유골 발굴의 단초를 제공했다. 원래 물골(도랑)이었기 때문에 유골은 거의 썩어서 부슬부슬했고 뼈 조각들만 남았다. 주위 흙은 새까맣게 썩은 상태였다. 해지기 전까지 발굴 작업을 마치고 수습된 유골은 강 씨 선산을 할애해 주어서 능선 너머 발암산 기슭에 묘를 썼다. 그 후 상석도 놓고 주위 단장도 말끔히 한 상태 속에서 오늘에 이르고 있다. 그런데 찾아 참배하는 사람은 거의 없다.

국회에서 법이 통과되었으니 앞으로 높은 관심을 갖고 다시 한 번 옴팍골 유골 발굴지 주위를 파헤쳐, 마지막 한 조각의 유골 또는 유품들이 남아 있는지를 확인하기 위하여 발굴의 기회를 마련했으면 하는 마음이 간절하다. 그리고 옴팍골 학살 당시 포로들 중 불갑면 출신과 묘량면 출신들을 서로 교환하여 묘량면 출신 포로들 30여 명을 흘루개재에서 학살을 자행했는데 여자들은 모두 겁탈한 후 학살했다고 한다. 내 형수씨도 학살을 당하여 진실화해위원회에 진정해 확정 통고를 받고 민사소송을 제기하여 승소한 사실도 있다. 그런데 국가는 지금껏 진솔한 사죄 한마디 없다.

아직도 가해자 후손들은 떵떵거리며 살면서 사죄는커녕 시간만 가면 잊힐 것이라고 생각하고 있다. 그러나 과거를 말끔히 씻지 않고 그냥 넘어가려 한다면 미래는 없다는 것을 똑똑히 알아야 할 것이다. 역사는 기억이고 기억은 곧 역사이기 때문이다.

지울 수 없는 소년 동지

때는 1954년 2월 20일 백운산 옥룡골에서 전사한 16세 소년 구춘길 동지를 잊지 못한다. 그는 전남 구례군 출신이다. 아버지 따라 지리산에 입산했다가 아버지는 지리산에서 희생되고 구춘길 동지는 백운산으로 이동하여 투쟁 중에 전남부대 1중대원으로 칼빈총을 들고 투쟁했다. 똑똑하기로 이름나 있어 부대원들의 사랑을 독차지하기도 했다. 언제나 돌격전에는 선두에 서고 일상적인 생활에는 부대원들 중 모범대원이었으며 척후정찰이나 사업 나갔을 때 항상 같은 매복조에 함께 한 동지였다. 나 역시 그를 누구 못지않게 사랑했다.

그런데 1954년 2월 20일 국군 5사단 토벌대들과 바위를 사이에 두고 치열한 전투 속에 적탄이 허벅다리 뼈를 관통해 더 이상 움직일 수 없었다. 그리하여 동지들은 구춘길 동지를 바위틈에 비장하고 전투가 끝나면 찾아

오기로 약속하고 일전일퇴를 거듭하는 과정에서 골짜기를 건너 봉강능선 쪽으로 후퇴한 후에 총탄이 다 떨어지고 말았다. 이에 분산해서 포위망 속에서 한 사람이라도 살아 나가느냐의 갈림길에 놓여 있었다. 결국 무용을 자랑했던 전남부대는 종막을 고하는 아픈 역사의 기록을 남기고 말았다.

당시 백운산 옥룡골에는 전남 부대와 남태준 부대 1개 대대와 전남도당 지도부가 포위된 그 속에서 전남 부대가 선두에서 맞닥뜨려 싸웠기 때문에 두 부대는 무사했고 전남 부대만 녹아나고 말았다.

그런데 구춘길 소년 동지는 적들의 수색에 발견돼버렸다. 적들은 어린 소년이라 생포하여 살려주려고 회유하기도 했으나 그는 이를 단호하게 거절했다. 적들은 달래기도 하고 엄포도 하면서 생포해 가려고 했으나 "쏠 테면 쏘아라. 나는 너희들에게 굴복할 수 없다. 미제의 앞잡이들아!"라고 하면서 "인민공화국 만세, 김일성 장군 만세"를 부르면서 필사적으로 저항하자, 악질분자라 하면서 뭇놈들이 M-1총탄을 퍼부어 벌집을 만들다시피 했고 구춘길 동지는 붉은 피 낭자한 위로 그만 쓰러지고 말았다

백운산 옥룡골을 회상할 때면 항상 구춘길 소년 동지의 장렬한 죽음이 심장 속에 아로새겨져 있다. 그리하여 나 역시 오늘날 현재까지 소신을 잃지 않고 살아가고 있는 것이다.

똥섬 투쟁에서 얻어진 교훈

부대는 출발했다. 때는 1953년 8월 14일 저녁이었다. 이글거리는 태양은 서산에 걸쳐져 있었다. 드디어 백동산(백운산) 옥룡골 기슭에 다다랐다. 골짝에 타버린 마을은 쑥대밭만 무성했다. 다락논에 심어진 벼는 무성하게 자라고 있었다. 숲속에 웅크리고 앉아 내려다보이는 시야에는 적과 민간인을 구분할 수 있었다. 적은 똥섬(옥룡면 동곡리 마을 뒤의 똥무덤처럼 생긴 곳을 말함)에 진지를 구축하고 우리의 보급로를 차단하고 있었다. 당시 지형지세가 똥섬을 통과하지 않고는 빠져나갈 수 없고 오는 길에도 똥섬에 다다르면 날이 새어 은폐할 곳이 없기 때문이다. 그만큼 똥섬은 루트 차단의 요충지였다. 적은 기어올라 왔다 하면 이곳에 진을 치고 루트를 차단했었다.

부대는 대규모 투쟁계획은 다음으로 미루고 본부대는 보급부대와 함께 진지로 되돌아갔다. 그러나 부대장 동지를 비롯한 무장 소조는 똥섬에 주

피아간 루트 차단의 요충지 똥섬

둔한 적의 진지를 기습작전하기 위해 남았다. 그리하여 작전계획을 세웠다. 소조는 사기충천했다. 그 첫걸음으로 나는 정찰임무를 맡았다. 사전의 충분한 정찰을 통해서만이 기습작전을 성과적으로 수행할 수 있기 때문이다. 드디어 출발했다. 정찰임무를 충실히 수행할 의무와 투지는 남달랐다. 나는 푸른 나뭇가지와 이파리로 완전히 위장하고 적의 진지를 환히 볼 수 있는 데까지 포복 전진했다. 물론 노출되지 않고 정확한 정찰임무를 수행하는 것이 무엇보다 중요하다는 것은 말할 필요조차 없다.

　정찰조는 적의 진지와 주변을 샅샅이 훑어보았다. 그리고 그 과정에서 중요한 것을 발견하였다. 적들이 논두렁길에 무언가 파고 묻는 것이었다. 무엇인지 알 수는 없었지만 그동안의 경험으로 보아 틀림없이 지뢰 매설로 추정, 아니 단정했다. 이윽고 골짝과 논두렁에 어둠이 깔리자 정찰임무를 마치고 우리 소조는 본대로 돌아왔다. 돌아오면서 오늘 밤 기습전을 어떻게 할 것인가도 생각했다. 나는 정찰 결과를 상세하게 보고했다. 정찰 결과를 놓고 열띤 토론을 전개했다.

  부대장 동지는 지뢰 매설이 아니라고 단정하고 기습전을 다그치었다. 그러면서도 논두렁에 파고 묻은 것이 무엇이겠는가에 대해서는 해명하지 못했다. 나는 지뢰 매설로 단정하고 기습작전 불가의 입장을 밝혔다. 그러나 중대장 동지는 함구무언이었다. 대원 동지들도 말이 없었다. 부대장 동지의 다그치는 위압에 모두 말을 잃었다. 그동안 적의 지뢰에 걸려 얼마나 많은 동지들이 희생되었는가의 기억이 무겁게 압박하고 있었다.

  그러나 정찰 결과를 무시하고 기습전을 감행하려는 부대장 동지의 생각을 바꿀 수는 없었다. 나는 순간적으로 많은 생각을 했다. 1년여 동안 부대장 동지 밑에서 싸워왔지만 오늘 밤처럼 완강하게 나오는 것은 처음이었기 때문이다. 언제나 위험지에 다다를 때는 선봉에서 부대를 이끌어 적의 매복에 한 번 당한 일이 없고 이중삼중의 적의 포위망 속 전멸의 위기에서도 부대를 구출했을 때 그렇게도 칭찬하고 그렇게도 나의 의견을 믿어주었던 부대장 동지인데 오늘 밤만은 왜 이렇게도 묵살하고 강행하려 하는가, 별의별 생각이 들기도 했다. 뿐만 아니라 왜 다른 대원 동지들마저도 말이 없는가, 실망도 했다. 아니 원망도 했다. 그동안 작전도 말할 것 없지만 선봉에서 작전을 승리로 장식했기에 오늘 밤도 내가 선봉에서 소조를 이끌지 않고는 수행할 수 없는 상황이었다. 설사 누가 앞장선다 해도 불을 보듯 뻔

한 희생만이 있을 뿐임을 누구보다 자신이 잘 알고 있기 때문에 망설이지 않을 수 없었다.

드디어 부대장 동지의 완강한 생각을 바꿀 수 없다는 것을 깨달았다. 기습작전하기 싫으면 본대로 귀환하자는 일그러진 표정을 읽었기 때문이다. 나는 생각 끝에 결심했다. 기습작전을 회피하는 모습을 보여주고 싶지 않았기 때문이다. 그렇게 나는 "부대장 동지! 기습작전 하겠습니다"라고 단호하게 말했다. 부대장 동지의 일그러진 얼굴에 미소가 감돌았다. 긴장했던 중대장 동지 이하 대원 동지들도 입가에 미소를 지었다. 우리는 부대장 동지의 작전명령 지시에 따라 기습작전 승리를 다짐했다.

이윽고 적의 진지를 향해 출발했다. 물논에 다다라 앞에총 하고 격발기를 풀고 둘째손가락을 격발기에 대고서 야음을 타고 물논 벼포기를 가르며 한 발짝 한 발짝 적의 진지를 향해 전진했다. 산골짝은 고요하고 소쩍새 울음소리와 별빛만이 반짝이고 있었다. 나와 부대원 동지와는 약 3m 거리를 보장했다. 나의 조가 적의 진지 앞을 지나 쑥대밭 된 마을 뒤 대나무 숲을 지나 원 골짝으로 내려가서 오르면서 진지 뒤쪽을 치는 기습전이었다.

부대장 동지 이하 소조는 적의 진지 조금 앞 위쪽에서 엄호 사격하다가 진지 점령에 합류하도록 작전을 짰다. 나는 먼저 적의 진지 앞을 지나가기 위해서 그곳을 통과해 물논으로 흘러가고 있는 도랑길을 횡단해야 했다. 나는 적의 진지 어딘가에 지뢰가 매설되었을 것이라 생각하면서도 내가 지뢰를 밟을 것이라고는 전혀 예상하지 않았다. 오로지 어떻게 하면 적에게 적발되지 않고 적의 진지 앞을 무사히 통과할 수 있을 것인가에 신경을 곤두세우고 전진할 뿐이었다. 그리하여 조심조심 도랑길을 건너야 하겠다는 일념으로 조심스럽게 한 발을 내딛자 그 순간 번쩍하는 불기둥이 나를 때리는 것만 의식했을 뿐 그 다음은 어떻게 된 것인지 모르고 있었다. 물론 적의 진지에서는 전 화력을 다 동원했을 것임은 상상하기 어렵지 않을 것이다.

얼마의 시간이 흘렀다. 드디어 의식이 깨어났다. 깨어나자마자 과연 내가 죽었는지 살았는지 알고 싶었다. 그래서 숨을 한번 들이마시고 내뿜어 보았다. "옳지 죽지 않고 살았구나" 하는 생각이 들었다. 그 다음은 과연 팔다리가 제대로 움직이는가를 시험해 보았다. 팔을 폈다 오그려 보고 다리도 오그려 보고 뻗어보았다. 이상은 없으나 가슴이 꽉 막히고 팔이 무거우며 목과 가슴 팔에서는 피가 흐르고 있었다. 그러나 생명과 움직임에는 큰 이상이 없다는 데에는 안도했다. 손에 들었던 총이 생각났다. 총이 없어 당황하며 어쩔 줄을 몰랐다. 나의 총은 생명의 무기이기 때문이다. 이때의 걱정은 과연 총이 어디 있을까 뿐이었다. 그래서 정신을 차리고 내가 어느 곳에 처박혀 있는가를 알기 위해 지형지세를 살폈다.

나는 마을 뒤 대나무숲 속에 처박혀 있었다. 지뢰 맞은 곳에서 5~6m의 거리였다. 그러니까 그 불기둥이 덮치면서 나를 대나무 숲으로 던진 것이었다. 내 위치를 확인한 후 총을 찾기 위해 어둠을 헤치며 주위를 손으로 더듬어 보았다. 그러나 손에 닿는 것은 아무것도 없었다. 적의 진지에서는 이따금 몇 발씩 난사할 뿐 골짝은 총소리 외는 쥐 죽은 듯 고요할 뿐이었다.

이를 악물고 초긴장 속에 무거운 팔다리를 움직여 주위를 기어 다니면서 손으로 더듬어 보았다. 총은 지뢰가 터졌던 도랑길 언덕 나뭇가지에 총끈이 걸려 있었다. 이때의 기쁨은 말로 다 표현할 수 없었다. 그러나 기쁨은 순간이고 과연 손에 들었던 총이 제대로 나갈지의 의문과 걱정이 들었다. 후에 확인하니 총 개머리판도 지뢰 파편을 맞아 곰보 같았다. 나중에 동지들이 세어보니 지뢰 파편이 몸뚱이에 50여 군데나 박혀 있었다.

더욱 걱정된 것은 뒤따라오던 동지들이 다 희생되었는지 아니면 무사히 살아 본부로 돌아갔는지였다. 이때에 찾은 총이 제대로 나가는지 시험 발사해 남은 동지들이 살아 있다면 동지들의 위치를 확인하기 위해 발사와 함께 자신을 노출시키지 않을 수 없었다. 이때도 그냥 무거운 몸을 이끌고 본대 진지로 찾아갈까 아니면 여기서 확인할까 하는 고민으로 순간적으로 망설이기도 했다. 하지만 기습전을 하지 못하고 그냥 본대로 돌아간다는 것은 마음이 내키지 않았다. 더욱이 싸움도 못하고 부상을 당한데 대한 죄책감과 분노가 끓었다.

그리하여 총을 찾았던 언덕을 가슴에 안고 적의 진지를 향해 M-1 팔발(여덟 발)을 퍼부으면서 동시에 나의 이름으로 △△부대는 좌로 □□부대는 서편으로 돌격하라는 명령을 내렸다. 그러자 적의 진지에서는 중화기를 비롯하여 있는 화력을 총동원하여 불을 뿜기 시작했다. 무사히 후퇴하여 본부대 진지로 되돌아가던 무장소조는 중능선에서 칼빈 2발을 발사했고 응원부대가 돌진하고 있으니 계속 공격을 가하라는 부대장 동지의 목소리가 야음을 타고 적의 퍼붓는 총소리 사이로 들려왔다. 이때 부대위치를 확인한 후 있는 사력을 다하여 적의 총소리를 뒤로 하면서 물논을 짓밟고 골짜기 어귀 숲속에서 합류하게 되었다.

동지들은 지뢰가 터지자 내가 그곳에서 희생된 줄 알고 본대 진지로 후퇴하고 있었던 중, 나의 목소리를 듣고 아 살았구나 하고 다시 골짝으로 내려오면 만날 것으로 알고 내려왔다고 했다. 지금껏 지뢰를 밟아 산 동지들은 하나도 없었다. 지뢰란 것은 터졌다 하면 몸은 산산조각이 나 시신조차 찾을 길 없었기 때문이다. 다행히도 나는 지뢰 줄을 건드려 원거리에서 터졌기 때문에 무사히 산 것으로 생각했다. 어두운 골짝 숲속에서 전등을 비춰 응급치료(당시 소독약은 마크름[머큐로크롬]뿐이었음)를 받고 가지고 있는 명주 수건을 찢어 머리, 목, 팔을 동여맸다.

치료를 받은 후 한 번 걸어보려고 하니 몸과 팔다리는 천근이 되고 가슴이 저려서 꼼짝할 수 없었다. 아마 긴장이 풀려서 그런 것 같았다. 그러나 다시 마음을 가다듬어 두 동지가 옆에서 부축하고 한 동지는 뒤에서 밀며 가파른 능선 길을 향해 걷기 시작했다. 걷다 쉬고 걷다 쉬고 반복하면서 중허리를 올라와서는 기습전 실패의 죄책감에다 이 정도의 부상에 동지들의 부축을 더 이상 받아서는 안 되겠다고 결심한 끝에 단호히 동지들의 부축을 뿌리치고 혼자서 왼손으로 풀포기와 나뭇가지를 잡고 의지하면서 기어오르다시피 하여 원능선에 오르니 동은 트고 붉은 여명이 일기 시작했다. 동지들도 내 뒤에 함께 오고 있었다. 본대 근처에 오자 먼저 간 동지들의 보고를 받은 김선우 도당 위원장 동지가 뛰어나와 반갑게 맞아주며 위로해 주었다. 이때의 감격을 지금도 잊을 수 없다.

본대로 돌아온 우리 부대원 동지들은 심경이 착잡했다. 8.15보고대회는 예정대로 했다. 진상골 잣나무트에서 부대장과 정치위원 동지는 의무과트에 가서 편안히 치료를 받으라고 했다. 그러나 나는 완강히 거부했다. 부대와 같이 이동하면서 치료를 받겠다고 고집했다. 부상 입은 상처를 동여맨 채 기념대회 주석단에 동지들의 박수갈채를 받기도 했다.

　모든 일정을 마친 후 투쟁 총화를 했다. 정치위원 동지는 총화 보고에서 부대장 동지가 소영웅주의와 공명심에 사로잡혀 권위주의와 관료주의 사업작풍을 청산하지 못한 결과 정찰 보고를 무시하고 기습전을 강행하여 금싸라기 같은 핵심 전투원을 희생시킴으로써 투쟁에 막대한 손해를 입히게 되었다고 비판했다. 부대장 동지 자신도 보고에서 지적된 내용을 전폭 접수하고 앞으로 부대원 동지들의 의견을 존중하고 지휘책임자로서 올바른 자세를 확립하기 위하여 자기 학습에 부단히 노력하겠다는 결심을 다졌다. 중대장 동지도, 대원 동지들도 부대장 동지의 위압에 눌려 기습전이 불가하다는 것을 느끼면서도 한마디 토로하지 못한데 대하여 자기비판도 했다. 나 자신도 기습전 진격로를 다른 방면에서도 들어갈 수 있는 생각조차 하지 못한데 대하여 비판했다.

　우리 모두는 변화된 상황에 대응하여 이를 어떻게 극복할 것인가에 대한 평소의 연구와 노력이 부족했음을 통감하고 앞으로 어떠한 역경 속에서도 부단한 자기학습과 투쟁을 통해 얻어진 산 경험을 항상 되새기자고 다짐했다. 그리고 이론과 실천을 겸비하는 것만이 투쟁의 승리를 담보할 수 있다는 산 교훈을 얻게 되었다.

　총화 후 부대의 사기는 회복되었다. 이후 부대장 동지는 희생되는 그날까지 나의 의견을 존중해 주었다. 아니 부대원 전체 동지들의 의견도 존중해 주었다. 그리하여 투쟁했다 하면 승리뿐이었다.

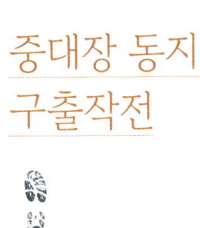

중대장 동지
구출작전

　여기는 백운산 전남도당 빨치산 진지이고 때는 1953년 9월 중순이다. 산간지대에도 가을은 찾아왔다. 들판에는 땀 흘려 가꾼 곡식들이 태풍의 피해 없이 무르익어 가고 있었다.
　백운산 전남부대는 광양 진월면으로 보급사업을 나갔다. 당시 경찰대들은 빨치산의 보급로를 차단하기 위하여 10여 명씩 마을로 들어오는 입구나 마을 뒤에 잠복하는 상태 속에서 보급사업을 나갔다. 우리 전남부대는 1중대와 3중대로 구성돼 있었다. 체계는 부대장, 정치위원, 참모장, 강사, 그리고 중대는 중대장, 부중대장, 정치지도원 및 대원들이다. 1중대는 전투중대이고 3중대는 후방중대다. 그러나 적정에 따라 1중대는 부대장이, 3중대는 참모장이 책임지고 분산 투쟁과 합동 투쟁을 구사했다. 1중대는 88근위대 소속 전투원들이고 3중대는 전남연대 당시 성원들과 도당 각 부서

지도원 출신들로 구성돼 있었다. 88근위대는 20살 전후의 나이로 왕성한 활동력을 가진 도당 간부들의 보위병 출신들이었다.

　드디어 부대는 마을에 진입했다. 나는 마을로 들어오는 통로에 매복을 책임지고 있었다. 그때 우병철 1중대장은 마을 한복판에 진입하다 적의 매복에 걸렸다. 결국 마을에 진입해 들어가던 중 적의 집중 사격을 받아 후퇴하지 않을 수 없었다. 우리 매복조는 마을에서 콩 볶듯 하는 총소리를 들으면서 경각성을 높이고 있었다. 총소리가 좀 잦아들고 잠잠해진 틈을 타서 후퇴한 부대 위치를 확인하기 위해서 마을을 향하여 돌격하라는 아지프로(agitation propaganda, 선전선동)와 함께 M-1을 연발로 발사했다. 그리고 마을 뒤 산기슭에서 호응하는 총소리를 듣고 부대 위치를 확인한 후 그쪽으로 달려가고 있었다. 마을 한복판에서 칼빈총을 쏘면서 빨리 돌격하라는 중대장 목소리를 듣고 필경 중상을 당하여 움직일 수 없는 상태 속에서 구원을 요청하는 목소리임을 직감했다. 부대와 합류한 직후 부대장에게 빨리 돌격전을 전개하여 적들을 몰아내고 중대장 구출작전을 전개하자고 제기했다. 그러나 부대장과 정치위원은 들어가다 아까운 동지들만 희생되니 구출작전은 불가하다고 했다. 그때 나는 지금 사선에서 구출을 호소하고 있는데 어찌 그냥 철수할 수 있느냐고 했다. 나는 강력히 주장하면서 대원 동지들에게 내가 앞장설 터이니 내 뒤를 따를 동지들이 있으면 나오라고 하니 몇 동지들이 나왔다.

　이때 부대장 동지는 대원 동지들의 결연한 의지를 확인한 후 3중대 조사선 동지가 기운이 제일 세기 때문에 중대장 동지를 업고 나오도록 명령했고, 나를 비롯한 1중대 5명이 동원되어 위치를 알리는 가냘픈 목소리를 들으면서 일제히 돌격의 목소리와 함께 집중사격을 가하면서 중대장 동지의 위치를 확인하고 마을에 진입하며 고샅길을 따라 중대장 있는 데까지 무사히 진입했다. 적들은 겁을 먹은 것인지 마을 뒤로 후퇴하여 사격을 가하고 있으나 구출에는 아무런 지장을 주지 않았다. 중대장 동지는 마을 집 울타리 밑에 은신해 있으면서 총을 쏘고 있기 때문에 적은 캄캄한 밤이라 접근을 못하고 있었다.

중대장 동지는 허벅다리 뼈가 부러져서 움직일 수 없었다. 조사선 동지는 중대장 동지를 재빨리 등에 업고 두 동지 호위 속에 부대 진지로 달리고, 우리 돌격조는 적을 한 군데로 묶어 놓고 있다가 감쪽같이 후퇴하여 무사히 부대 진지로 돌아와 합류했다. 이렇게 구출한 중대장 동지를 임시 당가(들것)를 만들어 백운산 진상골 부대본부에 무사히 도착했다. 날이 새자 중대장 동지는 서골의 환자트에서 치료를 받게 되었다. 중대장 동지는 환자트에 있으면서 자기 생명의 은인이라고 하면서 자기가 차고 있던 시계를 선물로 보내왔고 나는 그 시계를 1954년 체포될 때까지 차고 있었다.

서골의 환자트는 1953년 12월 초순에 적들의 수색작전에 드러나 모두 체포되는 불운의 아픈 기록을 남긴 곳이다. 이때 중대장 동지는 체포되어 남원수용소에서 만나게 되었다. 군법에서 5년형을 선고받고 전주감옥으로 갔다는 소식만 듣고 그 후는 지금까지 모르고 있다. 또 다른 아픈 이야기가 있다. 서골의 환자트에서 53년에 지하선이 발각되었다. 아랫마을에 모자가 입산하여 환자트에서 환자들 간호에 열중하다가 할머니는 체포돼 적들에게 끝까지 반항하다 희생되었다. 아들은 살아 체포되어 수용소에 들어왔다가 석방되었다는 소식만 들었다. 그러니까 환자트에서 할머니만 사살되고 모두 생포되고 말았던 것이다. 그렇게 환자트는 완전히 없어지고 말았다.

    그때만 해도 적의 총탄은 내 몸을 뚫지 못할 것이라고 생각하면서 열심히 투쟁했다. 생사를 넘나들며 투쟁하다 한줌의 흙으로 산화해간 동지들을 회고한다. 나 역시도 얼마 남지 않은 생을 어떻게 마감할 것인가를 생각하면서.

화학산은 말한다

　화학산은 전남 화순군 도암면과 청풍면, 장흥군 장평면 유치면, 나주시 다도면, 영암군 금정면으로 둘러싸여 있다. 계절은 겨울잠을 깬 수목과 풀잎들이 새파랗게 피어나고 있는 4월이었다. 화학산은 역사적으로 임진조국전쟁, 갑오농민전쟁, 광복 후 조국해방 전쟁 전후에 치열하게 싸웠던 격전지로서 수많은 혁명 전사들의 피가 어린 전적지 중의 하나이다. 1951년 4월 20일 화학산 전투에서 적들에 의해 수백 명이 전사하고 수백 명이 체포당하는 아픈 역사의 기록을 남긴 학살지이기도 했다. 또한 이곳은 1949년도에 전남 빨치산 총사령관이었던 최현 장군이 희생된 곳이며 1951년 3월에 인민군 남해여단이 9.28후퇴 후 북상 도중에 화학산에서 전멸을 고하는 아픈 역사가 서린 곳임을 상기한다.
　사실 화학산은 지형지세가 마치 소쿠리 속과 같아 빨치산이 진지를 구

화학산 전경

축하고 투쟁할 지역은 못된다. 그래서 상행연락선(도당을 오고가는 연락진지)이 오가는 일시적 잠복루트로 활용해 온 것이다. 그리고 소수의 인원이 적의 공세를 피해 일시적으로 잠복하는 지점으로 사용되기도 했다.

그럼 왜 화학산 전투가 벌어진 것일까? 1951년 2월 20일 2.0작전에서 1,500-2,000여 명이 학살되는 비운을 겪은 불갑산을 투쟁 진지로 더 이상 지탱할 수 없어, 이때 살아남은 불갑지구당 산하 모든 당 단체 성원들이 장흥 유치내산으로 이동해 왔던 것이다

그리하여 기존의 전남 도당 산하 유치지구당과 불갑지구당이 합쳐 전남 도당 제3지구당으로 결성하기 위하여 1951년 4월 20일 화학산 각수바위

능선에서 양 지구당 지도부가 회합하는 날이었다. 당시 빨치산의 무력은 전남 총사령부 산하 기동연대인 1연대, 15연대, 민청연대, 7연대 일부와 장흥유격대 등으로, 이들은 화학산 원능선을 장악하고 있었다.

이렇게 삼엄한 경계망을 펴고 지도부 회합을 하고 있는데 9.28후퇴 후 유치내산으로 입산한 각 군당 산하 단체 성원들이 무장부대의 엄호를 받기 위해 화학산 골짜기에 집중해 산상 대기하고 있었다. 적들은 우리가 화학산에 집중해 있다는 것을 알고 화학산을 포위하고 조여 오기 시작했다.

드디어 전투는 시작되었다 우리 15연대 기관포는 원능선을 점령한 적들을 향해 불을 뿜었다. 그 위력은 대단했다. 피아간에 밀치고 미는 격전 속에서 오후 2시경부터는 이양철도(이양면에 설치된 철도를 그렇게 불렀다)를 통해 소위 학도병들이 떼전으로 밀고 올라오기 시작했다. 우리 아군부대들은 실탄도 거의 떨어지고 원능선 한 군데에서 구멍이 뚫리기 시작해 걷잡을 수 없이 전선이 밀리기 시작했다. 밀린 전선에서는 분산 후퇴하기 시작하여 오후 4시경에는 적들이 모든 능선을 완전히 장악했다.

골짜기에 있는 각 기관 성원들은 거의 비무장 성원들이었다. 당시 우리 지구당의 김용우 위원장 동지는 회합에 참석했다가 보위대의 엄호 하에 무사히 후퇴했다. 그러나 류석우 부위원장 동지가 인솔하는 당부성원들은 골짝에 산상 대기하고 있다가 한 사람이라도 살아나가기 위해서 배낭을 낙엽 속에 다 묻고 맨몸으로 적의 집중사격을 피해 지형지세를 이용해 후퇴하기 시작했다. 적아 간의 거리는 직탄 거리라 수많은 사람들이 삼대(삼베실을 만드는 풀)처럼 쓰러지는 와중에 필사의 노력을 다하고 있었다.

결국 골짝에 대기하고 있던 우리 지구당 27명의 성원 중 필자 혼자만이 살아남았다. 그러나 동나주 군당 산하 단체와 유격대는 나주 국사봉에 잠복하여 한 사람의 피해도 없었다. 적들이 화학산으로 집중 공격하여 전투가 벌어졌기 때문이다.

그럼 필자는 어떻게 살아나오게 되었는가? 부위원장 동지는 "집중해 있다가는 다 폭살당하니 각자가 알아서 한 사람이라도 살아나가야 하니 민첩한 행동을 하기 위해서는 배낭을 묻고 요령껏 적들의 집중사격을 피해 나가야 한다"는 지시를 내렸고 우리는 곧 후퇴하기 시작했다. 나는 골짜기에서 소능선만 넘으면 집중사격을 피해 살아날 수 있다는 믿음을 갖고 뛰기 시작했다. 적들의 중화기와 소총이 불을 뿜어대 많은 사람이 한꺼번에 몰려가는 곳에 집중사격을 한다는 것을 알고 단신으로 지형지세를 이용, 집중사격을 피해가면서 때로는 죽은 동지들의 시신 옆에 쓰러져 죽은 척을 하다가 총소리가 조금 멈춘 듯하면 있는 힘을 다하여 뛰고 또는 죽은 척 하기를 반복했다.

그렇게 무사히 소능선을 막 넘었는데 적들은 소능선을 타고 내려오면서 동지들을 살상하고 생포해 가면서 파죽지세로 수색작전을 펼치고 있는 중이었다. 마침 어느 한 동지가 바위 돌을 들어내고 몸을 돌멩이와 낙엽으로 위장하고 있는 찰나에 나를 보고서 내가 생포되면 자기도 죽든가 생포된다고 생각해서인지 털고 일어나 다른 곳으로 달려가다가 적들의 총탄을 맞고 쓰러지는 것을 보았다. 주위를 살피니 적들의 밀접한 포위 수색작전에 걸릴 위험이 많다는 것을 직감하고 할 수 없이 그 동지의 빈자리를 내가 들어가 바로 누워서 발끝에서 머리끝까지 돌멩이와 낙엽으로 위장하고 납작한 돌을 배위에 얹어 놓고 숨을 죽인 채 있었다.

그런데 다급한 숨이 쉴 때 배 위에 올려놓은 납작한 바위돌이 오르락내리락하고 있었다. 해는 서산에 걸터앉아 산속은 땅거미가 들고 있었다. 이 순간에 누군가가 내 머리 위에서 "손을 들고 나오라"고 소리 지르고 있었다. 나는 '쏠 테면 쏴라' 하고 숨을 죽인 채 있는데 사실은 나보고 손들고 나오라는 것이 아니고 내 옆에 쐐(억새)밭이 있는데 지구사 병기과 동지가 잠복하고 있는 것을 발견하고 손들고 나오라고 큰소리 쳤던 것이었다.

그 병기과 동지는 이래도 죽고 저래도 죽는다는 생각을 하고, 갖고 있던 아식보 장총(총신이 긴 러시아 보병용 총)에 실탄 단 한발이 남은 것을 조준해 쏜 결과 토벌대는 내 머리 위에 고꾸라졌다. 그 순간 고지에서 퇴각 신호 소리를 듣고 서로가 다투어 능선으로 퇴각해서 살아남았다. 이때 털고 일어나 병기과 동지와 극적인 상봉을 하고 쓰러져 죽은 적의 총은 역시 아식보 단총(당시 토벌대는 아식보 단총을 사용하지 않았다. 작가의 기억에 오류가 있는 것으로 보인다.)에 실탄은 15발 남아있었다. 나는 그때 맨발이어서 죽은 토벌대 신발을 벗겨 신고 총 또한 내가 메고 실탄은 절반씩 나누어 갖고 골짝으로 내려왔다. 지하족(じかたび. 지까다비의 다른 말, 노동화) 속에는 피가 고여 있어 걸으면 뻐걱뻐걱 소리가 나기도 했다. 이튿날 아침에 신을 벗으니 발등에 피가 어려 있어서 물에 씻고 다시 신었는데 한 여성 동무가 이를 보고 기겁을 하기도 했다. 살아남은 동지들이 여기저기서 나와 모이기 시작했다. 그렇게 20~30여명이 모였다.

능선의 적들은 철수하지 않고 그대로 진지를 구축하고 주둔하고 있다가 골짝에서 적탄에 맞아 움직이지 못한 동지들의 신음소리가 나면 경기로 골짝을 향해 다닥다 총소리를 내며 위협하고 있는 상황이었다. 쓰러진 동지들의 '동지들만 살아 나가느냐'는 가냘픈 목소리가 나는 듯했다. 그런 비참한 참상을 목격하면서 구출하지 못하고 지나가는 마음은 무어라 표현할 길 없었다.

모인 동지들은 적의 포위망을 뚫고 나가야 한다는 의견과 나가다 죽으니 내일 하루 더 잠복했다가 적들이 빠져나가면 그때 나가자는 의견이 두 패로 갈라졌다. 그때 나는 적들이 빠져나가지 않고 포위망을 치고 있는 것은 오늘 해가 져서 수색작전을 못했기 때문에 내일 대대적인 수색작전을 벌이면 살아남을 자 한 사람도 없을 것이라 주장했다. 그러니 오늘 밤 무슨 수를 써서라도 뚫고 나가야 한다고 강력히 주장하면서 적들이 아무리 물샐 틈 없이 포위망을 구축하고 있다 해도 허점의 공간이 있으니 우선 살아나기 위해서도 나가야 한다고 강력히 주장했다. 그러나 다수의 동지들을 움직일 수는 없었다.

그래서 아무리 생각해도 빠져나가야만 한다는 판단 아래 그러면 내가 앞장서서 통로를 뚫을 테니 내 뒤를 따를 동지들은 따르라고 하면서 출발했다. 그러자 병기과 동지는 말할 것도 없고 "나도 간다. 나도 간다" 하면서 따라나선 동지들이 10여명 가까이 되었다. 떨어진 동지들은 손가락질을 하면서 "나가다 죽는다"고 비꼬아 말하는 것을 보면서 각수바위 능선 밑으로 정찰을 했는데 역시 그들은 몇 군데 띄엄띄엄 모여 앉아 불을 지피고 있어 무사히 빠져나와 본대로 각자 귀가했다. 당시 지구당 아지트는 나주 다도면 도동리 도롱굴 마을에 있었다. 도착해 보니 위원장 동지 일행만 와 있었다. 나는 즉시 상황보고를 했다. 위원장 동지는 듣고서 한숨만 쉬고 있었다. 혹시 살아 돌아오는 동지들이 있을까 기대하는 마음을 갖고 뜬눈으로 밤을 새우고 이튿날은 무지개재 능선으로 산상 대기하고 있는데 화학산에서는 하루 종일 총소리가 그치지 않았다.

드디어 해가 서산에 기울어지자 총소리는 멎었다. 적들이 퇴각하는 것을 알아차리고 쓰러져간 동지들 시체라도 묻어주려고 우리 후방과 몇몇 동지들과 다시 화학산을 찾았다. 무지개능선을 타고 가마태고지를 거쳐 각수바위 능선을 타고 오르는데 까마귀 떼들이 꽉꽉 하면서 이리 날고 저리 날고 하는 것을 보고 틀림없이 시신이나 분명 산 사람이 있음을 짐작했다.

우리 일행은 능선을 타고 오르다 두 군데에서 20~30명씩 무명베를 찢어 뒤로 묶어놓고 전부 얼굴을 쏘고 날창으로 찔러 잔인하게 학살당한 피가, 능선에서 골짝으로 4월에 돋아난 새 풀잎에 50~60㎝로 흘러 이파리가 쓰러져 있는 참상을 목격하기도 했다. 시신이 무덤처럼 쌓여 있었다.

이젠 어둠이 깔리고 있어 누가 누군지 알아볼 새도 없이 우리 지구당 성원들이 쓰러진 장소를 향해 골짝을 내려가고 있었다. 휘영청 달빛에 박격포에 맞아 살점들이 소나무 가지에 묻어 반짝이는 것을 보면서 내려가는데 김영승을 부르는 가냘픈 목소리를 듣고 소리 나는 쪽으로 달려가 보니 개울가 수풀 속에 부위원장 동지가 있었다. 나는 우선 살아있는 부위원장 동지부터 살려내야 한다는 생각에 다른 동지들 생각은 접은 채, 아니 사실 날이 어두워 늘번하게 쓰러진 동지들을 남겨둔 채, 당가(들것)에 실어 도롱굴 마을 본트에 도착했다. 이튿날 파놓은 개울가 땅굴 아지트에서 약 한 달간 내가 직접 간병을 했다.

다음은 부위원장 동지가 겪고 본 참상과 어떻게 살아남았는가에 관한 증언이다. 부위원장 동지는 허벅지에 기관총을 맞아 뼈가 부러졌다. 그래서 움직이지 못하고 숲속에 쓰러져 있는데 날이 새자 물가로 갔다가, 부상을 당해 갈증을 참지 못하고 기어 내려와 물속에 머리를 처박고 죽어간 동지들을 보면서 개울물을 마셨다. 물을 먹으면 지혈이 되지 않아 죽는다고 해도 듣지 않고 마시다 죽어가는 동지들. 적들은 수색작전에서 죽은 시신도 일일이 확인 사살하고 대검을 찌르면서 확인을 했다. 그러다 다음 자기 차례가 왔는데 그들의 말을 들을 때 "다 죽었구만" 하니까 옆에 한 놈이 그래도 확인해보라고 하면서 총대로 몸을 뒤집어보고 한 발을 가슴에 쏘고 날창으로 목을 찌르고는 그 다음 차례로 갔다고 한다.

그리고 동지들이 한 사람이라도 살아 있다면 반드시 시체라도 묻으러 올 것이란 생각을 하고 개울가 길옆 숲속을 향해 두 팔로 기어서 온 것이었다. 목이 탈 때는 적들이 다 헤집어 놓은 배낭에 비상미가 여기저기 흩어져 있는 것을 무명베를 찢어서 한 줌 그 속에 넣고 입으로 씹어 끈을 달아 누워서 개울물에 던져 넣고 불린 다음 끈을 당겨 목이 타 참을 수 없을 때 빨아먹었다고 했다. 역시 구빨치산 간부답게 생사의 갈림길에서 어려운 난관을 극복하는 교훈을 남겼던 것이다.

결국은 그날 밤 나온 사람은 살고 나오지 못한 사람은 다 학살당하고 말

앉다. 그곳은 지금 화학산 골짝 기슭에 저수지로 돼 있다. 저수지 만들 때 해골이 몇 트럭 나왔다고 한다.

　화학산을 찾을 때마다 조국의 자유와 독립을 위하여 사랑도 청춘도 행복도 재산도 고귀한 생명까지도 다 바친 수많은 혁명 전사들의 흘린 고귀한 피는 우리의 심장을 고동치게 하고 있다.

두 여성 동무의 장렬한 죽음

홍경희 여성 동무는 전남도당 산하의 불갑지구당부 기요원(비서)으로 투쟁했다. 홍 동무는 수피아여중 3학년생이었다. 그때만 해도 여중생들은 3학년생이면 18~19세 처녀들이었다.

나는 지구당부의 소환을 받고서야 알게 되었다. 1951년 4월 20일 화학산 전투에서 부위원장 동지 인솔 하에 지구당 성원들이 한 골짜기에 산상 대기하고 있었다. 오후 2시경 침공에 들어온 적들과 치열한 격전 끝에 무장부대들은 후퇴하게 되었다. 그리고 골짜기에 산상 대기하고 있던 비무장 성원들은 적들의 완전 포위 속에서 생사의 갈림길에 놓이게 되었다. 지구당 성원들은 분산되어 한 사람이라도 살아서 나가느냐의 위기에서 혼신의 노력을 다하였다. 후퇴하는 과정에 비무장이었던 홍경희 동무는 부상을 당해 움직일 수 없었다. 그리하여 적들의 수색작전 속에서 생포되었다.

적들은 생포해 가려고 시도했으나 홍경희 동무는 완강히 거부했다. 이때에 적들은 구슬려보기도 하고 위협하기도 했으나 끝까지 저항하자 도저히 생포해 갈 수 없다고 판단한 끝에 악질 빨갱이라고 욕설하며 여러 놈들이 총탄을 퍼부어 벌집을 만들다시피 잔인하게 학살했다. 그 당시만 해도 적들은 여성 동무들을 생포하면 그대로 놔 둔 적이 없었다. 뭇놈들이 겁탈하는 것은 세상이 다 알고 있었다. 우리는 이들을 저질스러운 미제의 고용병들이라고 지칭했다.

유치내산에서 투쟁 당시 적들은 빨치산이 놈들의 포위망을 뚫고 후퇴하는데 긴 머리 여성들만 악착같이 추격해 생포하려고 악을 쓰기도 했다. 당시는 모두가 비무장 성원들이었기 때문에 적들은 아무리 추격해도 당할 위험이 없다는 것을 알고 있었다. 이를 피하기 위해서 유치내산에서 투쟁하는 여성 동무들은 전부 남자들과 동일하게 머리를 단발을 했다. 그 후부터는 남성들과 동일한 뒷머리를 하고 있기 때문에 남녀 구분을 못해 추격을 덜 받기도 했다.

또 다른 여성 동무는 완도군 여맹위원장인데 이름은 잊어버려 항상 아쉬운 생각을 갖고 있다. 이 여성 동무는 장대한 몸에 기운이 남성 못지않았다. 당시 지구당 연락부 식사 담당을 맡아 산상 대기할 때는 언제나 밥솥을 배낭에 넣고 부식 등 소지품을 담아 짊어졌는데, 그 집채덩이 같이 무거운 짐을 짊어지고 아무리 위험에 처해도 다른 남성 동무들은 짊어진 배낭을 버리는 일이 있었지만 이 여성 동무는 마지막 생을 다할 때까지 버리지 않고 연락부 동지들의 식사를 보장해 정상적인 연락사업을 수행할 수 있었던 것이다. 1951년 4월 20일 화학산 전투 때에도 이 동무가 밥이 든 밥솥을 배낭에 넣고 후퇴하는 과정에 함께 만났다. 적들의 총탄이 비오듯 쏟아지는 판국에 죽느냐 사느냐 하는 찰나에도 배낭을 짊어지고 있기 때문에 적들의 표적이 되어 집중사격을 더 받게 되니 살아나가기 위해서라도 배낭을 벗고 민첩한 행동으로 이 사격권을 피해야 되지 않느냐고 권고해도 듣지 않고 이 배낭을 벗어 던지고 살아나간다면 오늘 밤 연락부 동지들의 식사 보장을 할 수 없다고 하면서 결국 벗지 않고 후퇴하다가 적들의 집중사격에 쓰러지고 말았다. 같이 엎드려 있다가 집중사격이 좀 멈추자 빨리 뛰자고 옆구리를 흔들었는데 빙그르르 쓰러지고 마는 참상을 보았다. 그 모습을 뒤로 하고 나는 재빨리 소능선을 넘어 살아남게 되었던 것이다.

　이 두 여성 동무를 회고할 때에 홍경희 동무는 미녀로서 여성의 정조는 생명과 같다는 생각이 굳은 신념으로 자리 잡고 있었기 때문에, 환장해서 달려드는 적들에게 저항함으로써 정조와 신념을 지켜 내었다. 역사에 빛나는 그런 여성상은 후대에 길이 빛날 것이다. 또 다른 여성 동무는 어떠한 환경의 고난 속에서도 맡은 바 과업은 실천으로 결과물을 내놔야 한다는 철두철미한 교양으로 심장 깊이 새겨져 있는 동지였다. 그렇기 때문에 죽음으로써 책임감에 대한 신념을 지켜낼 수 있었을 것이다. 이들이야말로 빨치산 용사들의 전형을 창조한 동무임을 역사는 잊지 않고 새길 것이다.

　지금까지도 유치내산 투쟁에서 두 여성 동무를 잊지 않고 생각하면서 마지막을 어떻게 장식하는 것이 두 동무의 정신을 잊지 않고 계승하는 것이 될 것인가를 생각하면서 오늘을 보내고 있다.

백운산 용지동골에 얽힌 사연

1951년 12월 1일 백운산의 용계산 용지동골에서 적들의 대대적인 동계공세인 제1차 공세를 15일간 겪었다. 당시 1951년 11월 28일 유치내산의 가마테고지 건너편에 제3지구당 아지트를 쓰고 있을 때 이방휴 위원장의 추천을 받고 광양 백운산에 개설된 도민청학원에 들어가 공부하기 위해서 정들었던 유치내산에서 어렵게 투쟁하고 있는 모든 동지들의 곁을 떠났었다. 백운산에 가는 통로는 화순 말봉산, 모후산, 백아산, 통명산, 또는 봉두산 등을 거치는 연락 루트였다. 그러나 막상 모후산에 도착해 보니 지리산으로 파송했던 동지들 100여명이 적들의 루트 차단으로 멈춰 있었다.

당시 모후산에는 남태준 동지 총사 기동연대인 1연대가 주둔하고 있으면서 며칠씩 처져 있었다. 그러다 보니 가지고 온 식량이 다 떨어져 무장대의 보호 하에 보급문제를 해결하면서 백운산이나 지리산 통로가 뚫리기만을 기다리고 있었다. 그래서 단신으로 연락부원 두 동지와 같이 행동을 취하고 있는데 순천 조계산 통로가 뚫렸다는 희소식을 접하고 100여명의 파송부대들과 함께 보성강을 건너 조계산에 무사히 도착했다. 하루를 산상 대기하고 날이 어두워지자 백운산을 향해 달리다시피 하면서 순천 송광사 앞을 지날 때 송광사는 불타고 있었다. 용계산 가기 전 갓꼬리봉에 도착했다.

마침 갓꼬리봉에는 적들이 주둔하고 있지 않았다. 그때 백운산은 적들의 집중 공세 속에 있었다. 우리 일행들은 하루를 무사히 보내고 밤이 되자 용지동골로 들어왔고, 들어온 즉시 도당부에 연락을 띄웠다. 도당부의 지시는 지금 한참 적들이 공세 중이니 1차 공세가 끝나면 들어오라는 전갈이었다. 1차 공세는 보름간이었다. 당시 적들은 공세를 일정 기간 취하면 다시 내려가서 1주간 준비 끝에 다시 올라와 발악적인 공세를 취하곤 했었다. 보름간 적들의 공세 기간에 100여명 중 30여명만 살아남아 백운산 옥룡골의 88도당 아지트에 도착했다.

그 70여명은 어떻게 전사한 것일까? 우리 일행은 밤에 갓꼬리봉에서 용지동골로 무사히 들어왔다. 백운산 능선에는 적들이 주둔해 있었기 때문에 여기저기 불빛이 요란하게 비치고 있는 것을 보면서 용지동골 골짜기에 들어와 동지들이 썼던 아지트 위에 등을 붙이고 자기도 했으며 기동연대인 총사 7연대도 만나 보급사업을 해서 며칠은 버틸 수 있었다. 그러나 매일 같이 능선에서 골짜기로 수색작전을 펼치는데 걸리지 않을 수 없었다. 더구나 비무장 성원들이라 쉽게 걸렸다. 게다가 눈이 많이 쌓여 잠복할 곳도 마땅치 않았다. 그리하여 아침 새벽이면 연락부 동지는 어느 골짜기로 가서 잠복 산상 대기하다가 밤이면 정해준 아지트로 집결하라고 하고서 자기들은 어디론가 사라졌다가 밤이면 선장소에 나타나 인원을 점검하곤 했다. 그런데 매일 수색작전에 몇 명이 죽고 몇 명이 생포 당하곤 한다. 이것도 하루 이틀이지 매일 같이 반복되니 마지막에는 전의를 상실하고 무장부대는 어디론가 사라지고 말았다.

생소한 지형지세를 몰라 당황하게 되고 매일 죽고 생포당하여 인원들은 줄어들고 하는 과정이 반복되고 있었다. 이래도 죽고 저래도 죽으니 날이 샐 새벽에도 산상 대기하라고 권고해도 듣지 않고 아지트에 남아 있다가 죽임을 당하기도 했다. 저녁에 돌아와 보면 아지트에 그대로 있다 총에 맞아 죽임을 당한 시신들이 참혹했다. 마치 불태워져 개 끄을림을 당한 것처럼 된 참상을 보고도 매일 그대로 있다 똑같은 참상을 당하기도 했다. 산상 대기 나가면서 나가자고 하면 동무들이나 나가서 살아남으라고 하면서 우리는 여기 남아서 아지트 방바닥에 등 붙이고 있다가 죽겠다고 하면서 참상을 당하기도 했다.

식량은 다 떨어졌지만 밤에 물은 끓여 먹을 수 있었다. 적들은 야간기습을 하지 않아 한 번도 당한 적이 없었다. 반해방구를 쓰고 있을 때 디딜방아를 놓고 벼, 보리 등을 찧었던 방앗간 부근에는 북데기가 수북이 쌓여 있었다. 그래서 눈을 헤치고 맷제(왕겨의 방언)를 한 움큼씩 불어서 싸래기(싸라기의 방언) 몇 알씩 나오는 것을 여럿이 합동해 한 움큼 되면 양은솥에 물을 붓고 끓여서 한 모금씩 나누어 먹으면서 매일 공세를 겪고 있었다. 이마저도 더 이상 먹을거리가 없어 눈과 물로 허기를 채우면서 1차 공세가 끝나고 한숨 돌릴 시간을 갖게 된 후 도당 아지트로 갈 동지들을 점검하니 30여명이 살아남았다. 살아남은 동지들의 기쁨은 말할 수 없었다. 그러나 며칠 동안 먹지 못해 기운이 다 빠져서 꼿꼿이 서서 걸을 수도 없었다. 용지동 골짝에서 도솔봉을 오르는데 기어서 나무나 가지를 잡고 올랐다. 내려가는 데는 다리 힘이 없어 꺼꾸러지면서 당시 논실 연병장까지 갔다. 그리하여 목적지인 88도당부 아지트에 도착해 간부트에서 심사를 받고 88보초선 넘어 병암골의 민청학원에 도착해 한숨을 돌렸다.

그럼 필자는 어떻게 1차 공세를 무사히 겪었던 것인가? 적들의 공세 속에 들어 간 우리 일행은 모두 비무장 각 기관단체 성원들이었다. 지형지세도 잘 몰라 어디에 잠복하는 것이 적들의 공격을 피할 수 있을지를 분간할 수 없었다. 단순히 연락부원 2명이 우리를 통솔하고 있었고, 이때 분위기를 살펴보니 모두 어느 쪽에 가서 분산 잠복해 있다가 살아남은 동지들은 저녁에 어느 아지트에 모이라는 것뿐이었다.

연락부원 동지들은 칼빈총을 메고 있었다. 자기들 말만 한마디 던지고 사라지는 무책임한 행동을 며칠 지켜보다가, 어느 날 아침 분산 잠복을 하라는 말 한마디 하고 쏜살같이 달려가는 뒤를 따라 나도 쏜살같이 연락부원 뒤를 따라가니 일행 중 몇몇 사람이 따라붙었다. 그때 연락부원 동지는 난색을 표하면서 말을 듣지 않고 뒤따라오면 사살하겠다고 엄포를 놓으니 모두가 위협을 느낀 나머지 떨어지고 말았다. 그러나 나는 쏠 테면 쏘아라 하면서 동지들만 살기 위해 우리 모두는 죽어도 좋다는 것이냐고 항의하면서 악착같이 따라붙으니 다른 동지들은 위협에 다 떨어지고 나 혼자만 남았다. 그때서야 빨리 따라오라고 해서 매일 연락부원과 같이 지형지세를 잘 선택해서 무사히 1차 공세를 마쳤던 것이다.

그리하여 적들의 공세 속에서 그래도 살아남은 동지들은 그 배고픔 속에서도 투쟁의 원칙을 올곧게 지킨 사람들이었으며, 전의를 상실하고 자포자기한 사람들은 비참하게 죽어간 것을 생각할 때 혁명가는 혁명적인 사상 확립이 얼마나 중요한가를 과거나 현재나 미래에도 변함이 없다는 것을 남기고 있는 것이다.

덧붙이자면, 순천 용계산은 조동만 당시 전남도당 정치공작대 대장 동지(영웅 칭호 받음) 이름을 따서 동만산이라 불렀으며 용지동골은 백운산지구 사령관이었던 남태준(영웅 칭호 받음)부대가 최후까지 싸운 지역이라 남태준골이라 명명했음을 기록으로 남긴다.

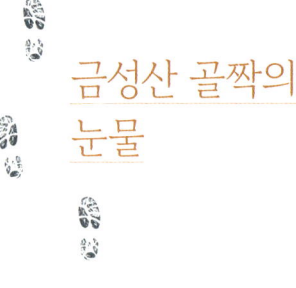

금성산 골짝의 눈물

때는 1951년 2월 20일이었다. 금년 들어 눈도 많이 왔다. 당시 불갑산에서 20일 새벽 2시에 불갑산 2.0작전을 앞두고 류석우 부위원장 동지가 책임을 지고 나주 금성산으로 지구당부 성원들은 후퇴 길에 올랐다.

이때 지도부는 땅 밑에 파놓은 아지트가 있어 거기에 들어가게 되었다. 그리하여 입산한 우리 부모님과 여동생 둘(11세, 13세) 그리고 이웃집 신대 양반 부부와 손자 서점수(7세) 등 두 가족은 불타버린 구들장 위에 칸막이를 하고 일상생활을 하고 있었다. 내가 두 집 식구들의 먹는 문제를 다 해결해 주고 있었다.

당시 나는 매일 지구당위원장의 레포(レポ. 정치운동이나 학생운동으로 조직의 연락을 담당하는 사람)를 군당부에 전하고 또 받아오는 연락사업을 하고 있었다. 적정이 있을 때는 불갑산으로 입산한 무안군당이 우리 부모가 기

거하는 함평 해보면 광암리 오두치마을에 있었기 때문에 때때로 적들이 침공해 들어올 때는 군당부에 가는 길에 잠깐 들려서 오늘은 어느 지점으로 가서 산상 대기하라고 알려주었던 것이다.

그러나 침공해 들어오는 적들의 집중공격을 피하기 위하여 새벽 두 시에 오두치마을을 지나 오두치재를 넘어 대동면과 나주 남평면을 통과하여 안전한 지대인 나주 금성산으로 이동하게 되었다. 이때에 우리가 통과하는 길목에 미리 나와 대기하고 있다가 만나서 빨리 일행의 뒤에 따라오라고 가족에게 알리고 일행은 쏜살같이 달리다시피하면서 행군을 강행했다. 당시 나는 이불 짐을 짊어지고 있었다. 사실 이불 짐은 가볍기는 해도 둥치가 커서 바람을 많이 타고 있었다. 행군 중에 바람을 등질 때는 바람의 힘을 받아 달리기 쉬웠으나 바람을 받으며 행군할 때는 얼마나 무거운 느낌을 받고 양쪽 어깨가 뻐근하게 아플 정도였다. 중도에 잠깐 쉴 때 성인 동지들에게 바꾸어 짊어지고 가자고 제의해도 들어주는 동지도 없었다. 그래서 아무리 무거워도 자기책임 완수를 위해 금성산 안전지대까지 무사히 짊어지고 왔으나 불갑산에 다시 돌아갈 수 없어 불가피하게 동나주 국사봉 밑에 있는 금덕마을에 오는 길에는 그 이불 짐을 금성산에 버리고 왔던 것이다. 그러니까 땀 흘리면서 가져온 이불을 지금도 생각하면 사람이 한 치의 앞을 내다보지 못한 결과라고 생각한다.

그런데 뒤따라오던 부모님과 이웃집 할아버지 식구들은 젊은 사람들의 빠른 행군속도에 같이할 수는 없었다. 나주 남평면 금성산 기슭에 도착해 날이 부옇게 샌 사이 잠깐 휴식에 들어가면서 인원을 점검해 보니 우리 부

금성산 골짜기

모님과 이웃집 할아버님 식구들이 보이지 않았다. 따라오다 어디에서 떨어진 것인지 알 수도 없었다. 여동생 둘은 내 뒤를 바짝 따라와 함께할 수 있었다. 이윽고 다시 출발하면서 살아만 계신다면 언젠가는 만나는 그날까지 무사하기만을 고대했다.

우리 일행은 드디어 금성산 골짜기 안전지대까지 가서 여장을 풀고 밥을 지어먹으며 마침 적정이 없어 무사히 하루를 보냈다. 그리고 다시 불갑산에 들어갈 준비를 하고 있었다. 그러나 연락 온 정보에 따르면 다시는 불갑산에 돌아갈 형편이 못되었고 그렇다고 금성산 야산에 진지를 구축할 수도 없었다. 비트에 남아 불갑산 정황을 살핀 김용우 지구당 위원장 동지의 지시에 의하여 이날 밤으로 유치내산 동나주 국사봉 밑 어느 마을로 이동하게 되었다.

당시 유치내산 지구는 반해방구를 쓰고 있었다. 그리하여 출발 시간이 가까워 오는데 부위원장 동지는 나를 불러 "어떻게 하려고 여기까지 두 동생을 데리고 왔느냐" 하면서 "오늘 밤에 불갑산에 다시 들어가지 못하고 유치내산으로 이동을 하는데 영산강을 건너야 하고 적들의 매복지를 뚫고 나가는 강행군을 하기 때문에 어린 동생은 죽음을 당하니 이 아래 내려가면 인민마을이 있으니 거기다 맡기고 살아 있으면 부모님과 만날 수도 있으니 같이 내려가 맡기고 오라"고 지시했다.

그래서 두 동생에게 얘기를 했으나 동생들은 아무리 설득을 해도 울면서 죽어도 좋으니 오빠 따라 가겠다고 애원하고 있었다. 이런 실랑이를 거듭하는 과정에 저녁밥이 날아왔다. 동생들은 밥은 먹지 않고 울기만 했다. 옆에 있는 동지들은 쩝쩝 입맛만 다시고 안타깝다는 표정만 하고 있었다. 그 광경을 겪는 16세의 소년 나이로서 대책이 막막하기는 마찬가지였다. 나도 생소한 지역에 와서 동생을 인도해 줄 사람도 없이 전적으로 내 자신이 해결할 수밖에 없는 마당에 나 자신 해결할 능력도 없으니 이 일을 어떻게 처리할 것인가를 고민하지 않을 수 없었다. 시간은 가고 동생들은 울기만 하고 있어 나도 동생들과 함께 밥 한술도 뜨지 않고 부둥켜안고 소리 없는 눈물을 처음 흘리기도 했었다.

드디어 해는 져서 골짜기에는 어둠이 깔리고 있었다. 대열은 출발 준비를 위해 한 군데로 모이기 시작했다. 이때 부위원장 동지는 지금까지 해결하지 않고 뭐 했느냐고 나를 책망했다. 나는 "예, 알았습니다"라고 답변하면서도 일시적인 서운함까지 들었던 것이 사실이다. 그러나 사전에 허락을 받지 않고 여기까지 데리고 온 것이 잘못이라고 생각했기 때문에 무어라 할 말이 없었다.

드디어 출발 명령이 떨어졌다. 이때 '혁명가는 가족에게 얽매이면 투쟁할 수 없다. 결단을 내려야 할 때는 단호하게 결단을 내려야 한다'고 평소 교양을 받아왔기에 이럴 때 결단을 내리는 것이 혁명투사가 되는 것이라고 생각했다. 그리고 내가 혁명전선에 나설 때 맹세했던 투지를 보일 때가 바로 이 순간이라고 생각했기 때문에 대열 마지막에 출발하면서 "들어라. 너희들은 오빠 말을 듣지 않았다. 살고 죽는 것은 너희들 운명에 맡긴다. 이젠 이 골짝에서 죽든 살든 나는 모른다. 만일 내 뒤를 따라온다면 내 손으로 너희들을 죽일 것이니 그리 알아라" 하면서 쏜살같이 대열의 뒤를 따라붙었다.

그 후 오랜 세월이 흘러서야 비로소 무사히 살아남았다는 소식을 듣게 되었다. 그 사연은 이렇다. 그날 밤 두 동생은 골짜기를 빠져나가 불갑산 오두치마을에 들어갔는데 토벌대들이 불을 지피고 있는 것을 보고 기겁하여 다시 금수산 골짜기에 들어왔다. 부모님과 오빠를 부르며 울면서 골짜기 길을 걸어가고 있을 때 마침 서나주 군당부가 금성산에 아지트를 쓰고 있어 연락원이 연락사업 갔다가 아지트로 들어오는 중 어떤 어린애 울음소리를 듣게 된 것이었다. 동생들의 자초지종을 듣고서 마침 광산군 본양마을에 살고 있는 큰누나의 시동생이 군당연락원으로 있어서 연락과 아지트까지 무사히 데리고 가서 시동생을 만나게 해주었다. 그곳에서 하룻밤 자고 밤에 큰누나집으로 무사히 피난해 있다가 고향에 살아 계신 부모님과 상봉을 하게 되었다.

　우리 부모님은 어떻게 살아남았는가? 부모님 일행은 불갑산에서 금성산으로 후퇴할 때에 노인들이라 쏜살같이 강행군하는 대열을 뒤따라올 수 없어 중간에서 떨어지고 말았고, 그렇게 작전지역을 빠져나왔기 때문에 살아남았던 것이다. 살아남은 부모님은 혹시 나를 만나려고 불갑산 기슭마을들을 얻어 먹어가면서 이 마을 저 마을 다 돌아다녔으나 찾지 못하고 1년 후에 고향에 돌아와 동생들과 상봉하게 되었다. 나는 이 소식을 체포된 후에 알게 되었다. 그리고 내가 총에 맞아 죽어 쓰러지는 것을 보았다고 생포자들이 말을 해서 죽은 것으로 단념하고 살았다는 것이다.

　고향 떠난 지 40년 만에 고향을 찾았으나 그때 살았던 사람들은 다 학살되고 새로 자라난 세대들만 살고 있어 고향 맛을 느낄 수 없었다. 살아 있는 동생들과 40년 만에 상봉했을 때 금성산의 어두운 밤 오빠와 헤어지던 그날이 평생 잊히지 않는다는 말을 들었을 때 살아남은 것도 전화위복으로 생각하라고 위안하기도 했다. 우리 가족의 일면적인 비극사는 미제에 의해서 갈라진 조국 분단에서 오는 비극적인 참상이다.

무적을 자랑하던 '정공대'의 비극

　빨치산 투쟁역사에서 100여명의 무장부대가 단 하루 만에 종막을 고하는 비극적인 역사는 찾아보기 힘들다. 그러나 그 일은 일어나고 말았다.

　1952년 1월 27일이 그 비극적인 운명을 고하는 날이었다. 나는 1951년 12월 초순에 적들의 제1차 대대적인 공세가 치열하게 전개되고 있는 백운산 용지동골에 들어가 공세를 극복하고 병암골 민청학원에 들어가 있었다. 그 후 다시 적들의 2차 공세를 앞두고 비무장 성원들인 민청학원이 제대로 작동할 수 없어 각 기관이나 무장부대로 편입되는 과정에서 당시 조동만 동지가 이끄는 여천군당부에 들어갔다. 당시 민청학원생은 30여 명의 10대 후반 청소년들이었다. 여천군당 위원장이었던 조동만 동지는 도당 간부부에 민청학원생 한 사람을 요청했다. 간부부는 직접 찾아가 마음에 든 동지를 골라가라고 했다. 그래서 위원장이 직접 찾아왔고 30여명의 학원생

중에 내가 지명돼 여천군당부로 소환되어 갔다. 당시 아지트는 옥룡골의 선지골에 있었다. 여천군당부는 여수시당과 순천시당을 빨치산 체제로 일원화했다. 유격대는 10여명의 무장대가 군당부를 엄호하며 공세를 격파하고 있었다. 무장부대는 여수 14연대 출신들이 몇 명 있었다.

조동만 동지의 직접 지휘 하에 밤이면 고지에 토굴을 파고 들어가 있는 적들의 주둔처를 밤중에 기습하여 무장과 보급품을 아군의 피해 없이 노획하는 성과를 거두고 있었다. 그렇게 무기가 늘어남에 따라 무장할 전투요원을 필요로 하고 있었다. 따라서 당시 도당학생, 민청학원생, 군정대학생들로 무장하게 되었다. 매일 기습작전에 연승을 거듭하여 100여명의 간부군으로 무장을 확대 했다. 그리고 애초 10여명이었던 무장대가 잘 싸워 무적의 무장대로 발전하자 도당부에서는 도당직속 '정치공작대'로 개칭하였고 이를 약칭하여 '정공대'라고 했다. 정공대는 도당 산하 비무장 성원 100여명의 동지들을 보위하며 매일 전투 속에 하루해를 보내고 있었다.

그러던 1952년 1월 초순에 수도사단 병력이 빨치산을 토벌하겠다며 백운산 하봉과 800고지 사이인 삼각고지에 올라와 있었다. 우리는 이때 진상골에 아지트를 쓰고 있으면서 백주에 기습작전을 전개했다. 수도사단 국방군(당시 국군은 노랑개, 경찰대는 검은개라 불렀음)이 눈이 많이 덮인 삼각고지에 올라와 막 짐을 풀고 있는 찰나를 이용하여 서기주 부부대장은 7명을 인솔하고 북풍 바라지를 이용하여 무사하게 고지에 닿아 돌격과 함께 연발총을 난사하며 들이쳤다. 수도사단 국방군들이 기겁을 하고 몸만 뒹굴어서 패퇴하는 것을 보고, 대기하고 있던 우리 부대 성원들은 일제히 함성을 질렸다. 그리고 고지에 수북이 쌓인 배낭과 탄약 소총을 짊어지고 가지고 갈 수 있는 만큼 잔뜩 지고 있는 힘을 다하여 마침내 하봉을 넘어 암자 있는 데까지 무사히 옮겼다.

적들은 쌕쌕이(제트기) 4대가 날아와 융단폭격을 감행했으나 몇 동지의 부상자만 냈을 뿐 우리는 무사히 병암골의 중턱에 있는 암자트에 총집결했다. 해가 서산에 걸터앉을 무렵 노획한 보급품을 정리했다. 사실 보급품이 많이 있었지만 가져올 인원이 없어 다 가져오지 못했다. 이때 노획한 M-1 실탄 1만발을 옥룡골 너덜강 틈에 비장했는데 비장한 동지가 희생되어 지금껏 찾지 못하고 주인 잃은 흑진주가 되고 말았다. 이렇게 무용을 자랑하던 정공대가 왜 단 하루에 전원이 희생되고 생포돼 정공대란 이름만 남기고 만 것인가.

100여 명의 비무장 성원들을 보호하며 계속되는 전투 속에서 부대원들은 누적된 피로가 쌓여 스스로 움직일 수 없는 상황에 도달했다. 이러한 상황 속에 1952년 1월 26일 88보초선 능선에서 적들과 전투 속에 조동만 대장이 허벅다리 관통상을 입게 되었다. 적들이 매고지를 장악하고 매일 수색작전을 펼치고 있는 가운데 우리는 소부대 활동을 못하고 비무장 성원들의 안전을 보장해야 하기 때문에 적들의 눈에 띄지 않게 잠복할 수도 없었다. 그리하여 꼬리를 멈출 수 없어 적들이 매일 꼬리를 물고 추격 작전을 감행함에 따라 전사자와 생포자가 발생했고, 부상자는 치료조차 안전하게 할 수 없는 막다른 골목에 이르게 되었다.

1월 26일 전투에서 부상당한 조동만 동지는 새벽 2~3경에 임시로 파놓은 비트에 들어가면서 부부대장에게 내일(1월 27일)은 적들의 주공목표가 내곽(상봉, 따리봉, 도솔봉 안을 내곽지대라 하고 그 외는 외곽이라 했다)지대이니 봉강능선을 넘어 봉강골로 부대를 이동시키라고 신신당부하고 비트에 들어갔다. 그런데 부대는 계속되는 전투 속에 쌓인 피로가 누적되어 이기지 못하고 이동한다 한다 하다가 날이 새었다. 그래서 할 수 없이 부대를 병암골로 이동하여 분산 잠복시켰던 것이 화근이었다.

무장부대는 아무리 잘 싸워도 집단으로 팀워크가 되어야 지휘관의 지시명령에 따라 전투력을 발휘할 수 있지 개별적으로 분산해 놓으면 물론 잘 싸우는 사람도 있지만 부대로서의 사명은 수행할 수 없다는 것이 전투경험을 가진 사람이라면 일반 상식으로 되어 있다. 이렇게 정공부대는 자기 기능을 발휘하지 못하고 적들의 대규모 수색작전에 맥없이 무너져 내리면서, 무장 성원 한 사람도 살아 돌아오지 못하고 정공대란 이름만 남긴 채 아픈 역사의 기록을 남기고 말았다.

우리는 정공대의 최후를 통해 올바른 지도자의 지도를 받고 있느냐가 국가나 각 정당, 사회단체들의 운명이 좌우된다는 것을 산 역사적 교훈으로 보여주고 있다는 것을 볼 수 있다. 참고로 현재 정공대 출신으로 생존하고 있는 사람은 필자와 90살을 바라보는 여성 빨치산 할머님 한 분뿐이며 조동만 동지는 영웅 칭호를 받고 백운산의 용계산을 동만산이라 칭했다.

비트에서 살아남는
투쟁의 깃발

　때는 1952년 1월 27일 적들의 공세에 생사의 갈림길 위에 선 오후 4시였다. 나는 백운산 옥룡골의 88도당 지도부 아지트에서 선지골로 넘어가는 작은 능선 중턱에 임시로 파놓은 환자아지트에 들어가 있었다. 1월 26일 전투에서 부상을 당한 정공대장 조동만 동지의 임시 치료를 위한 불가피한 조치였다. 당시 눈이 내려 쌓였다가 그친 상태라 족적 때문에 보다 안전한 비트가 있었지만 할 수 없이 이곳에 들어가게 되었다. 여기에는 박영발 동지의 비서인 김정태 동지와 주치의인 이형년 동지, 정공대장인 조동만 동지, 그리고 나까지 4명이 들어가 있었다. 총은 김정태 동지와 나 두 사람이 칼빈2를 가지고 있었고 실탄은 전날에 기습으로 노획한 칼빈탄을 100여발씩 소지하고 있었다.
　88도당 지도부 아지트 주변에 박영발 동지 비트가 여러 군데 있었다. 그래서 공세기간에 김정태 동지는 박영발 동지 비트 주위를 떠나지 않고 그날그날의 적정을 보고하고 지시를 받아 도당 각 부서에 전달하고 있었다. 아울러 들어오는 소식들을 가지고 위원장 동지 비트를 찾아 보고하면서 제1차 적들의 대대적인 공세를 승리로 마감한 공로를 쌓아가고 있는 중이었다. 사실 비트에 새벽 2시경에 들어가면서 정공대장 조동만 동지는 부부대장인 서기주 동지를 불러 어떠한 일이 있더라도 부대를 봉강능선 넘어 봉강골로 이동시키라고 신신당부를 했다.

그런데 비트에 들어가는 문이 허술하기 짝이 없었다. 납작한 돌을 이고 들어가면 밖에서 위장도 해주어야 하는데 그런 조치도 취하지 않았으며 그 안은 네 사람이 겨우 앉아 있을 정도로 비좁았다. 높이는 앉으면 머리가 간신히 닿지 않을 정도였다. 당시 나와 김정태 동지가 입구를 향해 양쪽으로 앉아 있고 그 다음 이형년 동지가, 그리고 맨 안쪽에 조동만 동지가 앉아 있었다. 물론 임시 환자아지트이니 허술함은 말할 필요조차 없었다. 그리고 이곳까지 수색작전이 펼쳐질 것이라 예상하지 못한 것도 사실이다. 당시 적들은 박영발 동지가 비트에 있다는 것을 생포자들을 통해 알고 비트를 발견하려고 셰퍼드(수색견)까지 동원해서 수색작전을 빈틈없이 펼치기도 하는 상황이었다.

드디어 적들의 수색작전에 비트는 발견되고 말았다. 비트에 가까이 와서 "비트 발견"이라고 내지르는 소리를 들었다. 비트 문은 납작한 돌이었는데 그 돌을 들어내고 입구를 향해 사격하며 손들고 나오라고 위협하고 있었다. 이때 김정태 동지는 정공대장 동지에게 우리 "수류탄으로 자결합시

다"라고 말했다. 만일 하자고 동의했으면 우리 네 명은 그만 죽고 말았을 것이다. 그러나 정공대장 동지는 단호하게 "무슨 소리를 하느냐"며 싸우라고 명령을 내렸다. 싸움에서 죽더라도 최후까지 싸워야 하며 한 사람이라도 살아나간다면 다행인 것이다.

수류탄을 문밖으로 내던지고 우리 둘은 문밖을 향해 연발로 갈겨대라고 했다. 그래서 우리 둘이 비트 문을 향해 집중사격을 가했다. 한참 있다가 이제 수류탄을 내던지고 먼저 튀어나가 방어하고 차례로 뛰어나가라고 지시하는 것이었다. 제일 먼저 김정태 동지가 수류탄을 던지고 뛰어나가고 그 다음 이형련 동지가 나가고 세 번째로 내가, 그리고 마지막에 조동만 동지가 나왔다.

적들은 안에서 자동소총으로 연발로 쏘아 대고 수류탄까지 터트리자 가까이 접근을 못하고 주위에서만 엎드려 총을 쏘고 있었다. 나와 보니 앞서 나간 두 동지는 죽었는지 눈에 띄지 않고 주위에 적들은 사격만 가하고 있었다. 그때 나는 맨발로 뛰어나와 엎드려 갈겨대면서 순간적으로 이 작은 능선을 무사히 넘으면 살 것이라 생각하고, 30~40m 거리 능선에서 중화기를 걸고 쏘고 있는 쪽을 택하고 여기에 집중사격을 가하여 적들의 사격을 잠재우고 무사히 능선을 넘었다. 그러나 조동만 동지는 비트에서 10m 거리에서 적탄에 맞아 쓰러지고 말았다. 바로 내 뒤를 따르다 희생되는 아픔을 남긴 것이다. 나는 책임을 진 보위대원으로서 옳게 보위하지 못한 책임을 무겁게 지고 투쟁했다.

능선을 무사히 넘어 선지골 가파른 비탈길을 스케이트 타듯 미끄러지면서 내려가는데 좌편에서 눈밭을 타고 내려오는 김정태 동지와 극적인 만남을 가졌다. 이형련 동지의 생사는 알 수 없었다. 우리 둘이서 남은 실탄을 점검해보니 김정태 동지는 2발, 나는 3발이 남았다. 그때 나는 김정태 동지에게 죽어도 같이 죽고 살아도 같이 살아남자고 맹세했다.

날이 어두워져 적들은 능선으로 철수하여 한재 골짜기 물가에서 불을 지피고 밥을 해먹고 있었다. 살아남은 우리 둘은 하루 종일 굶었기 때문에 저녁을 해먹기 위해 골짜기 여기저기에 한 되씩 쌀을 비장해 놓은 것을 찾아서 나는 보초를 보고 김정태 동지는 냄비에 밥을 하고 있었다. 김정태 동지는 팔로군 출신이라 비상미를 골짝마다 한 움큼씩 바위틈에 비장해 놓은 것이었다. 피아간에는 야간기습을 하지 않고 있었기에 무사히 밥을 지어 한술 뜨고 조동만 동지 희생지를 찾았다.

조동만 동지는 얼음판 위에 내의만 입고 쓰러져 있었다. 당시 미 장교 사지(모직) 양복을 입고 있었는데 다 벗겨가고, 신발은 삐삐통신과 아지트에 들어가는 입구에 있는 것을 발견하고는 당시 맨발이었던 내가 신고 제1차 공세를 겪었다. 얼음판이라 땅을 팔 수도 없어 시신은 낙엽송으로 임시 묻어 주고 대공세가 끝나면 다시 찾아 매장하려고 했으나 희생지를 다시 찾지 못하고 체포되고 말았다. 40년이 지난 후에 찾았으나 산죽만 무성하게 자라 있고 당시의 흔적은 찾을 길이 없었다. 주위 흙 한줌만 비닐봉지에 담아 왔다.

이날 비트에서 살아남은 우리 둘은 도당지도부 대열과 정공대 소식이 궁금했으나 알 길이 없었다. 그리하여 김정태 동지는 안전한 비트가 있으니 하루 더 비트에 잠복해 있다가 본 대열과 선을 대자고 했다. 그때 나는 한번 곤욕을 치렀으면 됐지 두 번은 실탄도 없어 위험하니 지상에서 잠복하다 걸리면 싸우자고 했다. 그러나 안전한 이중 비트이니 발각될 위험은 없다고 해서 또다시 들어가게 되었다.

88트에서 살아 돌아오는 동지들을 기다리다가 새벽 3시경에 88보초선 능선의 작은 능선에 파놓은 박영발 동지 비트에 들어갔다. 눈이 그친 상태라 족적을 내고 들어가 있다가 날이 새면 나와 눈이 와서 족적이 메워져 있으면 다행이고 족적이 나 있으면 위장하려 맘먹고 들어가 있었다. 그런데 비트 안은 이중으로 되어 있으나 일층에서 이중트로 들어가는 문이 허술함을 느꼈다 이중트는 평상으로 되어 있었다.

그런데 잠이 들어버렸고 시간 가는 줄을 몰랐다. 10시경에 "비트 발견" 소리가 들렸다. 적들은 들어가는 비트 문을 활짝 열고 총탄을 퍼붓기 시작했다. 안에서는 아무 반응이 없자 서로 대화하면서 "눈 족적은 틀림없이 나 있다"는 소리가 들렸고, 이를 듣고서야 눈이 오지 않아 발자국을 메워야 했었는데 하고 후회해도 소용이 없었다. 이때 김정태 동지는 비스듬히 누워 있었고 나는 앉아 있으면서 총을 입구에 겨누고 격발기에 둘째손가락을 넣고 만반의 준비태세를 갖췄다. 움직이면 평상이라 소리가 나기 때문에 숨죽인 채 촉각을 곤두세운 상태 속에서 그대로 대응하지 않고 적들의 동태만 살피고 있었다.

적들은 아무리 총탄을 퍼부어도 기척이 없어 틀림없이 들어간 족적이 있으니 안에 들어가 보라고 명령하는 놈이 있었다. 처음 놈은 들어와서 주위를 살펴보고 나가면서 아무것도 없다고 보고하니 그러면 두 놈을 지명해 들어가서 자세히 동태를 살피라고 하면서 수색대는 아래로 내려가고 말았다. 들어온 두 놈은 들어보니 경상도 말투였다. 우리는 이중트에서 '발견' 소리만 하면 내 총에 사살되고 뛰어나가 최후 결전을 한다는 생각뿐이었다. 두 놈은 총을 벽에 세우고 앉아서 신세타령만 하고 있었다. 한 놈은 이렇게 싸우다가 언제 죽을지 모르니 도망가자고 하니까 도망가다 맞아 죽는다고 하면서 우리 여기 있다가 철수 신호가 나면 그때 나가자고 하는 소리를 듣고 있었다. 우리 둘과 거리는 이중트의 문을 사이에 두고 있었다. 그때 나는 적의 머리를 겨누고 있기 때문에 만약의 경우 두 놈의 목숨은 우리의 의지에 달려 있었다. 2시간 가까이 마주보고 앉아 있은 상태에서 쏘겠다고 김정태 동지 옆구리를 살짝 건드리면 더 참으라고 옷깃을 잡아당기곤 했다. 이런 상황이 여러 번 계속되는 가운데 철수하라는 호루라기 소리를 듣고 나감으로써 천행으로 살아남게 된 기쁨은 말로 다 표현할 수 없었다. 밖에 있다가 비트에 들어가면 아무것도 보이지 않지만 오래 있다 보면 주위 상태를 알 수 있으니, 놈들이 건성으로 보았는지 알고도 묵과했는지는 알 수 없다. 그리하여 앞으로는 절대로 비트에 들어가지 않을 거라고 맹세했다.

그날 밤 본대와 선이 닿아 제1차 대대적인 적의 동계공세를 승리로 마감했다. 살아남은 동지들은 서로 얼싸안고 승리감을 만끽하면서 다음 적들의 공세에 대비했다. 지금껏 적들에게 발각된 지하 비트에서는 자살 아니면 생포되는 경우만 있었을 뿐 살아남은 자가 없었다. 그러나 나는 천만다행으로 살아남아 기록을 남기는 영광을 안게 되었다.

　우리 모두는 최후 결전에서 막다른 골목에 처했을 때 자결은 투쟁의 한 방법이기는 하지만 보다 더 그 자결의 투지를 투쟁으로 승화해야 한다고 생각했다.

부대를 살리는 예감은
오랜 경험에서 축적된 현상의 발로다

백운산 하봉 능선을 타고 800고지 가는 길에 삼각고지가 있다. 이 삼각고지에서 중허리 길을 타고 광양 진상면 진상골의 중허리를 돌고 돌아가면 서골의 환자아지트까지 갈 수 있다. 때는 1953년 초가을이다. 적들이 자수자를 중심으로 만든 사찰유격대라고도 하고 전남에서는 '보아라 부대'라고 하는 부대가 기승을 부리고 있었다. 이 보아라 부대는 경찰관이 총책임을 지고 남아있는 빨치산 부대들을 향해 잠복, 매복전이나 불의의 기습전을 가하여 피해를 주고 있었다.

이 보아라 부대는 빨치산 투쟁하다 생포된 자들로 구성되어 있다. 이들은 생포된 후 자기 한 목숨 살기 위하여 무언가 단 한 가지라도 전과를 올려야 한다는 강박관념에 사로잡혀있다. 살아남아 감옥에 들어가지 않고 석방되어 자유를 찾을 수 있으려면 적들의 신임을 받기 위해 쌍불을 켜고 우리 동지들 한 사람이라도 잡아주든가 희생시키든가 하려고 하고 있었다. 그 중에는 양심상 동지를 잡아줄 수 없어 대열을 뒤따라만 다니는 자들도 있었다. 생사를 같이했던 동지를 잡아주거나 희생시키면 앞으로 환경이 바뀌는 세상이 온다면 살아날 수 없다는 것을 알기 때문이다. 그러나 더욱 발악하면서 진짜 반공주의자가 되어 돌이킬 수 없는 죄악을 범하는 분자들도 있었다. 이 자들은 밤이나 낮이나 산세를 이용하여 타는 길을 알고 있기 때문에 빨치산 동지들은 맘 놓고 산길을 탈 수 없었다.

그래서 언제나 중허리 비탈길을 돌아갈 때는 경각심을 최고로 높여 길을 개척해 나가는 심정으로 산길을 타곤 한다. 이날도 우리 전남부대는 백운산 골짝을 돌고 돌아 적진을 피해 삼각고지 재에서 진상골 쪽으로 두 계곡을 넘어 중허리 길 바로 밑에 여장을 풀고 잠복했다. 중초선에 내가 책임을 지고 16세의 소년인 정의영 동지와 같이 보초를 서고 있었다.

우리가 보는 보초선 봉우리는 상봉능선에서 하봉 삼각고지 능선까지 한눈으로 볼 수 있는 위치였다. 우리는 잠복하면서 적정의 유무를 살펴보고 있었으나 해가 서산에 걸터앉을 때까지 아무 이상이 없었다. 그래서 본대 진지로 내려오면서 정의영 동지만 먼저 내려 보내고 나서 어쩐지 그냥 내려가기가 껄끄러운 감을 느꼈다. 삼각고지 쪽 작은 능선 골짜기를 한번 보고 내려가야 맘이 시원할 것 같아 따발총을 메고 양손을 바지 호주머니에 넣고 사분사분 걸음을 걸으면서 중허리를 막돌아가는 순간이었다. 그때 적들도 막 도착해서 그만 마주하게 된 것이다. 적도 당황했는지 M-1총을 들고 먼저 한방을 나를 향해 갈겼으나 총신이 내 몸 옆으로 향해 나가 쏘았기 때문에 맞지 않았다. 순간 급한 경사 비탈이라 순간적으로 뒹굴어서 약 30~40m 지점에서 정신을 차리고 바로 올라와 중허리 길에 엎드려서 따발로 갈겨대었다. 그때 본 적의 인상은 후리한 키에 얼굴은 타서 까맣게 된 얼굴 모습이었다. 지금도 지워지지 않고 꿈에 나타난다.

    부대는 저녁밥을 하고 있었다. 적정이 없기 때문에 안심하고 불빛과 연기를 내면서 밥이 부글부글 끓고 있다가 총소리를 듣고 부랴부랴 불을 끄고 이동준비를 신속하게 하고 있었다. 그 후 총성 한 번 난 적 없이 고요했다. 아마도 정찰대가 우리 부대 위치를 확인하려 중허리 길을 타고 돌아오다 나와 부딪치게 되었을 것이다. 그러니까 삼각고지 근처에서 우리 보초선을 발견하고 틀림없이 중허리 근방에 본부대가 있을 것을 예상하고 기습하기 위해서 중허리 길을 타고 돌아오다 나와 조우하게 된 것이었다. 그리하여 실익이 없다고 보고 적들도 자기 본대로 돌아간 것으로 판단했다.

    우리 부대는 짐을 재빨리 꾸리고 캄캄한 야밤에 중허리 길을 타고 돌고 돌아 진상골 잣나무트로 와서 여장을 풀고 밤을 새웠다. 이렇게 해서 나는 위기에서 부대를 구했다. 그래서 오래 투쟁하다보면, 그것도 부대를 위해서 몸과 맘을 바친다는 충성심에서 다방면적으로 위기의 가능성을 자나깨나 고심한다면, 주위 환경을 세밀하게 살피게 된다는 것이다. 그 이유는 실전에서 터득한 경험이 쌓이고 쌓여 몸에 배기 때문이라고 말할 수 있다.

삼학출장소 점령 전투

　　삼학출장소는 전남 영광군 묘량면 삼학리 내촌마을 뒷산에 있었는데 이 출장소에 경찰대 200여 명이 주둔해 있었다. 영광군 묘량면에서 함평군 해보면으로 넘어가는 재를 밀재라 하고 여기에도 경찰대가 20여 명 주둔해 있었다. 왜 이 두 지점에 출장소 진지를 구축했던가.

　　이는 1948년 10월 19일 여수 14연대 애국병사 봉기로 인하여 당시 불갑산에도 빨치산 무장부대 30여 명이 투쟁하면서 불갑산에서 장성군 태청산으로, 태청산에서 다시 불갑산으로 이동하면서 투쟁을 전개하고 있었기 때문에 이 루트를 차단하기 위해서였다. 먼저 밀재출장소가 1949년 초에 진지를 구축하여 빨치산 통로를 차단했기 때문에 빨치산들이 불갑산에 태청산으로 가기 위해서는 삼학리에서 장암산을 거치는 것이 이동통로가 되었다. 이를 막기 위해서 1949년 봄에 주위 인민들을 강제로 동원해서 삼학출장소를 구축했던 것이다. 그 구조는 고지능선 둘레를 뛰어 건널 수 없도록 넓은 폭에, 키 큰 성인들이 푹 들어갈 정도로 깊이 파고 그 위에 대울타리를 치고, 그 안에 돌담을 쌓고 그 안에 막사와 취사장을 만든 모양새로 아주 튼튼하게 구축했다. 그리고 깊게 파인 참호 바깥에는 빙 둘러서 10m 간격으로 초소막을 지어 놓고 인민들을 마을마다 강제로 동원시켜 보초를 서게 하고 있었던 것이다. 당시 민폐는 말로 다 표현할 수 없을 정도였다. 그 당시는 빨갱이 소리만 들어도 벌벌 떠는 상황이었다.

이렇게 출장소를 구축해 놓고 나서는 경찰의 발악 세상이 되었다. 1950년 전쟁이 터지자 인민군대가 물밀듯이 진격하여 영광까지 왔었다. 영광읍에서 인민군대 한 조는 함평읍으로 진격하여 목포 방향으로 나가고 나머지 주력은 삼학리를 거쳐 밀재를 넘고 함평군 월야면을 거쳐 광주까지 진격을 하는 과정에 통로를 차단하고 있는 삼학출장소를 거칠 수밖에 없었다. 때는 1950년 7월 22일 밤이었다. 인민군 선발대가 먼저 도착해서 삼학출장소 정문 앞까지 와서 손들고 투항하라고 외쳐댔다. 그러나 적들은 정문 포대위에서 기관총을 난사하며 의기양양하게 싸울 태세를 갖추고 있었다.

그런데 왜 이 출장소에 경찰대 200여명이 들어가 있었던가? 사실은 인민군 진격에 따라 전남 담양의 경찰대들이 함평을 통해 목포로 빠지기 위해서 영광을 거쳐야 하는데 인민군이 영광에 먼저 입성하니 산을 타고 넘어오게 되었고, 우리 마을 앞산에 해가 걸터앉을 시간에 능선을 타고 삼학출장소로 들어가 주둔할 수밖에 없었던 것이다.

인민군은 능선을 타고 가는 경찰대를 발견하고 오늘 밤 전투가 있을 것으로 예상하고 저녁밥을 일찍 먹고 여차하면 뒷산으로 피신할 준비도 갖추고 있었다. 드디어 깜깜해지자 총소리가 나고 조명탄이 공중에서 터져 대낮같이 환하게 비추고 있는 마당에 콩 볶는 듯한 총소리는 그치지 않았다. 마을 사람들은 대기하고 있다가 포성이 울리자 아궁이 속으로 들어간 사람, 방안에서 이불을 뒤집어쓰고 있는 사람, 뒷산으로 올라 옴폭 파인데 엎드려 있는 사람 등으로 다양했고, 나는 손위 형과 함께 뒷산 안개봉우리를 넘어 "삐유" 하고 총탄 날아가는 소리가 안 나는 데까지 달리다 보니 날이 훤히 새고 있었다.

총소리가 그친 후 능선 넘어 삼학출장소가 훤히 보이는 곳에 엎드려 관찰했다. 삼학출장소는 불에 타고 있었다. 그 장관을 보면서 마을로 내려오는데 마을 사람들이 이곳저곳 골짝에서 숨어 있다가 한둘씩 털고 일어나 자기 마을로 들어가고 있었다. 그리고 산 능선에서 봤을 때 도로가 약 2km 보이는데 포를 실은 마차와 함께 걸어가는 인민군대 행렬이 처음 보는 장관이었다. 집에 돌아와서 겁도 없이 삼학출장소를 직접 가 보았다. 파놓은 호리가다(도랑) 안에는 경찰대 시신이 널브러져 있고 대울타리도 돌담도 무너지고 제일 안쪽에 숙소는 완전히 불타 잿더미만 남아 있고 커다란 가마솥에는 밥이 그대로 남아 있었다. 경찰대들은 해놓은 밥도 먹지 못하고 전투가 벌어졌던 것이었다. 여기저기에 M-1, 칼빈, 구구식총 등 각종 총과 실탄이 흩어져 있었다. 사실을 알고 보니 인민군대는 우선 연발총만 수거해 간 뒤라 총과 실탄이 많이 남아 있었던 것이다. 그래서 우리 삼학리에서는 재빨리 치안유지대가 조직되어 모두 완전무장 했다.

전남 영광군 묘량면 삼학리 내촌마을 뒷산에 있는 삼학출장소

당시 전투상황을 알아본 바에 따르면, 인민군대 선발대 2명이 포대 앞 정문 가까이 가서 손들고 나오라고 외치다가 적들의 총탄에 맞아 전사했다. 말로는 안 되겠다 해서 조명탄을 쏘고 직사포를 쏘아 명중하게 되니 그때는 적들 스스로가 한 사람이라도 살아나기 위해서 대울타리를 뚫고 패주했고, 그런 적들을 따발총으로 갈겨대서 많은 적들이 사살되었다고 한다. 안 죽고 살아나온 경찰대들이나 부상자들이 삼학교 다리로 흘러내려가는 냇가 아카시나무 숲에 숨어 있다가 이삼일 지나니 배가 고프고 해서 나타났다. 부상자는 상처에 곰팡이가 슬게 되어 밖으로 나타났다가 우리 치안대와 싸우기도 했다. 어떤 자들은 마을에 몰래 내려와 자기 고향이 어딘데

인민군 몰래 데려다 주면 돈 몇 만원 주겠다고 사정하다가 신고해 사살당하기도 했다. 당시 발행해 놓은 이승만 사진이 든 화폐를 경찰대 1인당 5만원 이상을 비상금으로 소지하고 있었다. 얼마간 이 화폐를 쓰기도 했었다. 전쟁통에도 절도범들은 경찰대 시신 호주머니를 털어 이승만 화폐를 훔쳐 가기도 했었다.

1950년 7월 23일은 우리 고장과 광주가 해방된 날이다. 압박받고 천대 받던 농민들이 이젠 우리 세상이 왔다고 인민군을 환영하며 마을에는 인민정권 기관들을 비롯한 농민, 여성, 청년, 청소년 단체들이 속속 들어섰고 '모든 것은 전선으로!'라는 구호 속에 자치건설로 시간 가는 줄을 몰랐다. 그런데 살아나온 경찰 패잔병들은 며칠 굶다가 배가 고프니 저녁이면 마을에 내려와 식량과 밥을 달라고 했다. 민간인들은 무서워서 그들의 요구를 다 들어주었다. 그러나 그들은 그냥 가는 것이 아니라 꼭 마을 사람들을 살해하고 갔다. 당시 인민군대가 토벌하는 것도 아니고 모두가 전선으로 집중해 진격작전을 펴고 있기 때문에 이들은 맘 놓고 노략질을 자행하고 있었다. 그렇다고 완전무장한 치안대가 있어도 그들은 총을 쏘는 법조차 모를 뿐 아니라 전투훈련도 받지 못했기 때문에 먼 곳에 적들이 나타나면 위협 사격할 정도 밖에 못되었다. 그렇게 치안대가 적을 발견하고도 하나도 사살이나 생포한 사람이 없었다. 그래서 밤이면 무서워서 밤잠을 설치기도 했었다. 공중에는 미제의 쌕쌕이가 날아다니면서 민간인이 세 사람만 모여도 폭격을 해서 피해를 보기도 했다.

이후 9.28후퇴를 맞이하여 16개 침략군들이 점령해 들어오면서 살인 강간 방화 약탈을 자행하면서 침공해 들어와 우리는 입산하게 되었다. 그리하여 삼학출장소를 다시 개설하여 진주한 적들에 의해 마을은 합법세상에서 협력한 자를 색출하는 인간살인 도살장이 되고 말았다. 이곳은 1956년도에 없어져 터 자리만 남아있다. 그리고 도로가에 전사한 인민군 두 명을 묻고 크게 봉을 두 개 쓰고 인민군이 지나갈 때는 반듯이 묘 앞에 서서 거수경례를 하고 지나가는 것도 직접 목격하기도 했다. 40년이 지난 뒤 다시 찾았을 때 국도가 확장될 때 시신을 파서 옮겼다고 하나 옮긴 사람도 죽어서 찾을 길이 없다. 참으로 안타까운 마음 금할 길 없다.

전남 유격투쟁의
중요 연락거점이었던 봉두산

봉두산은 753m의 산으로 전남 유격투쟁의 사령기지인 화순 백아산 지대와 광양 백운산과 구례 지리산의 중간 지대에 위치하고 있다. 봉두산은 1950년 전후 9.28후퇴 후까지 많은 동지들과 전라남도 인민위원회 위원장인 김백동 동지(『전남유격투쟁사』 158쪽, 백운산에서 전사)가 희생된 기록을 남기고 있는 산임을 상기한다.

봉두산에는 유명한 사찰인 태안사가 있다. 이 사찰은 창건 당시에는 주위의 사찰들을 총괄 지휘하는 중요한 위치에 있었다고 한다. 1950년 6.25전쟁 전후에는 전남 유격투쟁의 거점의 하나로서 1950년 7.23광주해방 때 살아 생존한 빨치산 100여명 동지들이 인민군대의 광주 입성과 함께 하산했던 산이기도 했다.

그리고 봉두산은 전남도당 산하 곡성군당의 투쟁거점이기도 했다. 곡성군당 지상아지트는 봉두산의 상단과 하단 골짜기 마을에 있었다. 그 당시 마을 사람들과 같이 있었다는 것은 그만큼 인민성이 좋았다는 것을 의미한다. 9.28후퇴 후 봉두산에는 전남도당 조직부 분트를 개설하여 곡성군당 위원장이었던 정운창 동지를 조직부 부부장으로 임명하여 지하당 특수 조직사업을 전개한 곳인 동시에 도당 연락부 분트를 개설하여 상행선과 하행선 연락거점으로 마지막까지 활용했던 중요 거점이었다.

1952년 적들의 제1차 대대적인 공세가 끝난 후 봉두산에 도당 연락 분트가 조직되어 오신택 동지가 연락부 부장이었다. 그러나 그는 적들의 공세 속에 살아날 자신이 없었는지 적들에게 자수하여 연락 분트는 완전히 파괴되고 말았다. 오신택은 제1차 적들의 대공세 때 지리산에서 전남 지리산부대 부대장이었으나 부대관리를 잘못해 많은 희생을 초래한데 대한 도당의 문책을 받고 봉두산 연락책으로 임무를 수행하는 과정에 결국 1953년 여름에 사고를 낸 배신자가 되고 말았다.

1951년 적들의 동계공세 전 이현상 부대가 백아산까지 진출하여 인원을 보충 받아 지리산으로 이동하는 과정에서 있었던 곡성군 해방작전 때 봉두산은 후방기지 역할을 했던 곳이다. 그런데 현재 태안사 입구에 소위 경찰 공적비를 세우고 조그마한 공원을 조성해 낮에만 관리하고 있는 것이다. 사연인즉 50년 전쟁시기인 7월 말경에 인민군대가 하동에서 곡성 압록교를 통과한다는 정보를 입수하고 패주하지 못하고 봉두산에 웅거하여 있었다. 소위 유격전을 벌이고 있는 경찰 패잔부대가 매복하여 인민군 55명을 생포하고 다량의 무기와 실탄을 노획했으나 다음달 8월 6일에 봉두산에서 인민군대의 토벌 작전 속에 경찰대 48명이 전멸했다고 쓰여 있었다.

　현재 봉두산에서 싸웠던 동지들 중 생존한 동지는 없다. 곡성 옥과에 살고 있던 유봉남 선생이 거동이 불편하여 병석에 세월을 보내고 있다가 2018년에 돌아가셨다. 또 한 명 서울에 살고 있던 박정덕 여성 동지가 2022년 10월 2일 노환으로 별세했다. 박정덕 동지는 체포될 때 총상으로 한쪽 다리가 절단되어 불구의 몸으로 심장 수술까지 하여 노인 요양원에서 세월을 보내고 있었다.

봉두산 전경

버스 정차
기습전에서

때는 1953년 8월 20일경이었다. 전남 광양읍에서 진상면으로 오는 기동로인 마을 앞 도로에서였다. 백운산 전남부대는 소조투쟁을 하고 있는 과정에 빨치산 토벌을 위해 광양읍에서 진상면 소재지까지 뻔질나게 군용차량 등이 다니고 있다는 정보를 입수하고 소조투쟁을 세웠다. 당시 진상면 소재지에 백운산 빨치산 토벌대들이 일상적으로 주둔하여 보급로를 차단하고 백운산 깊숙이 올라와 고지 능선을 점령하고 수색작전을 펼치고 있었다.

원래 기동로 매복작전은 매복지의 지형지세와 후퇴로를 감안하여 작전을 펼친다. 그리고 매복지에서 기습작전 시간과 안전지대까지 시간을 충분히 고려하여 매복지를 선택한다. 마을 앞 도로에서 마을 쪽으로 70~80m 거리에 약 2~3평정도 삼밭이 있었다. 사실 도로에서 멀리 떨어져서도 안

되고 매복지에서 적들의 군용차량을 적어도 100~200m에서 확연히 발견할 수 있는 위치여야 한다. 이때 우리 소조 5명은 매복지를 선택하기 위해 초저녁부터 주위 정찰을 충분히 하고 삼밭을 선택하게 되었다.

당시 백운산에는 적정이 없었고 진상면 소재지에 한 개 중대 세력이 주둔하고 있었다. 오전에는 군용차량이 뻔질나게 다니고 있었다. 이때 때리면 좋기는 한데 그러면 해질녘까지는 시간이 많이 남아 적과 전투시간이 길어지게 된다. 전투가 길수록 불리한 조건에서 희생을 감수해야 하기 때문에 우리는 오후 3시 넘어서 오는 군용차량을 선택하기로 계획을 수립하고 날 샐 무렵에 5명이 배를 깔고 삼밭 사이에 대기하고 있었다. 소변은 누워서 보기도 했다. 날이 새자 마을 사람들은 물꼬를 보러 왔다 갔다 하면서도 그 일거수일투족을 다 훑어보고 있는 우리를 발견하지 못하고 길을 따라 논두렁을 다니고 있었다.

우리는 최고도로 경각성을 높이고 죽은 듯이 엎드려 있었다. 그렇게도 뻔질나게 다니던 군용차량이 오후 1시 이후에는 드문드문 다니고 있는데 여유시간이 너무 길어서 3시 후에 오는 차량은 무조건 때리기로 하고 기다렸다. 4시가 지나서야 버스 한 대가 오는 것을 보고 이거라도 때려야겠다고 작정하고는 허탕 칠 것을 예상해서 우리 5명은 일제히 일어서서 마을 앞길을 따라 도로변에 도착해 양 도로변에 앞에총 하고, 오는 버스를 기다리고 있었다. 우리는 국군 복장을 하고 총은 칼빈과 M-1총들을 들고 있었다. 내가 멘 것은 M-1총이었다.

드디어 손을 들고 버스를 멈추게 했다. 우리는 국군이며 징병기피자를 잡기 위한 것이니 차에서 모두 내리라고 소리 질러 말했다. 차안에 타고 있는 사람들은 의아한 눈초리로 보며 움츠러들고 있었다. 이때 우리는 노골적으로 "우리는 백운산 빨치산들이다. 한 사람이라도 명령에 불복하면 즉각 총살이다. 순순히 응하면 절대로 죽이지 않으니 안심해도 된다"고 말했다. 버스에 탄 사람들이 차례로 내리는데 알고 보니 경찰대학을 졸업하고 휴가 나온 장차 경위가 될 경찰관이 7명이고 휴가 나온 군인이 한 명이었다. 다 내린 후 차안을 수색해보니 의자 밑에 숨기고 나온 휴가병 칼빈 한 자루와 실탄 2케이스를 노획하고 경찰관들에게 입은 복장은 우리가 필요하니 벗어 달라고 말하니 모두가 자발적으로 벗어주면서 목숨만 살려 달라고 애원했다. 이때 우리는 "절대로 사람을 죽이지 않는다. 앞으로 무사히 돌아가서 경찰을 하더라도 절대로 민간인들에게 피해를 주는 행위는 하지 말기 바란다"고 말하며 민간인들은 다 가라고 했다. 그리고 그렇게 생포한 8명만 남겨놓고 잠깐 교양한 후 가라고 했다.

우리 소조는 있는 힘을 다하여 벼논을 짓밟으며 직선 길로 마을 뒷산 능선에 도착했다. 들판에 논일을 보던 민간인들은 어디서 갑자기 나타나 버스를 정차시키고 일을 본 다음 뒷능선에 도달하는 것을 보고 신출귀몰한 빨치산들이라고 혀를 차며 말을 했다는 여론을 후에 듣기도 했다. 더구나 한 사람도 다치지 않고 무사히 간 경찰들과 군인은 천만다행이었다는 얘기도 있었다. 우리 일행은 백운산 800고지 밑 골짝에 도달해서야 안심할 수 있었다.

그런데 진상면 소재지에 주둔한 토벌대 1개 중대가 우리가 통과해야 할

고지 능선으로 통로를 차단하기 위하여 까맣게 올라오고 있었다. 도저히 적들보다 먼저 고지를 점령할 수 없어 고지 중허리를 타고 돌아 건너편 골짝 중허리에 도착해 숲속에서 노획한 물품들을 정리하고 한 숨을 돌린 후 능선에 나타나 적들을 향해 몇 방 갈기고 안전지대인 800고지 밑 중허리에 도착했다. 적들은 고지를 먼저 점령한 후 우리 소조의 정체를 발견하려고 고지 능선에서 왔다 갔다 하면서 발버둥을 치고 있는 것 같았다. 우리가 먼저 총성을 울리니 고함을 지르면서 사격을 가하다가 해는 서산에 기울어지고 있어 더 이상 추격하지 않고 철수하고 말았다.

이번 소조투쟁은 야지 투쟁에서 그것도 백주 투쟁을 무사히 마쳤으며, 절대로 빨치산은 사람을 죽이지 않는다는 여론을 확고히 심어 주었고, 전투 과정에서 네가 죽으면 내가 살고 내가 죽으면 네가 사는 불가피한 전투가 아니고는 생포한 자는 한 사람도 죽이지 않는다는 것과 심지어 부상 생포자도 부상을 치료하여 돌려보내 준다는 것을 실질적으로 홍보했다는 점에서 소조투쟁의 의의가 있었던 것을 기록으로 남긴다.

백운산 진상 골짝에는 소령트도 있었다. 앞서 백운산 부대가 군용차를 습격하여 소령을 생포해 부대 진지까지 데리고 와서 친절하게 대우해 주고 교양한 다음 살려 돌려보내 준 아지트를 소령트라고 명명해서 붙여진 이름이다.

진상장터
진격 투쟁에서

때는 1953년 7.27정전협정이 맺어지고 전선이 휴간기에 들어선 후 일선 정규군들을 후방 빨치산 토벌에 동원할 무렵인 8월 말경이다. 당시 전남 광양군 진상면 면소재지 장터를 대울타리로 삥 둘러 쳐두었고, 그래서 도로에서 들어오는 문과 반대편에서 지서로 나가는 문밖에 없었다. 그 안에 상인, 민간인들이 거주하고 있었다. 우리는 1950년 9.28후퇴 후 한 번도 장터에 들어간 적이 없었다. 그래서 난공불락의 대울타리 섬과 같았다. 진상지서는 백운산 빨치산 토벌의 전초 기지 역할을 하고 있었기 때문에 항시 토벌대들이 주둔하고 있었다. 백운산에서 활동하고 있는 전남부대는 드디어 진상장터를 목표로 해 작전을 수립했다.

우선 진상지서에 있는 경찰대를 견제해야 했다. 지서 포대에서 아주 가까운 직탄거리에 있기 때문에 발각 시에는 아군도 피해를 입을 수 있었다.

높이 쌓아 놓은 포대 위에서 내려다보이는 직탄거리였기 때문이다. 우리가 내려가 뚫을 대울타리 밖은 물논들이었다. 우리 1중대 성원 중 5명은 지서 포대 진지를 담당했다. 먼저 대울타리 정문을 통과하는 데 장애물은 없었다. 그러나 민간인들에게 발각되었다.

지서 포대에서는 불을 뿜기 시작했다. 우리 소조는 포대를 향해 발사하면서 진격하는데 내가 당시 들었던 M-1총이 불발되었다. 맨 선두에서 치고 나가다 총이 불발이 되니 참으로 난감했다. 포대와의 거리는 50~60m이었고 나는 할 수 없이 뒤로 처졌다. 깜깜한 밤에 아무리 노력을 해도 총을 사용할 수 없었고 밤이라 중대장을 부를 수도 없었다. 사실 M-1총은 사용하지 못할 때는 지팡이로도 쓸 수 없다. 그래서 5명 소조와 떨어져서 본대의 책임자인 부대 부정치위원 보위를 맡았다.

부정치위원은 박대화 동지였다. 박대화 동지는 전남 백아산 총사령부 의무과장으로 활동하다 1951년 제1차 적들의 대대적인 공세 때 환자아지트가 발각되어 이를 사수하던 중에 한 팔을 잃었고 이 공로로 영웅 칭호를 받았다. 그리하여 당시 도당 위원장은 박대화 동지를 보호하기 위하여 큰 산인 광양 백운산으로 이동시켜 전남부대 부정치위원의 직함을 갖고 무장부대의 보호를 받고 있는 중이었다. 그런데 적들의 빗발치는 총탄 속에 내 M-1총은 후방과 동무에게 주고 박 동지의 칼빈2를 내가 메고 보위하게 되었다. 박 동지는 왼팔이 없어 오른팔밖에 쓸 수 없는 불구의 몸이기 때문에 당연히 위험한 시기에 보위를 받아야 했다.

그런데 지서 포대 약 50m 거리에 있는 상점 문턱에 그가 올라 서있고

난공불락의 대울타리 섬과 같았던 진상장터

나는 그 밑에 서있는데 그 옆에 있는 동무가 라이타불을 반짝 했다. 그 불빛을 보고 기관총을 난사해 앞 창문 유리창을 깨고 남은 한 팔인 우측 팔을 맞아 절골이 되는 중상을 입고 말았다. 그래서 부랴부랴 박 동지 구출 작전이 시작되었다. 포대를 견제하던 소조도 철수했고 앞뒤 통로는 적이 점령해 나갈 수 없었다. 대울타리 안에 갇힌 우리 부대는 필사의 노력을 다하여 칠흑 같은 밤에 어느 집 부엌도, 싸릿문(사립문의 방언) 울타리도, 돌담도 뛰어 넘으며 경찰서 방어용 대울타리에 접근했다. 당시 대울타리는 큰 대나무로 총총히 엮어서 쳐놓았기 때문에 뚫는데 여간 힘들지 않았다. 물논이 있는 데에서 낫과 톱을 구해 대울타리에 겨우 한 사람 나갈 정도의 구멍을 내고 무사히 후퇴에 성공했다.

결국 진상장터 원래의 목표는 달성하지 못했으나 중상당한 부정치위원을 무사히 구출하는 데는 성공한 것이다. 빨치산 투쟁에는 성공할 때도 있지만 피해만 남기는 투쟁도 있다. 총화에서 나는 자아비판을 했다. 진격작전에 불발이 되어 함께 하지 못했을 때 중대장에게 보고하지 않고 떨어진 것과 부정치위원 보위를 제대로 못하여 중상을 당한 사실에 대한 비판이었다. 아무리 잘 싸워도 조금이라도 잘못이 있을 때는 솔직하게 자아비판을 하는 것이 조직적 사상적 단결에 원동력이 된다는 것을 기억해야 한다.

참고로 박대화 동지는 의사로서 본명이 박춘근이고 6.25전 합법 때 전남도 인민위원회 보건부장을 했다. 입산해서 위에서 말했듯이 전남도당 총사령부 의무과장을 했으며 이번 진상 진입투쟁에서 마지막 팔을 잃어 양팔을 못 쓰게 됐기 때문에 누구라도 손발이 되어주어야 일상생활을 할 수 있었다. 그래서 당에서는 의무과에서 환자 치료에 모범을 창출한 이수정 동무가 있었다. 도당에서는 백운산 서골 환자 아지트에서 박 동지를 치료하는 데 부부가 아니면 치료할 수 없기 때문에 부부 인연을 맺고 치료했다. 1953년 12월 적들의 수색작전에 노출되어 생포(『전남유격투쟁사』 355쪽, 박춘근 1954년 2월 백운산에서 생포)를 당하였다.

아무리 적들이라 하더라도 국제적십자 정신에 입각하여 간호사나 의사들은 풀어주거나 형을 감면하거나 해서 얼마 안 살고 출옥시키기도 했는데 박 동지는 산에 있을 때 영웅 칭호 받은 것이 탄로나 무기형을 선고 받았다. 그 후 공주 불구자 형무소에서 복역하다가 마산형무소로 이감되어 살다가 출옥했다는 소식만 들었을 뿐이다. 그리고 함께 했던 이수정 동무는 형을 받지 않고 풀려나 몇 년간 기다리다 결혼해 살고 있다는 소식만 듣고 있을 뿐 오늘의 생사 여부는 알 길이 없다.

백운산 전경

제3부

아아! 백운산

백운산 800고지를 잊을 수 없다

 백운산은 전남도당의 핵심 기지였다. 백운산은 접산(겹산)으로 상봉, 따리봉, 도솔봉이 있다. 이 세 봉우리 안쪽을 내곽이라 하고 그 바깥을 외곽이라고 불렀다. 내곽에는 당기관 산하의 성원들이 진지를 만들어 활동했고 무장부대는 외곽에 주둔하고 투쟁했다. 지형지세에 대해 좀 더 말한다면 도솔봉을 중심으로 하여 순천 용계산까지 연결한 지역이 활동 지역이고, 특히 제1차 적들의 대대적인 동계공세 후에는 남태준 부대가 진지를 중심으로 내곽을 방어하며 투쟁했고, 상봉 넘어 진상골을 중심으로 전남연대와 전남부대가 활동했고, 바구리봉을 중심으로 광양군당 산하단체와 무장부대가 활동했다. 800고지를 중심으로 깃대봉 능선을 타고 우측 골짝은 옥룡골이 길게 펼쳐져 있고 반대편은 섬진강을 따라 진상, 진월, 옥곡면까지 펼쳐져 있다.

800고지는 광양 쪽에서 소위 토벌대들이 백운산에 올라오는 관문 역할을 했다. 그래서 적들이 백운산을 침공했다 하면 800고지를 탈환해야 한다. 왜냐면 800고지에서 삼각고지를 경유해 하봉을 거쳐 상봉을 점령할 수 있기 때문이다. 그래서 이 800고지에서 피아간에 치열한 격전이 벌어지게 된 것이다. 우리 부대들이 800고지 넘어 골짝에서 깃대봉을 넘어야 옥룡골로 들어올 수 있기 때문에 적들의 공세가 있을 때는 깃대봉을 점령하고 기습을 피하기 위하여 주위에 지뢰 매설을 하기도 했다. 그것을 모르고 밤에 깃대봉 기습전에 들어가다 지뢰로 인해 동지들이 희생을 보기도 했다. 1953년부터는 우리가 지나는 통로나 마을 뒷길이나 주둔처 주위에 지뢰 매설을 하고 있어 유생역량이 많은 피해를 보기도 했다. 특히 남태준 부대가 많은 피해를 입었다. 그래서 지뢰탐지기 사용을 훈련하기도 했으나 밤에는 촌각을 다투는 행군길이기 때문에 탐지기를 사용할 시간적 여유를 갖지 못하여 훈련에 그치고 말았다. 단 예상되는 매설 지대를 피하고 행군하는 데는 수배의 힘과 고통이 따르는 것을 전제로 해야 했다.

 1953년 9월 초순에 전남부대는 800고지 너머 골짝에 아지트를 쓰고 있었다. 한 동지와 함께 800고지 중초를 책임지고 있다가 그 동지를 부대 진지로 내려 보내 보고하도록 하고 나만 홀로 남아 있었다. 오후 들어 적의 정찰기가 800고지 위에서부터 상봉까지 펼쳐진 능선을 따라 날개를 좌우로 요동하면서 정찰을 하고 있었다. 그 당시는 사전 정찰이 있으면 반드시 그 후에 토벌대들이 올라와 공세를 감행했다. 800고지 중초를 서고 있는 나는 머리 위에 가깝게 다가오는 정찰기를 M-1으로 한방 쏘면 적중할 것 같아 자신을 노출시키고 가깝게 다가오는 정찰기를 향해 몇 방 갈겼으나 명중하지 못해 얼마나 서운했는지 모른다. 정찰기는 나의 총격을 받고 날아가 버리더니 몇 분도 지나지 않아 쌕쌕이 5대가 날아와 타원형을 그리며 숨 돌릴 시간 없이 맹폭격을 퍼부었다.

고지에 엎드려 있는데 이를 피하지 않으면 기관포에 맞아 죽겠다는 생각이 순간적으로 났다. 촌각도 여유를 주지 않고 기관포 사격을 하며 나중에는 소이탄(사람이나 짐승 또는 가옥 따위를 불살라 버리는 데 쓰는 포탄이나 폭탄)까지 발사하였다. 그러다가 기름통을 떨어뜨려 불이 나서 능선을 태우고 불길에 얼굴 화상을 입어 진물이 나고 껍질이 벗겨지는 상처를 입기도 했었다. 당시에는 치료약도 없어서 너무도 고통을 많이 당하기도 했다.

나는 타원형의 간격 사이를 순간적으로 이용해 데굴데굴 굴러 내려오다 죽은 척하면서 적들의 사격망을 피해 무사히 살아남게 되었다. 그 후로는 노출한 상태에서는 엄폐와 위장에 신경을 썼다. 정찰에 노출되면 적들의 주공격 목표가 되기 때문이다. 많은 경험이 상황 판단에 산 교훈을 주기도 했다. 전투에서 많은 동지들이 희생되기도 한 백운산 800고지를 잊을 수 없다.

하동경찰서 전초기지 파출소 진격투쟁에서

때는 1953년 7월 말경이었다. 적들은 구례 쪽에서 하동읍으로 들어가는 섬진강 강가의 절벽 위에 파출소 포대진지를 구축하고 있었다. 이 포대 앞으로 도로가 나 있고, 지형지세로 보아 이 포대 앞 도로를 거치지 않고는 하동읍으로 들어갈 수 없었다. 때문에 하동읍 진격투쟁도 마찬가지였다. 그만큼 자연 요새 지대에 포대진지가 있었다. 그리고 하동읍을 둘러쌓고 마을집들이 있고 마을 뒷산은 일종의 지리산 끝자락에 있는 야지였다.

그런데 9.28후퇴 후에는 한 번도 빨치산 무장부대가 들어간 적이 없었고, 그 때문에 경찰대들은 태평세월을 구가하고 있었다. 따라서 경찰대들은 낮에는 포대진지에서 보초를 서지만 밤에는 모두 내려와 도로변에 보초 하나 세우고 도로가 평상 위에 총은 한 데 세워두고 잠을 자는 것이 일상사였다.

하동경찰서 터

　이때 백운산 전남부대 소조는 섬진강을 무사히 건너서 도로를 따라 거리 보장을 하고서 하동읍을 향해가고 있었다. 시계는 캄캄한 초저녁 밤이었다. 그렇게 가는 도중에 맞은편에서 오는 한 젊은 청년과 조우하게 되었다. 그를 붙들고 "우리는 국군이다, 징병기피자들을 잡으려 한다"고 하면서 징병기피자가 아니고서 밤에 단신으로 지나갈 수 없지 않느냐고 따져 물었다. 우리 소조의 복장은 이랬다. 부대장은 군복에 중위 계급장을 달고 나는 이등상사 계급장을 달고 있었다. 그 청년이 절대로 기피자가 아니라고 발뺌을 하고 있는 찰나, "우리는 백운산 빨치산이다, 오늘밤 하동경찰서를 치려고 하는 데 협조해 주면 살려주고 그렇지 않으면 이 자리에서 죽인다"며

가지고 있던 칼빈 단도를 도로 복판에 꽂으며 위협하였다. 그 청년은 삼대 독자 외아들로서 금정면에서 잘사는 집안인데 살려만 준다면 최대한으로 협조하겠다고 약속했다. 알고 보니 그는 하동읍에서 살다가 이사를 갔기 때문에 주위의 길을 잘 알고 있었다. 하동경찰서는 경비가 삼엄해서 습격할 수 없으나 포대진지는 무사히 때릴 수 있다고 했다. 그리고 도로로는 들어갈 수 없다고 했다. 도로를 따라 밤에 들어오는 사람은 무조건 발사하도록 되어있기 때문에 들어갈 수 없고 포대 뒤 마을 고샅길이 하동읍으로 나 있었는데 지금도 있는지는 잘 모르나 자기가 길을 안내하겠다고 했다. 이때의 기쁨은 말할 수 없었다.

　우리 소조는 포대진지를 기습작전 할 것으로 결정하고 내가 맨 선두에 서고 바로 그 청년은 내 뒤를 따르며 길을 안내했다. 아니나 다를까, 산비탈을 타고 올라 마을에 들어서니 옛날 고샅길은 울타리 친 데도 있었다. 요리조리 마을 집을 돌아 드디어 하동읍내로 들어서 섬진강 강가에 도착했다. 여기서부터는 도로를 따라 포대진지로 향해 앞에총 하며 가는데 도로가 밑에 줄지어 있는 집들이 있는데 어느 집에서 장구소리가 들려오고 있었다. 그래서 포대진지 진격을 잠시 멈추고 장구소리가 난 집을 덮쳤다. 방문을 열고 보니 기생이 장구를 치는 가운데 젊은 두 사람이 있었다. 우선 방안을 살펴보니 벽 고리에 칼빈 한 자루와 유엔구구식총 한 자루 등 두 자루가 걸려 있어 우리는 백운산 빨치산들이라고 하면서 꼼짝 말고 앉아 있으라하고 총을 수거했다. 그들은 총살장으로 끌려가는 표정이었다. 우리는 시간을 지체할 수 없어 두 사람을 불러내 파출소를 치는데 협조해 주면 절대 죽이지 않고 살려준다고 했다.

　두 청년을 따로 분리하여 휴가 나온 국군은 우리 중대장이 책임지고 강가에 머무르며 하동경찰서에서 오는 통로를 방어하기로 하고 남은 청년을 잠깐 신문하니 이 파출소 순경이었다. 알고 보니 국군 하나가 휴가 나와서 파출소 순경 한 명과 함께 기생을 품고 술 마시며 놀다가 우리와 마주친 것이다. 그래서 우리는 이 파출소를 때리려 하니 무사하게 치면 당신의 목숨은 살려준다고 약속하니까 그러면 안전하게 칠 수 있도록 하겠다고 해서 앞세우고 들어가게 되었다. 그 자는 "경찰서 경찰대들이 순찰 나오는 데 나오기 전에 치면 된다"고 하면서 "암호는 내가 알고 있으니 염려할 것 없다"고 했다.

　도로가 초소막에서 보초 선 놈이 "누구냐"고 소리치니까 순경은 "나다" 하고 답변하면서 우리는 초소에 닿았다. 그 보초 인상이 몸집이 좀 뚱뚱하고 키가 크며 총은 앞에총 하지 않고 개머리판을 땅에 세우고 총신만 잡고 있었다. 그래서 부닥치자마자 잠재우고 주위를 살피니 아까 말한 대로 평상 구석에 총을 한 데 세우고 잠을 자다 깨 일어나는 소리를 듣고 집중 사격을 가하였다. 그렇게 순식간에 총을 수거하고 이제 협력한 너희들은 살려주니 경찰을 하더라도 절대로 민간인들에게 인심을 잃지 않도록 하라고 말 한마디 남기고 철수하려고 하는데 이 중에 한 사람이라도 산 사람이 있으면 자기는 못 산다고 해서 알았다고 했다.

　자기는 이젠 감쪽같이 고향을 떠서 살겠다고 하면서 부디 성공하기 바란다고 머리가 땅에 닿도록 인사하는 것을 보면서 기동성 있게 구례 쪽 도로를 향에 포대진지를 벗어났다. 그때서야 하동경찰대들이 포를 쏘고 사격을 가하면서 전진해 오고 있는 것을 보면서 달리고 달려 섬진강가에 도착해 밤을 새웠다. 적의 매복조가 철수한 직후 옷을 입은 채로 강을 무사히 건너 800고지 중간쯤에 다다르니 날이 훤히 새고 있었다.

그 후 여론을 들어보니 파출소 것들이 태평세월처럼 여기고 밤이면 기생들과 술타령 하다가 당한 것이라는 말이 분분했다는 소식도 듣게 되었다. 파출소 순경들은 그 후부터는 포대진지에서 밤에는 한 발자국도 도로변에 내려오지 않았다고 한다.

4~50년 후에 찾았을 때는 지형지세가 개발로 인해 많이 변했다는 것을 실감했다. 아직도 기생마을 집 근처라는 것만 눈에 선할 뿐이다.

재산(在山) 시 학습은 어떻게 전개되었는가

1950년 9.28후퇴 후 본격적인 빨치산 투쟁이 전개될 때부터 학습은 생활필수품과 같이 일상적으로 전개되었다. 먼저 학습을 말한다면 신문 독보와 팜플렛 독보가 있었다. 신문으로는 당시 전남도당에서 발간하는 노동신문이 있으며 전남 유격대 총사령부에서 발간하는 빨치산 신문도 있었다. 이 신문은 각 기관단체에 한 부씩 배달되기 때문에 기관 성원들이 한 자리를 마련하여 한 사람이 독창한다. 모두 귀를 기울이고 독보가 끝난 후 의문점이 있는 동지는 질문을 한다. 모두 질문을 받은 후 강사는 답변을 한다. 그리고 구독 경청을 통해 무엇을 새롭게 알았는가를 돌아가며 토론한다. 토론이 다 끝난 후 강사는 한 사람 한 사람의 토론을 평가한다. 평가가 끝난 후 마지막 더 하고 싶은 말이 있는가를 질문한다. 모두가 수긍하면 독보회는 끝난다.

학습은 제강(교본)을 가지고 강사가 독보회와 마찬가지로 진행한다. 각 기관에 학습반은 일반반과 고급반으로 나뉘어 있었다. 일반반은 각 기관 일반 성원들이며 무장부대는 소대장 이하 대원들이다. 고급반은 중대장 이상 상급간부들이다. 일반반의 학습자료는 신문, 그때의 팜플렛, 그리고 예를 들면 '레닌 10훈'이나 모택동 주석의 '자유주의 배격 11훈', 당원은 '당의 생활 준칙' 등이다. 학습 제강은 '위대한 조국해방전쟁과 조선사회주의 발전역사' 등이다. 고급반은 '소련 볼셰비키 당사'를 주로 공부한다.

학습은 의무이다. 학습을 게을리 한 사람은 발전이 없다. 아니 발전이 더디다. 학습은 강사의 강의를 듣는 것만으로 그치는 것이 아니라 때로는 청강인이 직접 강사와 같이 강의하기도 한다. 그래야 내 것이 되지 듣는 것만으로는 자기의 산지식이 덜하기 때문이다. 그리고 매달 한 번은 시험을 치른다. 미리 질문 요지 수십 개를 내고 공부하도록 한다. 시험에서 자기에게 어떤 문제에 답변을 요구할지 모르기 때문이다. 강사가 내는 수십 가지 질문 요지는 지금껏 공부한 내용이 모두 수록되었기 때문에 공부를 안할래야 안할 수가 없다.

만일 시험에서 한두 가지도 알아맞히지 못하면 비판이 뒤따르게 된다. 시험점수는 5점 만점이다. 이 학습은 1953년 여름까지 했다. 이후부터는 적의 공세 속에서 한 장소에서 머무르지 않고 매일 이동하면서 밤이면 둘러앉아 빨치산 전술토론을 주로 하였다. 적들의 집중공세를 격파하기 위해서는 적들의 동향 파악과 우리 자신들의 대응 태세를 토론하면서 하루하루를 총화해야 했다. 그렇게 총화할 때 내일도 죽지 않고 무사히 살아서 함께 만남을 약속한다. 그러나 적들의 수색작전에 노출되어 맞닥뜨린 조건에서 싸워야 하니 전사자나 부상자가 속출하기 마련이다. 그래서 전날 밤 총화에서 그렇게도 굳게 약속한 동지가 전사하여 한 자리에 같이 할 수 없게 될 때 그 심정은 말로 다 표현할 수 없다.

나는 공부도 다른 동지 못지않게 열심히 했다. 그래서 시험 칠 때는 한 번도 4점을 받은 적 없이 5점 만점을 받아 칭찬을 받기도 했다. 그만큼 열성과 두뇌 회전이 빠르다는 평가를 받기도 했다. '김일성 장군의 약전'에는 항일 빨치산 전술이 수록되어 있어 이를 열심히 공부하여 밤마다 전술토론회는 내가 주도하기도 했다. 항상 대열의 선두에서 부대를 이끌고 투쟁하기 때문에 내가 살기 위해서도 적들의 반격이나 포위망을 뚫고 나가는데 있어서도 산 경험이 되고 있었기 때문이다. 그래서 재산 시 열심히 공부했기 때문에 상황 판단과 적의 허점을 잘 이용하여 돌파작전을 잘한다는 칭찬을 받기도 했다. 그래서 당 가입도 일찍 했고 영광군당 위원장 간부 후보생으로 도당 위원장이 지명했다는 소식도 후에 알았다.

재산 시에도 학습을 열심히 하는 동지는 계속 발전하고 게을리 한 자는 발전하지 못하고 제자리걸음을 하고 있는 것도 보았다. 한 예로 구례 출신인 최복삼 동지는 구빨치산이지만 기본 출신인데도 학습을 게을리하여 연대 부연대장까지 했으나 더 이상 발전하지 못했다. 마지막에는 부연대장 할 때 소대장이 발전하여 중대장, 대대장 하다가 우리 전남부대 부대장까지 발전했는데 최복삼 동지는 부대 참모장으로 있으면서 부대장의 지시를 받는 상황에 이르게 되었다.

결론을 말하자면 학습은 의무이기 때문에 열심히 공부 잘하여 현실 투쟁에서 실천으로 구현하려 한 자는 발전이 빠르고 그만큼 알맞은 책임감이 뒤따른다. 우리는 이를 잊지 않고 공부에 매진했다.

빨치산
매복전에서

전남 백운산에서 유격투쟁을 전개하고 있을 때이다. 1954년 1~2월 사이였다. 눈도 많이 와서 산야가 눈으로 쌓여 있었다. 거센 찬바람에 부딪히는 눈발에 눈을 뜰 수도 없었다. 손가락이 시려 밖에 내놓을 수 없는 맹추위 속에서 따리봉 넘어 간전골 중턱에 이동해 온지 하루 만에 매복전을 펼쳤다.

매복 전술은 항일 빨치산 투쟁전술 중에서 기본핵심 중의 하나다. 피아 간에는 준비태세 없이 매복을 당하면 당황하게 되어 손도 써보지 못한 채 당하게 되어 많은 피해를 보게 돼 있다. 매복전은 적을 시야에서 내 앞쪽으로 당기면 당길수록 피해 없이 백전백승할 수 있다. 그러나 멀어질수록 적군은 당해도 본부대의 빠른 동작으로 재진격해 아군의 피해를 줄 수 있는 것이다. 그리하여 매복전에서 피해를 입었다 하면 거리 관계를 무시했거나 노획품을 많이 하려 했거나 이 두 가지 중의 하나이다. 우리 전남부대는 매일 밤 빨치산 전술토론을 갖기도 했다. 그때 나는 매복의 명수란 칭찬도 받았다.

따리봉에는 섬진강 쪽으로 뻗어 내린 중바위등 능선이 있다. 1월 초순에 소위 토벌대 5명이 중바위등 능선을 타고 따리봉까지 정찰을 하기 위해 오르는 것을 발견하고 우리는 매복전을 결정했다. 간밤에 내린 눈은 그대로 족적 없이 산야에 덮여 있었다. 적들은 올라올 때는 거리 보장을 해서 앞에총을 하고 따리봉까지 갔다가 올라온 길로 다시 내려올 때는 아무 이상을 발견하지 못했기 때문에 맘 놓고 총은 메고 5명이 거리 보장도 않고 눈길에 미끄러지지 않기 위해 발 앞만 굽어보고 내려오고 있었다. 우리 전남부대는 이런 호기회를 놓칠 수 없었다. 그래서 5명의 소조가 오는 중간에 매복지점을 선택하고 맨 앞에 조그만 바위 사이로 보이는 곳에 엎드려 집중 사격하기로 했다. 기다리는 중 5명이 시야에 들어왔다.

드디어 첫발 총성과 함께 집중 사격을 가했다. 맨 뒤에서 내려오던 적만 살아나갔다. 뒤에 올라오는 적정은 없기에 맘 놓고 총, 실탄, 옷, 신발 등을 노획하고 무사히 진지로 돌아왔다. 진지 그 자리에서 하룻밤을 자고 적정을 보니 그날 구사일생으로 살아나간 놈이 알려주었던 것인지 이튿날 11시경에 포성을 울리며 기어 올라와 매복지점까지 다다랐다. 간밤에 너무도 눈이 많이 와 모든 족적은 눈에 묻히었다. 그들은 주위 골짜기에 포와 기관총 사격을 가하면서 땡땡 언 시신을 수습해서 내려가고 말았다.

연이어서 백운산 상봉능선에서 공세를 취하기 위해서 800고지에서부터 상봉까지 오른 적들은 다시 한재 민샛등까지 전선을 펼치려 지나갈 것을 짐작하고 진상골에서 상봉능선을 넘는 지점에 매복전을 전개했다. 이곳은 바위 너덜강들이 많아 척후 한 명밖에 설 수 없었다. 척후는 선두와 약 5m정도 간격을 두고 앞에총 하며 오고 있고 그 뒤에 본부대가 행군해 오고 있었다. 바위를 은폐물로 삼아 시야 가까운 거리에 오는 것을 거꾸러뜨리고 총과 실탄만 노획하고 병암골로 후퇴했다.

또 연이어서 다압마을 옆 쑥쟁이골로 추수사업을 나갔다. 다압에서 쑥쟁이로 오는 도로가에 조그마한 똥섬처럼 된 봉우리에 올라 정의영 동무를 데리고 중초선에서 다압마을을 감시하고 있었다. 야간에 주둔한 토벌대는 2명을 쑥쟁이마을 앞 도로를 따라 순찰을 하기 위해 오는 것을 발견하고 모퉁이로 돌아와 가까운 시야에 나타나자 발사했다. 두 놈 중 한 놈만 거꾸러지고 한 놈은 어디론가 사라졌다. 여기에서 총과 실탄을 노획하고 추수사업을 접고 진지에 무사히 도착했다.

위의 세 군데 매복전으로 인해 체포된 후 적들에게 발각되어 1954년 4월 28일 남원고등군법에서 사형 언도를 받게 된 것이다. 그럼 어찌하여 적들에게 발견되었는가.

우리 전남부대는 당시 1중대와 3중대밖에 없었다. 전남 보성이 고향인 김원섭이란 20대 후반의 청년이 있는데, 입산 후 광주 무등산에서 잘 싸워 무등산부대 부대장까지 했고 용사칭호를 두 번 받은 용사였다. 당시 도당 위원장이었던 김선우 동지는 잘 싸운 동지 김원섭을 간부보존 원칙에 의하여 큰 산인 백운산으로 이동시켜 전남부대 3중대 부중대장의 직함을 갖고 투쟁하게 했다. 이때가 바로 1953년 10월이었다. 그러니까 그는 그 전 행적은 잘 몰랐지만 10월부터 1954년 2월까지의 부대 행적을 잘 알고 있었다. 그 자는 1954년 2월 20일 전남부대가 옥룡골에서 국군 5사단의 토벌공세에 전멸당할 때에 생포됐다. 그 자는 자기의 빨치산 행적도 있고 해서 살아나기 위해서 이용당하는 과정에 전남부대 1중대 성원들의 행적을 밀고해버렸다. 이로 말미암아 권영용 중대장은 군법에서 무기형을 받고 광산출신 김재복 동무는 10년을 받아 전주감옥으로 넘어갈 것인데, 이 밀고 건으로 다시 재판을 받아 1중대장 권영용 동지는 사형을 받고 김재복 동무는 무기형을 받게 되었다.

권영용 동지는 합법 때 강진군당 당책과장(『전남유격투쟁사』 318쪽, 당증과장)을 하다 9.28후퇴 후 지리산 도당학교에서 공부 중 제1차 적들의 대대적인 공세 속에서 살아남아 1952년 4월에 지리산 전투지구당부 기요과장으로 투쟁했다. 1953년 1월에 백운산으로 이동하여 도당 88근위대 정치지도원을 했고 전남부대로 편성될 때 2중대 문화부중대장을 했으며 우병철 중대장의 중상으로 1중대 중대장을 하다 1954년 2월 20일 옥룡골에서 생포되었다. 결국 1중대장은 사설 변호사까지 댔지만 1954년 12월 24일 수색 사형장에서 다른 동지들과 함께 총살 집행되는 아픈 역사의 한 페이지를 남기고 말았다.

권영용 동지는 나의 조선노동당 입당 보증인이기도 했다. 나는 소년수였기에 무기로 감형되어 장구한 비전향 감옥생활을 하게 되었다. 위와 같이 대내 밀고자에 의하여 막대한 피해를 안겨주고 있어 아무리 잘 싸워도 체포된 후 고문투쟁을 어떻게 전개하느냐에 따라 자기일생의 총화가 된다는 것을 뼈저리게 느꼈다.

기념일과 문화오락은
어떻게 전개되었는가

　재산 시 기념일은 내 경험에 따르면 2.8인민군창건일. 3.1절, 5.1절, 8.15광복절, 9.9절, 10혁명기념일이었다. 1951년 2월 20일 불갑산 전투를 겪고 불갑지구당이 장흥 유치내산으로 옮긴 후 최초 5.1절 기념행사를 했다. 9.28후퇴 후 불갑산 2.0작전까지는 내부 정비작업과 준비뿐 아니라 적들의 침공 때문에 기념공간을 마련하여 기념행사를 할 여유의 시간을 갖지 못했다. 유치내산에 와서 4월 20일 화학산 전투를 겪고 5.1절 기념행사를 처음 하게 되었다. 이때는 전남도당 제3지구당으로 자리매김 되고 지구당 산하 각 기관과 지구사령부의 각 부서 그리고 당시 목포시당 등이 참가하여 시당 진지인 척동마을 앞 논밭에서 행사를 진행했다. 보고대회가 끝난 후 씨름대회도 했다. 이 씨름대회는 애기씨름과 장년씨름으로 나누어 진행했다. 나는 이 애기씨름 대회에서 2등을 차지했다. 시골 농촌에서 학교 다닐 때 운동대회 중 씨름대회가 열려 항상 1등을 차지한 전력이 있기 때문에 가능했던 것 같다. 2등상은 필기 도구였다.

그 후 8.15와 9.9절 10월혁명기념일 등은 적의 침공이 잦았기 때문에 밤에 진행했다. 이는 1951년 장흥 유치내산 제3지구당 산하 각 기관들이 유격투쟁을 전개하고 있을 때이다. 1952년도 지리산 전투지구당부 산하 각 기관들이 유격투쟁을 하고 있을 때는 적정이 없을 때 5.1절과 8.15광복절, 9.9절, 10월혁명기념일 행사를 했다.

1953년도에는 백운산에서 8.15광복절만 진상골 잣나무 이봉삼 아지트에서 기념한 것이 재산 시 마지막 기념행사였다. 이날 기념행사 때 김선우 도당 위원장 동지가 보고했다. 나는 전남부대 부대원을 대표해서 주석단에 오르기도 했다.

문화오락은 유격투쟁에서 빼놓을 수 없는 일상 필수품과 같은 것이었다. 각 당 단체나 무장부대가 있는 곳에는 항상 노래배우기와 장기자랑 등 오락회를 열었다. 기념대회 때는 노래와 장기자랑 경연대회도 했다. 특히 무장부대가 투쟁에 나갈 때는 반드시 오락회를 갖고 출발했다. 그것도 산상에 적이 주둔하고 있지 않을 때이다.

기억에 항상 새롭게 남는 것은 오락회 집행위원장을 한 허복순 동지다. 허복순 동지는 6.25 합법 때 공화국에서 나와 해남군 여맹 부위원장으로 사업하다 9.28후퇴 때 입산해서 불갑산 불갑지구당 여맹 위원장을 했다. 또 장흥 유치내산 제3지구당 여맹 위원장, 1951년 여름에 광양 백운산 전남도당 각 산하 단체들이 있을 때 도여맹 문교부장을 하다가 51년 제1차 적들의 대대적인 공세 때 새벽 기습을 당하여 희생된 동지였다. 허 동지는 1951년 장흥 유치내산에 있을 때 5.1절 기념행사 오락회에서 두각을 나타내 관중의 열렬한 박수갈채를 받기도 했다. 허복순 동지를 능가하는 남성 동지나 여성 동지는 없었다. 일상생활에서도 활달하고 입담 좋고 관중들의 배꼽을 움켜쥘 정도로 함박웃음을 선사하는 기질의 소유자란 평가를 받았다. 지금도 생각하면 눈에 선하다.

1951년 동나주 다도면 도동리 도롱굴 마을에 지구당부가 있을 때 척동 마을에 목포시당이 있었는데 목포시당 선전부에 예술단(산에서는 '딴따라부대'라고 했다)이 있어서 기념일 때나 무장부대 출정식 때 공연하기도 했다 그 후 적들의 공세로 여름에 모두 지리산으로 파송해 지리산 동계공세 때 모두 전사하거나 체포되기도 한 아픈 기록을 남겼다.

기념일은 재산 시 기념일 성격에 따라 그 의의를 되새기고 그 정신을 온몸으로 받들어 실천투쟁의 투지를 다짐하는 것이었다. 오락회는 매일 같이 적과의 투쟁 속에서 전의를 일깨워주고 사기를 앙양시켜 승리의 신심을 북돋아주는데 참된 의의가 있었다. 백운산 오락회에서 칼빈, M-1, 따발총, 구구식총을 3열로 5인씩 들고 노래에 맞춰 마치 기타를 치듯 격발기를 "자그작 자그작" 치면서 동작하는 모습도 웃음보따리를 선사하는 명장면이 되기도 했다.

빨치산 생활에서 남녀 애정에 관하여

사람이 사는 곳에는 남녀가 있고 남녀가 있는 곳에는 사랑이 있다. 빨치산도 사람이다. 따라서 남녀 애정관계도 일반사회 생활하는 사람과 같다. 단 일반 사람들 중 부조리한 사회의 모순을 먼저 깨달은 선각자들이란 차이뿐이라고 말할 수 있다. 물론 빨치산 투쟁하는 사람들 간에도 확고한 투쟁의식의 차이는 천차만별이라고 말할 수 있다. 그러나 각자가 처한 환경과 조건은 강약의 차이는 있어도 이 땅에 점령군으로 들어온 미제국주의자들을 축출하고 분단된 조국을 통일하여 부강한 자주국가를 건설하여 인간이 인간답게 사는 평등한 세상을 구가하기 위해서 한 목숨 바쳐 투쟁하는 목적은 같기 때문에 함께 투쟁하는 것이다.

투쟁전선에 나선 사람들은 먼저 추구하는 세상에 대한 이론을 터득하고 나온 사람도 있지만, 자기가 처한 사회제도 속에서 계급적 이해관계에 결부된 압박과 설움에서 벗어나기 위해 투쟁하는 사람들이 절대다수를 차지하고 있었다. 빨치산 투쟁은 생사를 건 판가리 싸움이기 때문에 입산 초기에는 적들의 살인, 강간, 방화, 약탈을 피하기 위해서 입산하는 경우가 많았다. 피난민을 포함해, 인산인해를 이룰 정도로 많은 사람들이 산골마을에 몰려들고 있었다. 그 속에서 각 당 산하기관 동무들이 집단으로 생활하며 투쟁할 수밖에 없는 불가피한 환경 조건이었다. 날이 갈수록 정세전망에 따라 입산자들의 내부정리가 되어가고 적들의 대대적인 공세에 따라 전사하고 체포되는 수가 늘어나고 있었다. 이에 빨치산 투쟁체계도 재정비되고 투쟁의식도 한층 높아가고 있는 것도 사실이다.

그러나 오랜 세월 함께 투쟁하다 보니 남녀가 사랑을 하게 되는 것도 자연스러운 일이다. 그래서 남녀가 더불어 생활하는 과정에서 갖는 애정은 누구도 간섭할 수 없는 신성불가침의 것이다. 단 전제되는 것은 투쟁에 지장을 초래해서는 안 된다는 것이었다. 그런데 남녀관계가 애정에 몰두하다 보면 그 결과 자기가 속한 조직에 피해를 줄 수 있다. 그에 대한 책임은 자신이 져야 하는 것은 당연하다. 그래서 피해 결과에 따라 조직규율 위반으로 처벌을 받게 되는 경우도 있었다. 처벌을 받을 때 뼈아픈 자기비판을 하고 투쟁 속에서 잘못을 시정하는 과정을 거쳐 인정을 받으면 원상복귀 된다. 그러나 시정 과정이 길어지는 동무도 있었다. 최악의 경우에는 동지를 해치고 달아나는 분자도 있었다.

조국과 민족을 사랑하는 마음속에서 이성을 사랑해야 하는 것이지, 이성의 사랑 속에서 조국과 민족을 사랑한다는 것은 결코 오래가지 못한다.

위와 같은 원칙을 지키고 자연스런 이성 간에 일어나는 사랑은 아름다운 미덕일 것이다. 그리고 항시 적들의 포화 속에서 투쟁하는 전사들에게 이성의 사랑을 생각할 수 있는 여유의 시간을 갖기 어렵고, 오로지 이를 접고 동지적 뜨거운 사랑을 투쟁 속에서 발현시키는 동지들의 확고한 투지를 자랑스럽게 여기고 있었다. 그러나 모래사장에 모래알 하나일 수밖에 없는 과오를 범한 동무들도 있었던 것이 사실이다.

몇 가지 사례를 들면 다음과 같다.

1951년 전남 지리산 부대장이었던 오신택은 적들의 대대적인 동계공세 때 전투부대와 함께 투쟁하지 않고 지하비트에서 여성동무와 같이 피신함으로써 부대가 많은 피해를 입었다. 제1차 적들의 공세가 끝났을 때 소수 몇 십 명만 살아남는 막대한 피해를 입게 된 것이다. 그래서 당시 도당 조직위원회의 책벌을 받게 되었다. 그 후 봉두산 연락 분트 책임을 지고 갔었는데 끝까지 투쟁 속에서 자기 과오를 청산하지 못하고 적들에게 투항해 봉두산 연락 분트를 유지하지 못하는 기록을 남기고 말았다.

순천군당 위원장이었던 서정섭은 여성동무와 함께 발각될 우려를 느낀 나머지 적들에게 자수하여 군당조직을 파괴하는 피해를 남기고 말았다. 그 후임으로 내려갔던 남상훈은 여성관계로 도당에서 소환을 했다. 이때 도당 부위원장 염형기 동지가 직접 용지동골 순천군당에 내려가서 같이 동행하여 옥룡골 88도당 아지트까지 왔다. 그 과정에 도솔봉 바로 밑에 샘이 있어 잠깐 휴식을 취하는 시간이 있었다. 그 사이에 남상훈은 눈치를 채고 소환되면 안 되겠다는 위험을 느끼고 자기가 소지한 칼빈총을 발사하여, 보위병을 즉사하게 하고 부위원장에게는 중상을 입히고 달아나는 끔찍한 피해를 남기고 말았다.

우리 전남부대는 1953년도 6월부터는 부대장인 이봉삼 동지 이름을 따 이봉삼 부대라 지칭했다. 이봉삼 부대장도 엄00 여성동무를 사랑하고 있다는 것은 도당부나 우리 성원들도 다 알고 있었다. 리 부대장 동지는 평소에 용감하게 전투 지휘도 잘하고 선두에서 대원들과도 잘 어울려서 선망의 부대장이란 호평까지 받을 정도로 잘 싸웠다. 그러나 남녀사랑에 너무 빠지다 보니 사업 나가서 애인에게 줄 선물을 보급하려고 진격하다가 이주일 전투대원이 적들의 매복에 걸려 부상해 생포당하는 과오를 범하고 말았다. 부대 당조직위원회에서 책벌을 요구했다. 나는 당시 부대 당서기로 선출된 상황에서 부대원을 대표해 부대장의 과오 행적을 비판했었다. 결국 책벌을 결정해 도당지도부 보위대원으로 투쟁을 통해 범한 과오를 청산하는 기회를 주기도 했다.

그 후 1개월이 지나 참모장이 부대장을 하는데 그렇게 사기가 왕성하여 잘 싸우던 부대가 사기가 떨어져 투쟁에서 동지를 희생시키고 위축된 상황에 이르게 되었다. 더군다나 나는 8월 14일 옥룡골 기습전에서 지뢰파편 50여 발을 맞고 의무과 치료를 받고 있는 상황이었다. 그래서 부상 상처가 아물지 않아 붕대를 감고 주변의 만류에도 불구하고 투쟁에 동원되기도 했다. 이 과정에 도당 위원장이었던 김선우 동지에게 편지를 써서 이봉삼 부대장을 다시 돌려 보내달라고 요구했다. 도당 위원장은 부대의 현 실정을 이해하고 부대장을 원상복귀 시켰다.

부대장은 복귀 후 고맙다는 인사말과 함께 마지막 생을 다할 때까지 사기충천해 잘 싸웠다. 이봉삼 부대장은 우리 소조를 이끌고 경남 남해 어떤 지서를 습격하여 등사기와 칼빈총을 노획해서 섬진강을 건넜다. 하동 섬진강을 노를 저어 건너오는데, 적들의 사격을 방어하면서 노를 젓던 부대원이 허벅다리 관통상을 입게 되었다. 배가 강가 쇄풀(억새)에 접근했을 때 "이제 다 왔다" 하면서 배에서 뛰어내렸으나 그만 물살에 휩쓸려 익사하고 마는 아픈 기록을 남기고 말았다. 이때가 1953년 8월 29일이다. 그 후 정보수집을 통해 익사했음을 확인했다. 사실 강가 쐐풀 우거진 곳도 깊은데 아마 흥분한 나머지 칼빈총 2개를 메고 희생되고 만 것이다. 이와 같이 평소에도 잘 싸웠지만 과오를 씻기 위해 용감하게 투쟁했던 이봉삼 동지 이름을 따서 백운산 진상골 잣나무 부대 아지트를 이봉삼트라고 명명해 오늘에 이르기까지 기리고 있는 것이다.

다른 도 유격지구에서 있었던 것은 차치하고 우리 전남 빨치산 투쟁에서 있었던 남녀 애정관계에 대해서 직접 지켜보고 본 몇 사례를 기록으로 남기면서 이성 간의 사랑은 항상 '내 조국과 인민을 사랑하는 그 속에서 이성 간의 사랑이 이루어져야 한다'는 말을 유념해야 할 것이다.

빨치산 투쟁에서 희생된 동지들을 어떻게 해결했는가

1951년 여름까지는 적정이 허용하는 한도 내에서 추모제를 올리고 시신은 그대로 산속에 묻고 돌멩이들을 수북이 쌓아 올렸다. 그리고 추도가는 '산에 나는 까마귀야 시체 보고 울지 마라'는 노래로 대신했다.

적들의 공세가 잦아지고 나서는 전투 중 희생된 동지를 구출할 수 없어 그냥 후퇴하는 불가피한 상황이 되풀이되기도 했다. 적들은 희생된 동지들의 목을 베어가거나 귀나 코를 베어가기도 했다. 특히 야간 행군에서 적들의 포위망을 뚫고 신속하게 빠져나가다 희생된 동지들을 구출하지 못하고 그냥 시간 관계상 지체할 수 없어 후퇴하는 일이 비일비재했다. 그냥 두고 가는 마음은 무어라 표현할 수 없지만 살아남은 동지들의 보존을 위한 불가피한 조치였다. 때로는 적들과 싸우는 중 주둔처를 벗어나기 위한 야간 행군에서 매복지점을 무사히 통과하기 위하여 지름길을 택했다가 적들의 매복에 걸려 희생된 동지들, 5-60m 뒤따라오다 적들의 총탄에 배를 맞아 창자가 쏟아져 나온 동지를 구출할 수 없어 결국 포기하고 목표지점을 향해 달려가는 마음은 이루 표현할 수가 없다. 희생된 동지들 생각보다 자신들이 어떻게 하면 무사히 진지까지 도달하느냐가 관건이기에 다른 생각을 할 겨를이 없는 상황의 연속이었다.

1953년 9월에 야지에 나가 잠복했다가 보급 사업을 마치고 진지로 들어오는 길이었다. 나는 척후를 서고 부대를 이끌고 들어오다 매복 지점임을 생각하고 최고의 경각성을 높이며 재를 넘는 중이었다. 매복 예상 3m 지점에서 돌멩이를 먼저 던지고 격발기를 "자그닥" 하니까 적의 잠복 소조는 수류탄 던지는 줄 알고 먼저 사격을 가해 왔다. 그곳을 향해 따발총을 발사하며 돌격소리와 함께 재에 도달하니 적은 패주하고 말았는데 우리 부대 3중대 정치지도원 김광열 동지가 적의 유탄에 배를 맞아 창자가 나오는 중상을 당하였다.

이때 동지를 이동하기 위해 마을에 가서 가마니를 보급할 수도, 맨손으로 구원할 수도 없었다. 시간이 촉박한 나머지 어떻게 구출해 보려고 백방으로 고민 중에 아직 정신은 멀쩡한 김광열 지도원 동무는 "나 하나 때문에 부대에 피해를 주어서는 안 된다"고 하면서 "어서 빨리 나를 쏘고 가라"고 간곡히 호소하였다. 이에 부대장은 눈물을 머금고 그를 잠재우고 시신은 숲속에 낙엽을 긁어 덮어주고 진지를 향해 달려간 일도 있었다. 이런 일은 이제 보통이었다. 그 후 인민 정보수집에서 나무꾼들이 시체 썩는 냄새가 나서 경찰에 신고해 확인한 후 그대로 묻어었다는 소식만 듣게 되었다.

우리 모두는 나를 비롯한 어떤 동지가 희생되던 마찬가지라는 것은 당시 투쟁하는 동지들의 일반적인 생각이었다. 적들의 포위 속에서 산더미처럼 쓰러져 간 동지들 중에서 희생된 바로 그 자리에서 한줌의 흙으로 산화하여 간 동지들이 아마도 99.99프로는 될 것이다. 그래서 적정에 따라 골짝 능선을 넘나들며 하룻밤 진지에서 밤을 새우면서 밥을 해먹기 위해 불쏘시게 나무를 하려다 소능선 중간에 쓰러져 있는 동지를 발견한다든가, 목이 타서 골짝 물에 엎드려서 흘러가는 물에 얼굴을 대고 물을 마신 후 주위를 살펴보니 희생된 동지의 시신이 물에 잠겨있는 것을 본다든가 하는 것도 일반적인 현상이었다.

　1952년 2월에 백운산 따리봉 밑에서 희생된 전남도당 부위원장인 김인철 동지 시신은 적들이 생포자를 통해 누구의 시신임을 알고 목을 베어 국방색 담요로 싸서 배낭에 넣어 한재에서 상봉으로 가는 첫 고지인 민샛등에 놔두고 갔다. 이것을 공세가 끝난 다음 4월에 저들이 버린 실탄을 주우려고 민샛등에 올라 배낭을 발견하고는 시신에 머리를 각목으로 붙여 매장했는데 매장한 동지마저 희생되어 그 곳이 어딘지 찾지도 못하고 있다.

　1954년 2월 적들의 마지막 공세 때 옥룡골에서 희생된 전남부대 정치위원 양순기 동지와 중상을 입고 지하 아지트에서 치료를 받다 발각되어 자결한 전남도당 부위원장 염형기 동지 등의 목을 베어 담요로 싸서 광양읍 연대 주둔지까지 갖다 놓고는 생포된 동지들에게 한번 보라고 강요한 것이 적들의 만행이었다. 그리고 남쪽 땅 산야에서 희생된 그 많은 시신들을 민간 단방 특효약이라며 훼손하거나 대학 의학도들의 해부용으로 활용했다는 것은 세상이 다 아는 사실이다.

    이와 같이 민족해방투쟁사에서 살아 있는 동지들의 손을 거쳐 묻힌 혁명 열사들은 그래도 행복한 죽음이었다고 말할 수 있을 것이다. 그러나 이루 헤아릴 수 없고 이름도 없이 쓰러져 간 동지들을 생각할 때면 너무도 죄스러운 맘을 금할 수 없다. 그래도 살아 있기에 기억을 살려 기록으로 남기는 것만으로 그런 죄스러운 맘에 마지막 보답하는 길이라 생각한다.

전남 빨치산 전적지 중
도당 핵심기지인 백운산에 남겨진 이름들

　백운산은 구례, 광양, 순천으로 둘러싸여 있다. 산은 겹산이고 유격투쟁의 진지로서 다른 유격 근거지에 비해 유리한 지형지세를 이루고 있다. 그래서 임진조국전쟁, 갑오농민전쟁, 의병투쟁, 그리고 해방 전후 빨치산 투쟁에서 핵심 기지 중의 하나이다. 백운산의 빨치산 투쟁은 1954년에 종막을 고하는 아픈 역사 기록을 남기고 말았다. 백운산 빨치산 투쟁에서 용감하게 싸우다 희생된 동지들의 이름을 따서 봉우리, 능선, 골짜기 아지트에 이르기까지 이름을 붙여 길이길이 되새겨 보고 있다.

　백운산은 당시 전남도 인민위원회 위원장인 김백동 동지 이름을 따서 백동산이라 칭하였다. 김백동 동지는 일제 때부터 반일 운동을 전개했고, 조국해방전쟁 전에는 전남도당 위원장을 했으며, 1950년 합법 때 전남도 인민위원장을 했고, 1951년 덕유산 송치골 6개 도당 위원장 회의에 전남

도당 위원장을 대신해 참여했으며 9.28후퇴 후 봉두산에서 희생(『전남유격투쟁사』 158쪽, 백운산 전사)되었다.

백운산 상봉은 전남도당 위원장인 김선우 동지 이름을 따서 선우봉이라 칭하였다. 김선우 위원장은 전남 보성 출신으로 일찍이 고향을 떠나 평양에서 노동운동을 전개했고 경기도당 부위원장을 하다 1949년 전남도당 위원장을 했다. 이후 6.25 합법 때 전남도당 부위원장을 했으며, 9.28후퇴 후 전남도 유격대 총사령관을 하다 1953년 백운산에 박영발 위원장이 제5지구당 상임 부위원장으로 이동함에 따라 그 후임으로 도당 위원장을 했으며 1954년 4월 5일에 백운산에서 희생되었다.

따리봉은 전남도당 부위원장인 김인철 동지 이름을 따서 인철봉이라 칭하였다. 김인철 동지는 합법 때부터 전남도당 부위원장을 하다 1952년 적들의 대대적인 제1차 공세 때 따리봉 밑에서 희생되었다. 도솔봉은 백운산지구 사령관인 유목윤 동지 이름을 따서 목윤봉이라 칭하였다. 유목윤 동지는 합법 때 여수 군당위원장을 하다 9.28후퇴 후 백운산지구 사령관을 했으며 양순기 구례군당위원장과 교체되어 지리산에 가서 투쟁하다 희생되었다. 바구리봉은 광양군당 위원장인 박정기봉이라 칭하였다.

용계산은 여천군당 위원장이며 도당 정치공작대 대장인 조동만 동지 이름을 따서 동만산이라 칭하였다. 조동만 동지는 적들의 동계공세 때 항일빨치산 기습 전술로 100여 명의 무장부대를 탄생시킨 공로로 영웅 칭호까지 받았다 1952년 1월 27일 전투 중 부상으로 지하 아지트에 들어가 있다가 적들에게 발각되어 희생당했다.

백운산 진상골은 유상기 도당 책임지도원 이름을 따서 유상기골이라 칭하였다. 유상기 동지는 광양 출신이며 도당 책임지도원으로서 1952년에 전남연대 정치지도원을 했다. 1954년 진월 폐광 굴속에 김선우 위원장 일행과 함께 들어가 있다가 발각되어 탈출 중 보위병과 함께 전사하고 김선우 위원장은 허벅다리 관통상을 입고 구출되었다.

진상골 잣나무 전남부대 아지트는 부대장이었던 이봉삼 동지 이름을 따서 이봉삼트라 칭하였다. 이봉삼 동지는 전에 기술한 바와 같이 전남연대 참모장을 하다 전남부대 부대장으로 위용을 떨쳤다 1953년 8월 말에 남해 소조투쟁을 나갔다가 섬진강을 배로 건너다 적들에게 발각되어 익사했다.

옥룡골은 도당 부위원장인 염형기 동지 이름을 따서 염형기골이라 칭하였다. 염형기 동지는 합법 때 공화국에서 내려와 전남도당 조직부 부부장으로 활동하다 9.28후퇴 후 입산하여 도당 부위원장을 하던 중 변절자의 총탄에 희생되었다.

병암골은 백운산지구 유격대 참모장이며 마지막에 부사령관인 조갑수 동지 이름을 따서 조갑수골이라 칭하였다. 조갑수 동지는 백운산지구 유격대 참모장으로서 적들의 대대적인 공세 때 본인이 거느리던 부대는 희생도 없이 공세를 승리로 장식했으며, 공세가 끝난 후 부사령관으로 투쟁하다가 희생되었고 영웅 칭호까지 받았다.

용지동골은 전남 총사령부 부참모장이며 백운산지구 사령관인 남태준 동지 이름을 따서 남태준골이라 칭하였다. 남태준 동지는 여수 14연대 출신으로 용맹을 떨쳐 적들도 남태준 부대가 나타났다 하면 벌벌 떨 정도로 이름을 날렸다. 1953년에 정전 후 일선 정규군의 후방 빨치산 토벌작전 때 지하 비트에 있다가 생포되었다. 원래 유명하게 이름을 날린 동지라 남원 경찰서 유치장에 구금되었다가 고등군법에서 사형을 받아 대구감옥으로 이송된 후, 1954년 12월 24일 수색 사형장에서 다른 동지들과 함께 총살 집행을 당했다. 투쟁의 공로로 영웅 칭호를 받았다.

백운산 간전골은 전남도당 부위원장인 정귀석 동지 이름을 따서 정귀석골이라 칭하였다. 정귀석 동지는 구빨치로서 합법 때 전남도당 간부부장을 했으며 9.28후퇴 후 도인민위 부위원장, 도당 부위원장을 하다 지리산으로 이동하여 지리산지구 당위원장으로 활동했다. 그리고 1954년 2월에 희생당했다.

백운산 문척골은 마지막 전남부대 참모장인 최복삼 동지 이름을 따서 최복삼골이라 칭하였다. 최복삼 동지는 기본출신으로서 총사 1연대 부연대장을 하다가 1952년 4월에 지리산부대 부대장을 했다. 그 후 백운산으로 이동해 우리 전남부대 참모장으로서 1954년 2월에 전남부대 3중대를 맡고 적의 포위망을 뚫다가 중상을 입고 생포되어 나와 같이 남원 이동 외과병동에 있었다. 그는 총알이 배꼽 밑을 관통했는데 치료도 해주지 않아 발끝에서부터 신경이 마비된 채 썩어 올라와 결국 병동에서 희생을 당했다. 그때 그가 나에게 "동지는 어떠한 일이 있어도 살아나가 내가 이렇게 중상을 당하여 치료도 받지 못하고 죽었다는 것을 살아 있는 동지들에게 알려 달라"고 전한 유언을 지금도 잊지 않고 있다.

그리고 전남 화순 말봉산은 전남 총사령부 사령관으로 재직하다가

1953년에 말봉산에서 전사한 오금일 사령관의 이름을 다서 오금일산이라 부른다.

또 하나는 지리산 남원 산내면 산내골(달궁계곡)은 김지회골이라 명명되어 부르고 있다. 김지회 동지는 1948년 10월 19일 여수 14연대 지휘관으로서 봉기를 지도한 지휘관 중 한 사람이다. 김지회 동지는 조국해방전쟁 전 남원 운봉에서 투쟁하고 달궁에서 반선마을로 들어오는 길을 굽이굽이 돌아 주막집에 일시 휴식을 취하면서 후방 보초를 세웠는데 그 보초가 피로를 이기지 못하고 잠이 들었다. 그사이 적들이 꼬리를 물고 따라붙어 교전 중 부상을 입고 달궁골에서 생을 마감했다. 결국 휴식을 취하고 있던 남은 동지들도 전사하고 마는 기록을 남겼다. 이현상 부대가 공세 후 두개 부대로 편성될 때에 김지회 동지 이름을 딴 김지회 부대가 1953년까지 존재해 있었다. 그는 영웅 칭호까지 받았다고 한다.

이외에도 많은 동지들의 이름을 딴 곳들이 있지만 기억을 못해 아쉬움을 남긴다. 이상과 같이 알고 있는 바를 기억을 살려 기록으로 남기면서 남쪽 땅 각 산과 능선, 골짜기마다 용감하게 싸우다 희생된 동지들의 이름을 따서 명명하는 문제도 살아있는 자들이 논의해야 할 본분임을 상기시킨다.

빨치산 투쟁 시 옷과 신발은 어떻게 해결했는가

1950년 9.28후퇴 전후의 신발과 옷의 사정은 어떠했을까? 나의 경우를 말한다면 옷과 신발은 아주 험했다. 가난 때문에 1950년 중학 입학 때까지는 남들이 입는 새 옷 한 벌을 입어본 적이 없었다. 그만큼 옷 사정은 험난했다. 나는 큰형님이 입었던 것을 형수님이 줄여서 바느질해 놓은 옷을 여름과 겨울 두 번에 걸쳐 입었을 뿐이었다. 심지어 전쟁 때 나의 누이동생들이 13세와 11세였는데 속옷도 없이 검은 통치마를 1년 12개월 동안 입고 살았으니 말이다. 지금 같으면 상상이나 했겠는가.

중학교 입학 때 무명베로 만든 난닝구(런닝셔츠)에 검은 바지를 입은 것이 난생 처음 입어보는 새 옷이었다. 신발은 짚신을 삼아서 신고 일본말로 와라지(일본식 짚신)를 삼아서 신거나 맨발로 십리 길을 걸어 학교에 다니기도 했다. 중학교 들어가서야 고무신 한 켤레 신고 다니다가 그대로 중학생 복장에 그 고무신을 신고 입산했다.

1950년 11월까지 무명베 난닝구를 그대로 입었고, 신발은 짚신을 신고 한 켤레는 허리에 차고 다녔으며, 적들의 침공 때 산상 대기할 때는 짚토매(짚가리)를 짊어지고 있다가 숲속에서 짚신을 삼기도 해서 항상 여유 있게 짚신을 소지하고 있었다.

눈 속에서 걷는 것은 좋은데 눈이 녹고 질퍽질퍽할 때는 버선이 다 젖어 곤란을 느끼기도 했다. 이것이 입산 초기의 고향 장암산, 태청산, 불갑산으로 이동해 12월 초순까지의 사정이다. 내의도 없이 반소매에 속옷도 없이 검은 무명베 바지 하나를 입고 춥기는 하지만 춥다는 말 한마디 하지 않고 산중생활을 했다. 불갑산에 있을 때 12월에 가서야 긴 소매 하나 입었을 뿐이다. 어려서부터 고무신 창만 있으면 운대(신발 윗부분)는 무명베로 농구화를 만들어 신는데 자기 스스로 해결했기 때문에 바느질은 잘한 편이었다. 그래서 입산해서도 신발 꿰매는 큰 바늘 하나와 실은 항상 필수품으로 지니고 다녔다.

1951년부터는 적들의 보급창고를 기습하든가 보급을 해서 적들의 복장과 같은 옷을 입고 투쟁했다. 나는 1954년 체포될 때까지 적군 복장과 똑같이 입고 투쟁했다. 때로는 지하족(일본식 작업화)을 신어도 한 달이면 다 떨어져 수선하지 않고는 신을 수도 입을 수도 없었다. 백운산 진상골 이봉삼 아지트에 있을 때도 신발이 다 떨어져서 고무신 창이나 지하족 창을 보급해서 무명베로 눈이 들어가지 않게 농구화를 만들어 신고 투쟁했다. 항상 부대의 선두에서 길을 뚫고 가시밭길을 헤쳐 가기 때문에 무릎 부분이 갈래갈래 찢어져서 산상 대기 할 때나 행군 중 잠간 쉴 때 바느질을 해서 꿰매곤 했다.

1953년 백운산 진상골 잣나무아지트인 이봉삼 부대트 진지에 있을 때는 특히 메리야스 한 벌에 전투복 한 겹을 입고 겨울을 나기도 했다. 다른 동지들은 두터운 솜잠바까지 입고 있었으나 나는 항상 움직이는 기질을 가지고 있기 때문에 옷이 두터우면 몸동작의 민첩성을 보장하는데 장애요소가 되어 여름이나 겨울 의복이 같았다. 한 군데 오래 있으면 추운 감을 많이 느끼지만 그때는 10대 말이었기 때문에 혹독하게 추운 감까지는 느끼지 않았다.

입산 후 반해방구를 쓰고 있을 때는 후방과에 재봉틀 돌리는 동무들도 있어 옷 수선이나 전투복을 무명베에 물감을 들여 만들어 보급하기도 했다. 불타버린 마을 집터 위에 움막을 치고 생활할 때나 산골짜기에 아지트를 만들어 놓고 쓸 때였다. 이것도 적들의 침공이 잦거나 할 때는 사용한 재봉틀을 비장하고 또 꺼내 사용하는 것도 잠시뿐이었다. 그래서 적들의 침공에 따라 점점 마을에서 산속으로 들어가 투쟁할 때는 바느질이 의복을 기우는 유일한 수단이 되었다.

뿐만 아니라 투쟁하는 무장부대나 단체 성원들의 입은 옷을 보고서 잘 싸우고 보급도 원활하게 하고 있는지를 평하기도 했다. 우리 전남부대는 1953년 여름부터 적의 복장과 똑같은 옷을 입고 계급장도 달고 있어 소조 투쟁 나갈 때는 적으로 가장하는데 손색이 없었다. 요즘 유튜브에 나오는 남부군 영상을 보면 꼭 거지보다 더 남루한 옷을 입고 투쟁하는 장면이 나오는데 과장을 해도 너무 지나친 과장을 한 장면이다. 남부군 영화는 그저 반공영화나 다름없다. 적들과 전투나 포위 속에 후퇴할 때 가시덤불에 걸리면 무릎 부위가 많이 찢어지게 되는데, 윗옷이 온통 살이 나올 정도로 찢어졌으면 쉴 때 바느질로 꿰매서 입지 그대로 벌래벌래 하고 생활하는 모습은 있을 수 없는 것임을 사람들이 알기 바란다.

그리고 양말은 한 켤레 신으면 거의 일 년 열두 달 신는다. 물에 언제 비누칠해서 세탁할 시간도 갖지 못한다. 그래서 발상개(발싸개)라고 하는 베 조각을 발등에 감고 신을 신고 다니다 여유 시간이 있을 때 풀어서 물에 적시었다가 말려 신는 데 여간 편리하지 않았다. 그리고 일 년 열두 달 개울물에 들어가 몇 한 번 감아 본 적이 없다. 얼굴 세수는 별로 한 적이 없으나 어쩌다 한 번씩 맹물로 세수한 적이 있을 정도이다.

이렇게 생활해도 불편한 감을 느껴 본 적이 없다. 조국의 자유와 독립을 쟁취하기 위해서 침략한 미제를 비롯한 16개 침략군들을 물리치는데 자나 깨나 투쟁하는 생각뿐이었기 때문이다.

빨치산 투쟁에서
잠자리에 관하여

　　빨치산 투쟁에서 땅에 등을 붙이고 발을 펴면서 자는 시간은 그리 많지 않다. 입산 초기에는 산간마을 구들장에서 옷 입은 채 자본 게 일주일 정도이다. 침공한 적들은 우리가 진지로 활용하고 있다고 생각이 든 곳은 무조건 소각하고 그곳에 살던 인민들은 반항하면 쏘아 죽이고 남은 인민들은 소개시켜 다른 곳으로 이동시킨다. 그래서 타버린 집터 위에 일시적인 움막을 치고 구들에 불을 지펴 구들장 위에서 옷 입은 채로 자기도 했다. 적들이 침공해 또 불을 지르면, 산상 대기했다가 적들이 빠지면 타버린 집터 그 자리에도 움막을 치곤 했다. 이와 같은 날이 계속 반복되기도 했다.

　　해가 지날수록 더 산속 깊이 들어가게 된다. 그래도 1951년 봄 유격지구에 속했던 산간마을들에 반해방구를 쓰고 투쟁할 때까지만 해도 적들이 침공해 들어올 때는 산상 대기했다가 적들이 빠지면 다시 내려와 구들장을 이용했다. 1951년 여름부터는 적들의 침공이 잦아졌고 산 고지와 능선에 주둔하면서 일정한 기간, 소위 토벌작전을 펼칠 때는 아지트를 만들어놓고 쓸 수 있는 상황이 되지 못했다. 그래서 적정에 따라 이동하면서 임시진지를 만들어 텐트를 치고 그 안에서 밤을 샌다. 이것도 밤에 기습 맞을 우려가 없고 적들에게 노출되지 않았을 때에나 가능한 것이었다. 앞뒤 능선에 적이 주둔하고 있을 때는 그 안 골짜기 지점에 불빛 때문에 노출되지 않고 밥도 해먹을 수 없을 때가 많다. 그때는 생쌀을 씹어야 하고 총을 든 채 눈을 붙여야 했다.

1951년 적들의 대대적인 제1차 대공세 때 유치내산에서 백운산으로 이동해 들어오자 백운산 용지동골에서 한 보름간 공세를 맞고 있었다. 앞서 간 전우들이 썼던 아지트는 남아 있기에 그 자리에 등을 붙이고 밤을 새우기도 했다. 그러나 매일 밤 산 동지들이 한자리에 자고 난 후 그 자리에 다시 살아 돌아와 잠자리를 같이하는 전우들이 날이 갈수록 줄어들고 있었다. 공세가 잠시 끝나 백운산 도당 핵심기지에 들어가서도 마찬가지였다.

1952년 제1차 동계공세가 끝난 후 지리산 문수골에 아지트를 쓰고 있을 때는 잠시 구들장트 위에 천막을 치고 그 안에서 밤을 샜다. 이것도 수풀이 우거진 7-8월 한 때다. 그 후 피아골, 대소골, 문수골 등을 이동하면서 적정에 따라 많이 써야 약 일주일 정도 한자리에 쓰고 계속 다람쥐쳇바퀴 돌듯이 하루씩 쓰고 이동해 가면, 때로는 과거에 썼던 아지트나 새 잠자리를 만들어 천막을 치고 자기도 했다. 이것도 좋은 상황에서의 얘기다. 그러나 우리는 밤에 적의 기습은 한 번도 당하지 않았다. 다른 부대나 다른 지역 부대들은 적의 기습작전에 많은 동지들의 희생을 보기도 했다. 특히 생포자들을 중심으로 소위 사찰유격대 또는 보아라 부대를 조직하여 운영했는데, 이 생포자들은 과거 한때 생사고락을 같이하면서 투쟁했기 때문에 지형지세를 잘 알고 있다. 그래서 우리가 다니는 통로에 매복하거나 소조로 들어와 정탐을 해 발견되는 부대는 야간 또는 주간 기습에 많은 전우들이 피해를 보기도 했다.

특히 겨울철을 맞이하여 적들의 공세 속에 고지능선을 밤낮으로 장악하고 토벌작전을 펼칠 때는 땅에 등을 붙여본 적이 없다. 그렇다고 천막을 칠 수도 없고 또는 천막을 짊어진 동무가 전사하면 배낭에 넣어 바위 밑에 비장하든가 하는데 생포자가 알려 주어 적들에게 뺏기는 일도 있어 천막을 칠 수 있는 조건이 되어도 못치고 낙엽을 긁어모아 그 속에 총 든 채로 밤을 새기도 했다. 담요는 노획한 국방색 담요였으나 이것도 짊어진 배낭을 비장했다가 뺏기지 않았을 때이고 짊어진 동무가 살아서 같이 있을 때이다.

아지트에 진지를 구축하고 며칠이라도 있을 때는 노획한 공병삽으로 트 가운데 횡선으로 땅을 파고 빙 둘러 돌을 세우고 그 안에 불을 지핀다. 다 타버린 숯이 남고 돌이 열을 받는다. 그 위에 납작돌을 덮고, 그 위에 나뭇가지를 깔고, 또 그 위에 국방색 담요 한 장을 깔고 서로 발맞춰 누워서 다리를 얹는데 여러 동무들이라 다리가 포개어진다. 맨 아래 들어간 다리는 뜨거워 오래 지속할 수 없기에 다리들이 포개진 속에서 아래 있는 다리가 위로 올라오는 것이 반복된다. 이러다 보니 잠을 설치기도 한다.

여성동무들도 마지막에는 한 부대에 2-3명 정도 살아 같이 투쟁했다. 때로는 남성동무들 사이에 끼여 자기도 했다. 그러나 불만도 들어본 적이 없다. 동무마다 담요 한 장씩 가지고 있는 것도 아니다. 이런 상황을 1953년 적들의 대대적인 동계공세 때부터 이후 백운산에서 1954년 2월까지 겪었다.

이러한 고난에 찬 투쟁 속에서도 불평불만을 가진 동무는 한 사람도 없었다. 위기에 처한 조국과 인민을 위한 투쟁 속에서 사랑도 청춘도 생명까지도 다 바쳐 싸우는 투쟁이기 때문이었다. 이 모든 고난은 당연지사로 생각했다.

조국해방전쟁 때
미제의 세균전은 어떻게 전개되었는가

    1951년 불갑산에서 2월 21일 유치내산으로 이동한 후 나주 다도면 도동리 도롱굴 마을에 지구당 아지트를 쓰고 있을 때다. 언제부터인지 초봄부터 열병환자들이 하나 둘씩 생겨나더니 초여름에는 각 기관 전체 동무들이 시름시름 앓기 시작했다. 너도 나도 할 것 없이 삭신이 흐물거려서 움직일 수 없게 된다. 고열로 밥맛은 떨어지고 물만 찾으며 꿍꿍 앓는다. 그래서 적들이 침공해 들어오면 타버린 집 구들장 밑에 환자 아지트를 만들어 놓고 그 안에 10여 명씩 있다가 적들이 빠지면 지상으로 나오곤 했다.
    당시에는 치료약이 없었다. 병의 원인도 규명하지 못한 채 많은 동지들이 죽어가고 있었다. 심지어 유격지구에 있는 인민들도 이 열병에 걸려 많이 죽기도 했다. 나중에서야 지리산 의무과장으로 있던 이영원 동지가 연구해서 '재귀열병'이란 것을 발견했다. 당시 특효약은 마빠생(페니실린의 상품명)이란 항생제 주사약이었다. 이 마빠생 2cc 한 대 맞으면 즉각 열이 떨어졌다.

그러나 이 항생제 주사약을 구하기가 그렇게도 힘들었다. 이 주사약을 구하지 못해 수많은 동무들이 죽어나가야 했고 산간마을의 주민들도 마찬가지였다. 특히 마을 지하비트에서 치료받고 있는 남녀환자 동무들이 적들의 수색작전에 걸릴 때면 거동하지 못하는 환자는 즉석에서 사살하고 제 발로 걷는 환자는 생포해 가기도 했다. 사실 환자 아지트 근처의 악취 때문에 적들이 오지 않게 되면 다행이었지만 일단 왔다 하면 발견되기 마련이었다. 이 병도 두 번, 세 번 앓으면 몸은 뼈만 앙상하게 남고 머리칼은 다 빠져 꼭 새 새끼 머리 같이 보이기도 했다. 우리 지구당부에서는 위원장 이하 모두가 이 재귀열병에 걸렸다. 그러나 나 혼자만은 걸리지 않았다. 이는 장흥군당 지도성원 동무가 유치내산에 있을 때 후퇴 과정에 우연히 만나 알게 되었다. 참으로 마빠생 한 대가 없어 동무들이 죽고 사는 판가리 싸움이었다.

1954년에 백운산에서 체포될 때까지 몸에 이가 얼마나 득실거리던지 밤이나 낮에 가려워서 손이 안 가는 데가 없었다. 그래서 적들이 침공해 올라왔다가 빠지면 저녁에 모닥불 피워 놓고 옷을 벗어서 타는 불에 털면 이가 우수수 떨어져서 마치 콩 볶는 듯이 우두둑 소리가 날 정도였다. 그리고 불을 지피지 못할 때면 옷 겨드랑이나 사타구니에 썩가래(사면발이)가 빡빡하게 끼어있어 이빨로 꼭꼭 씹어 뱉기도 했다. 사실 여러 동무들이 한데 어울려 자는데 사타구니와 겨드랑이를 비롯한 온몸이 가려워 몸을 뒤적이며 긁느라고 옆 동무의 잠을 설치게 하기도 했다. 또한 이러한 상황은 옆 동무도 마찬가지이다. 이런 이는 체포된 후 감옥살이를 할 때도 산 생활보다는 아주 적었지만 사라지지 않았다. 이것이 1970년대까지도 계속되었다.

그러면 왜 이 재귀열병에 많은 사람들이 죽어야 했던가. 조국 광복 후 점령군으로 들어와 77년째 둥지를 틀고 있으면서 핵 위협 속에서 전쟁의 공포와 위험 속에 몰아넣고 세계 도처에서 발광하고 있는 저 미제 이리떼들이 국제 전쟁 법규까지 무시하고 조국해방전쟁 때 세균전을 펼친데 그 원인이 있다. 이는 국제조사단과 전민특위조사단에 의해서 밝혀진 사실이다. 미제는 세균에 감염된 쥐, 파리, 모기 등을 비행기에 실어 유격지대나 산간마을에 뿌리기도 했다. 나는 재귀열병에는 걸리지 않았으나, 백운산에 있을 당시 여름에 이질에 걸려 일주일 이상 고통을 당하는 끝에 다이야징(의약품 원료명) 한 알을 먹고 통쾌하게 나은 적이 있다. 출옥 후 전민특위 조사단에 있을 때 전남 무등산의 안양산 기슭에 자리 잡고 있는 화순 이서면 모 마을 하나가 미제의 세균투하로 완전히 폐허가 되어 지금도 사람이 살지 않는 쑥대밭을 이루고 있다는 사실도 알게 되었다.

이와 같이 미제는 조국해방전쟁에 16개 졸개 국가들까지 동원시키고도 모자라 세균전까지 전개하는 등 만행을 자행한 학살범죄 제국임을 만천하에 드러내고 있다.

제5지구당 결성과 해체에 관하여

　　제5지구당은 전남도당, 전북도당, 경남도당 등 중앙당을 대신해 지도하는 지구당을 말한다. 이는 1951년 5월(『전남유격투쟁사』 225쪽, 51년 7월 중순) 덕유산 송치골 6개 도당 위원장 회의에서 결정했으나 적들의 대대적인 동계공세로 말미암아 결성되지 못했다. 그래서 대공세가 끝난 후 숨 돌릴 여유의 시간을 가진 1952년 10월 초순에야 결성을 보게 되었다. 원래 지구당 건설은 빨치산 비합법적 투쟁체계에서 모든 지형지세를 감안하여 결성하고 모든 투쟁을 조직지도 하는 비합법적인 조직체계인 것이다. 조국해방전쟁 전에도 전남도는 몇 개의 지구로 나뉘어 대지구당 군지구당 등을 두고 투쟁했던 경험도 있다. 1950년 9.28후퇴 후에도 지구당을 결성해 투쟁을 조직지도 했었다.

　　참고로 덕유산 송치골 6개 도당회의에서 중요하게 토의된 안건이 남부군 창설 문제와 지구당 결성 문제였다. 남부군 창설은 당시 미제의 고용간첩으로 판명된 이승엽의 지도하에서 결성된 것이었다.

왜냐하면 남조선 모든 조직투쟁은 박헌영, 이승엽 도당이 직접적인 책임을 지고 수행했기 때문이다. 그러나 남부군 결성 문제 토의에서 전남도당 박영발 위원장 동지만은 반대하여 남부군에 들어가지 않았다. 그 이유는 한마디로 빨치산 무장부대는 당의 군대로서 당사업 보장을 위해 투쟁해야 하기 때문이었다.

그러면 제5지구당은 어떤 과정을 통해 결성되었는가. 1952년 적들의 대대적인 동계공세가 3월에 1차로 끝났다. 그리하여 지리산 뱀사골 이현상 동지 아지트에서 이현상 동지, 당시 경남도당 위원장인 김삼홍 동지, 전남도당 박영발 동지, 전북도당 조병하 부위원장 동지, 전남도당 지리산 전투지구당 위원장 박찬봉 동지 등이 회의를 열었다. 이 회의에서 1950년 9.28후퇴 후 적들의 대대적인 제1차 공세가 끝날 때까지 투쟁 총화를 가진 후 제5지구당 결성을 가져오게 되었던 것이다. 당시 나는 박찬봉 동지를 보위하고서 3개 도당 위원장 회의에 참여했다.

이 총화에서 이현상 동지가 비판을 받기도 했다. 1951년 적들의 대대적인 동계공세 때 지리산 대성골 전투에서 이현상 부대 주력과 경남도당이 전패하는 희생을 당하였는데 이는 항일 빨치산 투쟁 전술을 적용하지 않고 대부대 정규 작전과 토목화 작전을 주로 하여 유생역량을 그렇게도 많이 소모했기 때문이다. 당시 아지트 주위에서 보초를 서고 있을 때 논쟁과 토론하는 목소리가 다 들리기도 했다. 이번 회의 기간은 일주일이었다.

당시 동계공세가 끝난 후 전남도당에서 새로 지리산 전남도당 전투지구 당부가 결성되어 박찬봉 동지가 지구당 위원장이었기 때문에 백운산에 동계공세를 겪고 1952년 4월에 지리산에 들어가 첫 번째로 지리산 빗점골에 아지트를 쓰고 있는 이현상 동지를 처음 뵙게 되었다. 공세가 끝난 직후 대성골 전투에서 살아남은 부대 성원 중 여순 14연대 출신을 주력으로 부대를 편성해 중앙당 선을 대기 위하여 육로로 파견했으나 결국 태백산맥을 돌파하지 못하고 희생을 보았다는 소식을 그 후에 듣게 되었다. 전남도당에서도 인민위원회 선전부장을 중심으로 5명을 국군 복장을 해서 파견했으나 이마저도 성공하지 못하고 실패를 본 경험을 상기시킨다. 그만큼 분단장벽을 육로로 뚫는다는 것이 얼마나 어려운가를 보여주는 것이었다. 이렇듯 남조선 사지에서 중앙당과 선을 대려고 백방으로 노력했지만 끝내 선을 대지 못하고 종막을 고하는 아픈 역사를 남기고 말았다.

왜 중앙당과 선을 대려고 했는가. 중앙당 지시문을 삐삐통신(모르스통신)으로 다 들을 수는 있어도 남쪽의 빨치산 투쟁의 현실적인 투쟁 보고는 서로가 암호를 정해야 통할 수 있는데 그렇지 못한 안타까움을 안고 투쟁한다는 것은 참으로 곤혹스러운 것이었다. 제5지구당 위원장은 이현상 동지, 상임부위원장은 박영발 동지, 조직부장은 조병하 동지, 유격지도부장은 박찬봉 동지만을 기억하고 있다. 선전부장 동지와 기요과 연락부 동지들의 이름은 미상이다. 이렇게 제5지구당이 결성되어 중앙당과 선 연결을 갖지 못하는 조건에서 지구당은 중앙당과 같은 역할을 다 하였다. 빠르게 조성되고 있는 국내외 정세 속에서 투쟁 계획과 조직은 삐삐통신을 통한 중앙당의 지시문에 입각하여 조직지도 사업을 전개했기 때문이다. 뿐만 아니라 무장 유격투쟁도 1952년부터는 항일 빨치산 투쟁 전술을 공부하고 익히면서 투쟁했다. 전과도 많이 올렸고 영웅용사들이 많이 배출되기도 했다.

제5지구당 결성 후 전과도 많이 있었으나 원칙을 망각한 피해도 있었다는 것은 숨길 수 없는 사실임을 상기시킨다. 이는 제5지구당 투쟁뿐만 아니라 남조선 빨치산 전체 투쟁에서도 마찬가지임을 역사적인 교훈으로 기록하는 것이라 생각한다.

그러면 왜 제5지구당은 해체의 결말을 맞이하게 되었는가. 주지하는 바와 같이 1953년 8월에 미제의 고용간첩인 박헌영, 이승엽 도당들의 반혁명적 반역행위가 발각되어 합법적인 조사와 재판 절차에 의한 단죄가 이루어졌다. 그 후 중앙당과 공식적인 선 연결을 갖지 못한 조건에서 지시를 받을 수 없기 때문에 자체 조직위를 열어 지구당을 해체하고 이현상 동지를 비롯한 5명이 자진해서 평당원으로 조직위 해체 결정을 보게 된 것이었다. 남조선 모든 투쟁을 박헌영과 이승엽이 책임지고 조직 지도했기 때문에 그의 사상적인 영향을 받음이 없는가를 자아반성 해보는 시간을 가져 본다는 의미에서였다.

그래서 각 당, 기관 할 것 없이 비판사업을 대대적으로 벌이기도 했었다. 이 비판사업을 통해 뜨거운 동지애와 조직적, 사상적 단결력을 더욱 확고하게 다졌다. 어떠한 동요나 주저, 또는 당황감도 전혀 없었다. 우리는 선각자의 말씀 중에 최후의 승리 5분 전까지도 혁명을 배반하는 변절분자가 나온다는 것을 항상 상기하고 투쟁했기 때문에 그러면 그럴수록 더욱

분발하여 투쟁의식과 사상의식을 좀먹는 행위나 발언에 대해서는 추호도 용납하지 않고 오로지 미제를 비롯한 16개 침략군을 물리치고 자주적인 조국통일 독립투쟁에서 최후의 피 한 방울까지 바쳐 투쟁하겠다는 투지뿐이었다.

해체된 후에 안 일이지만 중앙당에서는 제5지구당을 해체하지 말고 그대로 존속해 투쟁하라는 지시를 내려 보냈었다. 그러나 서류를 가지고 온 연락원이 먼저 적의 손을 거쳐 전북도당으로 잠입했었다고 한다. 그래서 전북도당에서는 조사 기간을 가졌으나 이 조사가 마무리되기 전에 이미 5지구당은 해체되고 말았다. 그렇다면 왜 전북도당은 상급 당부인 제5지구당에 보고도 하지 않았는가 하는 의문점이 아직도 남아 있다.

빨치산 투쟁에서
동지애는 어떻게 발휘되었는가

동지애란 동지를 사랑하는 마음이다. 뜻을 같이하고 한 길을 걸어가면서 신뢰와 우정을 함께 가지고 생사고락을 같이하는 과정에 동지애는 발현된다. 그래서 사회진보와 조국통일운동은 동지를 획득하는 일로부터 시작된다. 투쟁을 통해 뜻을 같이하는 동지를 얻게 되고 이로부터 동지가 획득되면 조직을 이루어내야 한다. 조직이 일구어지면 투쟁의 목표를 정하고 그 목표를 이뤄내기 위해서 투쟁의 구체적인 방법, 즉 투쟁 전술을 채택하고 투쟁을 전개하는 과정이 사회적 운동 형태로 나타나 변화, 발전하면서 진보와 통일운동의 목표를 향해 한걸음 한걸음씩 전진하는 과정 속에 오늘에 이르렀다.

그러면 빨치산 투쟁 속에서 동지애는 어떻게 발휘되었는가? 빨치산 시절의 동지애는 일상생활에서뿐만 아니라 적과의 치열한 전투 속에서 발현되고 있었다.

우선 조직적·사상적 단결이 되어야 투쟁을 성과적으로 보장할 수 있다. 조직적·사상적 단결을 위해서는 사상학습을 통하여 배워야 하고, 배운 만큼 실천투쟁을 통해 구현시켜야 한다. 그렇게 구현되는 만큼 성과물로 나타난다. 그 성과물은 양이 적든 많든 실천의 결과물이 되는 것이기 때문에 그 결과물을 보고 투쟁을 구체적으로 평가받게 된다.

빨치산의 일상적인 생활은 상황에 따라 아침에 일어나는 시간에 유동성이 많다. 그것은 적들이 산상에 주둔하고 있을 때와 없을 때가 다르지만, 어느 때인지를 막론하고 불침번과 동초는 반드시 세우고 새벽 정찰도 반드시 한다. 이는 일상화되어 있었다.

적들이 주둔해 있을 때는 동초, 전방보초, 후방보초를 세우고 새벽에 전후방 정찰을 파견하여 부대 대열의 안전을 보장한다. 그런데 매일 전투하고 밤 행군을 많이 하기 때문에 부대성원들이 아무리 젊은 성원들이라 하지만 피로가 쌓이고 쌓이면 행군할 때마다 좀 쉬었다 하면 졸음이 와 앉자마자 코를 골든가 잠에 녹아떨어지기도 한다. 그런 가운데서도 동지애를 발휘하는 동지도 있었다. 자기의 피로를 딛고 오는 잠을 극복하면서 동무들을 대신하여 보초를 서면서 티도 내지 않고 동지들을 쉬게 하는가 하면, 저녁에 모두 잠든 상태 속에서 특히 한밤중에 보초를 서고 있는 동지가 곤한 잠에 떨어져 있으면, 그 동지를 깨우지 않고 20~30분을 더 서 준 동지도 있었다. 본인은 자고 일어나서야 알게 돼 얼마나 미안해하는지 모른다. 이런 때는 적들이 없고 동초만 섰을 때이다. 사실 동초는 전후방 보초 교대를 시간에 맞게 깨워서 교대시키는 임무를 띠고 있다.

그리고 밥솥에 밥을 해먹게 되는 경우는 취사반 성원들이 알아서 취사할 화목까지 준비하여 무장투쟁하는 동무들에게 식사를 제공하게 되어 있지만, 그 누적된 피로 속에서도 자기 총을 메고 주위 나무밭을 이리 저리 돌아다니며 화목을 한 다발씩 해서 불 지피기 좋게 가지런히 잘라서 한 다발씩 묶어 가져다주는 것도 항상 수고하는 취사반 동지를 위해 발휘되는 동지애였다.

밥솥에 해놓은 밥을 각자에게 나누어 줄 그릇이 없어 양푼대기나 바가치(쌀이나 음식을 담아두는 그릇이나 바가지)에 퍼서 몇 동무씩 함께 먹을 경우가 많다. 배고픈 조건에서도 한 숟갈 덜 뜨고 옆 동지보고 남은 밥을 다 들라고 수저를 놓고 일어나는 뜨거운 마음도 동지애의 발현이었다.

생사고락을 같이하는 과정에 동지애의 최고 형태는 동지를 위해 자기 생명까지도 바치는 것이었다. 그런 동지애가 진짜 동지애였다. 전투 중 적탄에 맞아 움직일 수 없을 정도로 중상을 당하여 곤경에 처한 동지를 구출하기 위해서 빗발치는 총탄을 뚫고 들어가다 희생되는 것을 보고서도, 끝내 구출을 위해 뛰어 들어가 짊어진 배낭에 수발의 총탄자국을 남기면서 결국 구출해 내는 동지도 있었다. 산상에 적 주둔지를 튼튼하게 쌓아 올린 보루대를 공략하기 위해 적의 화구를 막거나 부숴야 함락할 수 있는 조건에서 전투성원 중에서 자발적으로 먼저 들어가겠다고 자원하는가 하면 1-2-3차 돌격전에 들어가다 쓰러진 시체를 딛고 적 화구를 무력화하여 함락시키는 전투 속에서 발휘되는 동지애도 있었다.

이러한 동지애로 뭉쳐진 무장부대는 위훈을 날렸으나 그렇지 못한 부대가 있었던 것도 사실이다. 적들의 포위 속에 사선을 뚫고 나가는 경우 척후정찰을 해가면서 전진하는 그 속에서도 내가 앞장서 나가겠다고 자원하여 나가다 적탄에 맞아 희생되는 것을 보고서도 또 다른 동지가 앞서 나가겠다고 하여 전진해 나가기도 하였다. 이렇게 동지애가 아니고는 헤쳐 나갈 수 없었던 위기의 국면도 다반사였었다.

1950년 9.28후퇴 시기 북상하는 인민군대 여단장 동지는 북상 도중 며칠을 굶은 채 행군 중이었다. 배가 고파 더 이상 걸을 수 없는 상황에서 분산 후퇴를 하며 본부대를 찾아가던 중이었다고 한다. 밤에 여단장 연락병이 단신으로 인근 마을에 내려가 먹을 것 한 줌을 구해가지고 본 아지트에 와서 여단장에게 바쳤다고 한다. 연락병은 자기 입에 넣어도 차지 않는 구해온 양을 바쳤는데 여단장은 연락병이 자기 먹을 것은 먹고 가져온 줄로만 알고 우선 배가 고파 먹고 보았다. 바로 알고 보니 그 연락병은 구해온 양이 너무 적어서 먹고 싶은 것을 참고 여단장 동지를 위해 바친 것이다. 그는 자기비판에서 "나는 여단장 자격이 없고 연락병이 진정 여단장 자격이 있다"고 고백했다는 소식을 감옥에 한 방에 있으면서 듣게 되었다. 이 사실도 뜨거운 동지애가 아니고는 발휘될 수 없는 것임을 참고로 올린다.

전쟁 전후 시기 빨치산 투쟁에서 발휘된 동지애는 항일 무장투쟁에서 발휘된 혁명 전통을 거울삼아 직접투쟁 속에서 단련된 동지애로 승화하여 일심단결을 일구어 낸 것이었다.

지울 수 없는
고위 간부 동지들에 대한 인상

전남도당 위원장 박영발 동지

박영발 동지는 경북 봉화 출신으로서 일제 때 인쇄 노동자로서 항일 노조투쟁을 전개했으며 8.15해방 후 전평(조선노동조합전국평의회) 책임자이며 모스크바 공산대학 재학 중 위대한 조국해방전쟁에 동원되어 전남도당 위원장을 역임했다. 9.28후퇴 후에는 어느 도당보다 먼저 당 합법체제에서 빨치산 비합법체로 전환하여 본격적인 빨치산 투쟁을 조직 지도했다.

박영발 동지는 일제 때 항일투쟁을 하다 체포되어 고문을 많이 당하여 하체를 잘 못쓴다. 그래서 적들이 토벌하러 올 때는 항상 땅굴 비트에 들어갔다가 적들이 빠지면 나와서 지상 아지트에서 생활하게 되었다. 그리고 위장이 안 좋아 음식을 아무거나 들지 못한다.

나는 1951년 12월 적들의 대대적인 동계공세 때 마지막 전투가 끝날 무렵에 그를 뵈었다. 보위대와 함께 제1차 동계공세를 승리로 끝마치고

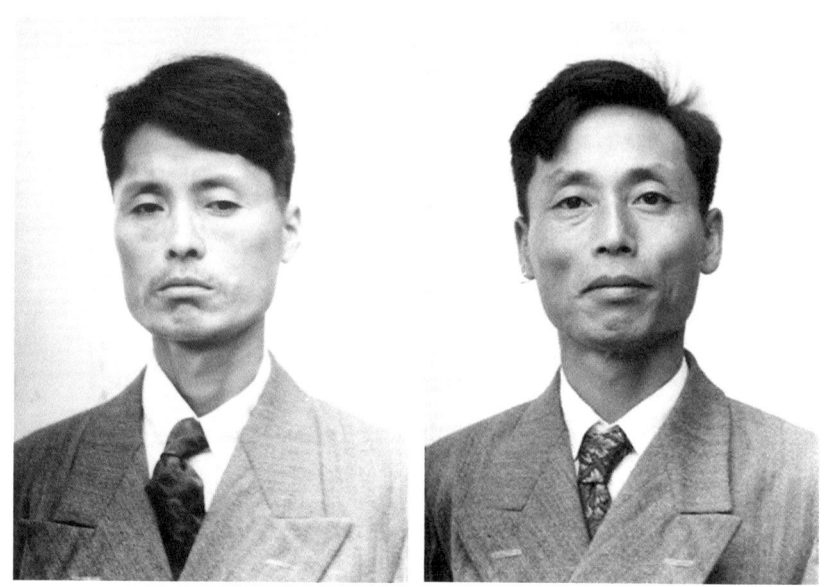

박영발 전남도당 위원장(왼쪽)과 방준표 전북도당 위원장(오른쪽) / 사진_ 임경석 성균관대 교수

1952년 4월 5일까지 백운산 88트에서 일상적으로 있었다. 그리고 1953년 9월 15일(『전남유격투쟁사』 229쪽, 9월 6일) 제5지구당이 빗점골 아지트에서 해체된 후 박영발 상임부위원장을 보위하고 지리산 뱀사골 토끼봉 밑에 임시 아지트를 썼을 때까지 함께 있었다.

항상 인상에 남아 있는 것은 "수령, 당, 인민은 전일적인 일원체제다"라는 것이다. 그분의 말씀 하나하나는 마치 나무에 대못을 박으면 흔들리지 않고 한 자리에 있는 것처럼 빈말이 없고 간단명료하다는 것에 감동을 많이 받았다. 백운산에 있을 때 "영승 동무는 동계공세 때 누구 못지않게 잘 싸웠다. 앞으로 고향 영광군당 위원장 후보군으로 잘 키워야 한다"라고 말한 인상이 아직도 남아 있다. 박영발 동지는 지리산 뱀사골의 함박골 동굴에서 1954년 2월 21일에 희생되었다. 시신은 적들이 산내면 초등학교까지 운반해 갔으나 그 후 어떻게 했는지는 아직까지 모르고 있다.

전북도당 위원장 방준표 동지

방준표 동지는 1952년 10월에 전북 백운산에서 지리산 뱀사골 이현상 동지 아지트에서의 제5지구당 결성 회의 참석을 위해 갔다. 나는 박영발 동지가 지리산에 왔을 때 노고단 능선까지 이현상 동지와 함께 마중 나와서 동행 보위하는데 처음 뵈었다. 그때 임걸령 약수터에서 잠시 휴식을 취할 때 주고받는 말씀을 들었다. 방준표 동지가 박영발 동지에게 참으로 고맙다는 인사를 하는 것을 들었다. 동계공세 때 방준표 동지는 보위병 2명이 있었으나 다 전사하고 자신은 중상을 당하였다. 그러나 전북도당은 의사가 다 희생을 당하여 치료할 의사가 없었다는 것을 알고, 당시 지리산 의무과장으로 있던 이영원 동지를 파견하여 지하 땅굴에 같이 기거하면서 치료한 결과 건강을 되찾게 되었다는 것이다.

좌중 어느 분이 방준표 동지에게 "왜 권총만 찼으면 되지 칼빈2까지 이중무장을 하는가, 몸도 약한데 무겁지 않은가"라고 묻자 "나는 보위병에게만 의지해서는 안 된다. 내가 직접 전투할 준비를 갖추어야 적과 부닥쳐 전투를 할 수 있고 스스로 전투력을 길러야한다"고 말했다. 이에 토를 단 동지는 하나도 없었다. 그래서인지 1953년부터는 당 간부나 군사간부들의 보위병 연락병제를 없애고 집단보위제로 항일 빨치산 투쟁체제로 재편성해 투쟁하게 되었다.

나는 지리산 뱀사골에 있는 방준표 동지 아지트에 1952년 가을 두 번이나 단신으로 무·배추 배낭을 짊어지고 찾아 드렸던 적이 있다. 그 후 그분은 1954년에 덕유산으로 나가 망봉에서 1월 31일에 일행과 함께 희생되었다. 그해 몇 월 달에 뱀사골에서 나간 지는 아직까지 모르고 있으며 뱀사골 아지트 위치도 추정만 할 뿐 단정은 못하고 있다. 그리고 또 52년 12월 말경에 박찬봉 동지를 보위하고 광산골 남원군당을 찾아 방준표 동지를 만나려고 했으나 눈 족적 때문에 들어갈 수 없다는 남원군당 위원장 동지의 말을 듣고 반야봉 및 대소골 지구당 아지트로 되돌아온 기억이 마지막이다. 당시에는 남원군당부를 거쳐야 드나들 수 있었기 때문이다.

그분의 본부인과 아들이 인천에 살고 있었다. 아들은 한의원을 하고 있어 한 번 찾아 만난 적도 있는데 어머님은 당시 치매에 걸려 사람을 못 알아본다고 해서 찾아뵙지 못하고, 그 후 돌아가셨다는 소식만 듣고 있을 뿐이다.

경남도당 위원장 김삼홍 동지

전쟁 때 중앙당에서 파견한 남경우 경남도당 위원장 동지가 1952년 1월 19일 저 지리산 대성골 전투에서 경남도당이 전부 희생을 당해 함께 사망하자, 동계공세가 끝난 후 이현상 동지 부대에 정치위원으로 있던 김삼홍 동지가 경남도당 위원장으로 파견되었다. 1952년 10월에 지리산 뱀사골 이현상 동지 아지트에서 제5지구당 결성을 위한 3개 도당 위원장 회의

김삼홍 경남도당 위원장

가 일주일간 열렸는데, 당시 전남 지리산 전투지구당 박찬봉 위원장 동지를 보위하고 가서 김삼홍 동지를 처음 뵙게 되었다. 몸집이 작다는 모습만 남아 있다.

1953년 8월에 박헌영, 이승엽 미제의 고용간첩 도당들이 적발되어 처형되었다는 소식을 접하고 제5지구당이 해체된 후 김삼홍 동지는, 전북도당 부위원장을 하다가 제5지구당 조직부장을 했던 조병하 동지가 경남도당 위원장으로 감에 따라 도당 위원장직을 내려놓고 지하로 들어갔다가 체포되어 감옥살이를 했으며 청주보안감호소에서도 생활하였다. 김삼홍 동지는 비전향으로 출옥했다가 병사했다.

경남도당 위원장 조병하 동지

해방공간의 합법 때 전북도당 부위원장을 하다 52년 제5지구당 결성 때 제5지구당 조직부장을 했으며 53년 9월 제5지구당 해체 후 경남도당 위원장으로 나갔다. 이후 1953년 지리산 조개골 지하 아지트에 있다가 발각되어 생포되었다. 그 후 남원수용소에 구금 중 당시 이발에 면도까지 해주고

조병하 경남도당 위원장이 마지막 머무르던 지리산 대원사 조개골

있었는데 그 면도날로 목울대를 잘라 자결을 시도했으나 죽지는 않고 남원 경찰서 유치장에 분리 수용되었다. 내가 사형을 언도받고 수용소에서 남원 경찰서 유치장으로 분리 수용되었을 때 같은 유치장 감방에 있었다. 유치장에서 두 번째 만남이었다.

나는 54년 5월 10일에 사형수로 대구감옥으로 이동함에 따라 이감되어 왔고, 그 후에 2차로 사형을 받아 조병하 동지는 사형수 동료들과 함께 대구감옥으로 이감되었다가 54년 12월 24일에 다른 사형수 동지들과 함께 수색 사형장에서 총살집행을 당했다. 이로써 54년에 체포된 동지들의 종막을 고하는 아픈 기록을 남기고 말았다.

제5지구당 위원장 이현상 동지

이현상 동지는 남부군 사령관으로 피아간에 널리 알려져 있다. 이현상 동지는 충남 금산 출신으로 일찍이 소학교 시절 때 댕기 따고 공부하면서 일제 선생을 때려 패기도 한 반일 투사의 기질을 가지고 있었다. 이현상 동지는 일제 때 항일 투쟁을 하다가 감옥에 들어가 박달 동지를 만났고, 이때 항일 투쟁을 전개하고 있는 김일성 장군을 알게 되었을 뿐만 아니라 비로소 항일 투쟁 노선을 구체적으로 알게 되었다.

이현상 동지는 빨리 감옥에서 나가 투쟁하기 위해 병보석 투쟁을 전개하여 병보석으로 출옥했고, 항일 투쟁을 전개하다가 덕유산에서 8.15해방을 맞이하였다. 이현상 동지는 감옥에 있을 때 "아무리 열성을 가지고 투쟁을 해도 올바른 노선에 의한 영도를 받지 못하고 운동하는 것은 종이 위의 불과 같다"는 교훈을 받았다고 한다.

조선공산당 시절 당 간부부장을 했고 역시 3당이 합당하여 남조선노동당이 되었을 때도 간부부장을 했다. 이현상 동지는 일제로부터 1953년 9월 18일 빗점골에서 희생될 때까지 잠깐 김일성 주석 동지를 만난 후, 줄곧 남쪽 땅에서 산을 등에 업고 산속에서만 조국의 자유와 독립을 위하여 미제와 가열찬 투쟁 속에서 마지막 고귀한 생을 마감했다. 이현상 동지의 투쟁 중에 낙동강 도하작전은 미제의 맹폭격 때문에 성공하지 못했으나 이현상 부대는 도하에 성공하여 미제의 주둔처를 습격하는 많은 전과를 올리기도 한 영웅적인 투쟁을 전개했다.

나는 이현상 동지를 1952년 4월 6일 빗점골 아지트에 처음 봤다. 작달

이현상 제5지구당 위원장 (사진_위키백과)

이현상 제사

막한 키에 언제나 인민군 장교 모자를 쓰고 있는 것이 특징이었다. 지금도 경남 하동군 화계면의 빗점마을에 살았던 주민의 말에 의하면 이현상 부대는 절대로 민폐를 끼치지 않았으며 고귀한 인품에 많은 감명을 받았다고 했다. 그가 희생되었다는 소식을 듣고 아까운 지도자가 죽었다고 이구동성으로 말하며 눈물에 젖었다고 했다. 적들은 이현상 동지가 희생되자 시신을 사진으로 찍어서 빨치산 활동지역에 비행기를 동원하여 삐라를 뿌리기도 했었다. 시신은 목을 전시하고 섬진강 모래사장에서 화장해 섬진강 물에 뿌렸다는 소식만 알고 있다. 공화국에서는 영웅 칭호와 각급 훈장이 수여되고 열사릉에 제1호로 안치되었다는 소식만 접하고 있을 뿐이다.

마지막 전남도당 위원장 김선우 동지

김선우 동지는 전남 보성 웅치면에서 출생했다. 김선우 동지는 머리가 영특하여 그 어려운 보통고시에 합격했으나 다 때려치우고 평양에서 항일노조투쟁을 전개했다. 8.15해방을 맞아 경기도당 부위원장을 하다 전남도당 위원장까지 했다. 1950년 전남 7.23해방을 맞이할 때 봉두산에서 하산하여 광주에 입성했다.

그리하여 박영발 동지가 전남도당 위원장을 할 때 김선우 동지가 부위원장을 하다가 9.28후퇴 후에는 전남 빨치산 총사령관을 역임했다. 그 후 지대 재편성에 따라 제7지대장으로서 전남유격대 총사령관이 되었고, 백아산에서 백운산으로 도당부가 이동한 후 박영발 위원장이 제5지구당 상임부위원장으로 이동함에 따라 자연스럽게 도당 위원장으로 승계되었다. 1954년 4월 5일 백운산에서 희생될 때까지 전남도당 위원장으로서 전남 빨치산 투쟁을 총지도했었다.

김선우 위원장은 하부 성원들에게 반말이나 '해라'를 하지 않는 고매한 인품의 소유자였고 그래서 하부 일꾼들이 우러러 받들고 잘 따랐다. 간부정책에서 "헌옷은 버리지 말고 빨아 쓰라, 찢어진 옷이라도 버리지 말고 꿰매어 쓰라"라는 비유적으로 한 말이 명언으로 되어 있다.

백운산에서 희생된 후, 당시 토벌대장은 비록 적이지만 훌륭한 인품을 가진 사람이기 때문에 시신을 훼손하지 말고 원능선 모처에 묻어주라고 해서, 그 후 수십 년이 흘러 당시 시신을 메고 능선까지 올라 매장했던 동지의 기억을 더듬고 일가견을 가진 동지들이 수차의 탐지과정에서 시신을 발견했다. 당시 매장했던 자리를 6.15고지라 명명했고 지금은 가묘고지라고

김선우 마지막 전남도당 위원장 과 김선우가 머물던 집

한다. 그렇게 시신을 다시 찾아 웅치면 선산에 매장해 오늘에 이르고 있다. 남조선 도당 위원장으로서 묘가 있는 것은 김선우 위원장뿐이다.

지금도 백아산 지대에 사는 인민들은 '우리 사령관'이라고 부르며 안타까워하고 있다. 이것이 전남의 인민성이었다. 지금도 김선우 동지 인상이 깊이 각인되어 있다. 내가 중상으로 생포되어 남원수용소에 있을 때 뒤에 체포되어 들어온 동료에 의하면 김선우 동지가 "영승 동무는 적들에게 체포될 동무가 아니다"라고 말씀했다는 것이다.

뿐만 아니라 1953년 5월 14일 백운산 옥룡골 모 마을 옆 똥섬에 우리의 보급로를 차단하려고 주둔한 적들을 기습하기 위하여 진격하다 지뢰에 걸려 50여 개의 지뢰 파편을 맞은 채로 진지에 거의 당도했을 때 김선우 위원장이 마중 나와 맞이한 감격은 지금도 잊히지 않고 있다. 감옥살이 속에 놈들의 고문과 구타 속에서도 항상 김선우 위원장의 나에 대한 기대를 저버릴 수 없다는 것을 생각하고 비전향으로 살아 출옥해 오늘에 이르고 있는 것이다.

이상과 같이 남조선 빨치산 투쟁에서 고위 간부들에 대한 인상이 남아 있는 것을 일차적으로 서술했다. 세월은 반세기가 지났지만 그들에게서 받은 지도와 인상은 아직도 기억에 남아 있다.

빨치산 투쟁에서 내가 보위했던 간부 동지들에게서 받은 교훈

    1948년 10월 19일 여순 14연대 애국병사 봉기가 일어난 후 영광 불갑산에도 30여 명의 무장부대가 활동하고 있었다. 밤이면 마을에 내려왔고 마을 주민들은 밥을 지어주곤 했다. 이때 빨치산 부대장 밥을 우리 집에서 지어주게 되었다. 그러다 보니 밥을 먹을 때 방에 들어와 먹고 갔고 그 과정에 자연스럽게 교양을 받곤 했다. 그때 우리 누나가 빨치산과 연계되어 생활을 하고 있었기 때문이다.

    어느 날 저녁밥을 먹을 때 "나도 빨치산이 되어 투쟁하겠다"고 의사를 표명하니 "너는 어리니 학교공부를 열심히 하여 장차 커서 우리 뒤를 따르라"고 해서 그리하겠다고 다짐을 하였다. 지금도 그때 다짐한 맹세가 엊그제처럼 느껴지고 있다.

    1950년 9.28후퇴 후 입산하여 장성 태청산을 거쳐 불갑산에 들어가 불갑지구당 연락병을 하였다. 입산한 함평군당, 무안군당, 지구사령부 등 위원장 동지의 레포를 직접 전달하는 연락사업을 하고 있을 때로부터, 동나주 다도면 도롱굴 마을에 있었던 1951년 5월까지 연락사업을 했다. 김용우 전남도당 제3지구당 위원장 밑에서 역시 입산한 목포시당 지구당 각 부서 지구여맹, 지구사령부 위원장 동지의 직접 쓴 레포 연락사업도 했다. 그 과정에서 나의 이상형이 되어 공부도 열심히 하고 용감하게 투쟁도 해서 훌륭한 사람이 되겠다는 다짐을 하게 만든 것이 김용우 위원장 동지에 대한 최초의 기억이다.

김용우 동지는 전남 나주 출신으로 6.25전부터 투쟁의 지도자로서 합법 때 목포시당 위원장을 했으며 9.28후퇴 후에는 불갑지구당 위원장을 했다. 이후 1951년 4월 20일 불갑지구와 유치내산지구가 합쳐졌을 때 제3지구당 위원장을 했다. 그해 5월에 도당의 소환을 받고 백아산으로 이동하여 전남도당 조직부장을 하다 도당 부위원장이 되어 전남 서부지부 지하로 내려갔다. 거기서 지하조직사업을 전개하다 변절자의 밀고로 체포되어 광주감옥에서 1957년 10월 19일 사형대의 이슬로 산화했다. 시신은 나주 금천면에 묘를 쓰고 오늘에 이르고 있으며 빨치산 영웅 칭호도 수여받았다.

김용우 동지가 도당으로 소환되자 그 후임으로 이방휴 동지가 제3지구당 위원장으로 부임하여 왔고 1951년 11월 28일까지 그 동지 밑에서 연락사업을 했다. 이때부터는 적들의 침공이 잦아서 한곳에 아지트를 오래 쓰지 못하고 적정에 따라 이동하면서 투쟁을 했다. 이방휴 동지도 전쟁 전 빨치산 투쟁의 지도자로서 투쟁했고 합법 때는 도당 농림부장을 했다. 불갑산에 있을 때 오르그(정치지도원)로 내려와 지도부와 함께 투쟁하는 과정에서 1951년 불갑산 2.0작전 때 지하비트에 들어가 살아남았다.

유치내산에서 제3지구당 위원장을 하면서 여름 무지개재 투쟁에서 영암 국사봉으로 후퇴하던 중 많은 동지들이 희생을 당하는 과정에 지도부와 선이 떨어져 지구사 참모장과 단둘이 구사일생으로 살아남아 밤늦게 지구당 지도부를 찾았을 때 "희생된 줄로만 알았는데 살아 돌아왔다"며 반갑게 포옹해 준 것이 엊그제 같이 느껴지고 있다. 그리고 "내 밑에서만 있을 것이 아니라 공부를 열심히 해서 발전시켜야 한다"고 하면서 백운산 도민청학원에 입학하여 공부를 열심히 하라고 추천하였던 기억이 새롭다.

이방휴 동지는 9.28후퇴 때 북상하는 과정에 추풍령까지 갔다가 다시 내려와 도당 부위원장으로 투쟁하다 1953년 가을에 유치내산 지하 아지트에서 희생되었다. 박영발 도당 위원장은 이방휴 동지가 북상을 접고 다시 돌아온데 대하여 특별한 신임과 사랑을 했다고 들었다. 모두가 합법지구로의 후퇴를 희망하고 있으나 이방휴 동지만큼은 동지들이 사선에서 싸우고 있는데 동지적 양심에 따라 동지들을 놔두고 나 혼자 북상할 수 없다며 과감한 결단을 내려서 북상을 접고 함께 투쟁하겠다고 한 의지에 너무도 고무 받았다는 것이다.

백운산 도민청학원에 와 일주일 공부하다 민청학원 해체로 학원공부는 접고 여천군당으로 가서 투쟁했다. 당시 여천군당은 용계산 용지동골에 아지트를 쓰고 있었다. 적들의 대대적인 제1차 공세가 15일간 지속되다가 제2차 침공까지는 일주일의 공간이 있었다. 이 와중에 조동만 위원장 동지는 도당 간부부에 와서 동무 한 사람 달라고 했는데, 민청학원이 공세로 해체되는 찰나에 직접 가서 맘에 드는 동무를 선발해 가도 좋다는 간부부의 의견에 따라 조동만 동지가 직접 왔다. 30여 명의 민청학원생들이 한 아지트에 앉아 있는데 조동만 동지는 학원생들을 이리저리 둘러 살피더니 나를 지명했고, 그렇게 나는 초기 여천군당에 들어가 투쟁했다.

당시 군유격대가 10여 명뿐이었으나, 적들의 동계공세 때 잘 싸워 100여 명의 무장대로 발전하게 되어 도당 전 부서를 보위하며 투쟁했다. 그렇게 군유격대가 도당 정치공작대로 발전하여 무적의 용맹한 부대가 되었다. 조 동지는 지하 비트에서 희생되었으나 영웅 칭호를 받게 되었다. 이때부터 나는 적과의 직접 전투에 임하게 되었다.

마지막으로는 박찬봉 동지를 보위했다. 박찬봉 동지는 경기 고양 출신으로 희생될 때에 40대 초반으로 알고 있다. 일제시기에 반일 투쟁을 했으며 광복 후 경기도당 부위원장을 하다가 1949년에 전남도당으로 와 투쟁했다. 중앙선을 연결하기 위해 안내원과 북상하다 전북 순창에서 안내원의 변절에 의하여 체포되었다. 그리하여 놈들에게 고문을 많이 당하여 하체를 잘 못쓴다. 6.25해방 때 광주감옥 미결사에 있다가 옆방까지 끌려 나가 학살을 당하는 와중에 인민군대의 광주 입성으로 살아남았다.

합법 때 전남도당 조직부장을 하다 후퇴 후 입산하여 1951년 5월에 김용우 동지에게 조직부장을 인계하고 국제평화투쟁위원회 부위원장과 도인민위원회 부위원장을 하며 51년 적들의 대대적인 동계공세를 맞이했다. 보위병이 둘이 있었으나 다 전사했다. 제1차 동계공세가 1952년 3월 초에 끝났다. 이후 도당 지도부 보위대에서 적들의 공세에 살아남은 동지들이 백운산 88지도부트에 모여 있었는데 박영발 도당 위원장 동지가 "김영승 동무는 공세 때 누구 못지않게 잘 싸웠는데 내 밑에서 있는 것보다 몸도 성하지 못한 박찬봉 동지를 보위하라"고 해서 모시게 되었다. 그리하여 1952년 4월 5일에 지리산 전투지구당부가 새로 결성되었을 때 지리산으로 와서 1953년 1월까지 보위했다. 그 후 박찬봉 동지는 제5지구당 유격지도부장을 하다 5지구당 해체로 경남도당 부위원장으로 나갔다가 1953년 초겨울에 덕유산 황전골(『전남유격투쟁사』 355쪽, 1954년 2월 덕유산 월성리 바람골에서 전사)에서 희생되었다.

박찬봉 동지는 감옥에 있을 때 약초 공부를 해서 약초 이름에 대해서 많이 알고 있었다. 지리산에 있을 때 노고단 능선에 약초가 많이 있다 하면서 직접 보고서 이 약초는 어디 쓰면 좋다는 식으로 이야기할 정도로 박식했다. 박찬봉 동지가 덕유산에서 희생될 때 보위병 하던 친구를 남원수용소에서 만나 자초지종을 들으니, 그때 "동무는 살아남아 내가 여기서 희생되었다는 것을 알리라"고 유언을 했다고 들었다.

그 외에도 기억에 남는 동지들을 떠올릴 때면, 남태준 동지 또한 잊을 수 없다. 남태준 동지는 여수 돌산도 출신으로 14연대 이등중사였다. 남태준 동지는 지하 아지트에서 체포되었지만 1954년 12월 24일 총살이 집행될 때까지 누구보다 당당하게 적들과 잘 싸워 적들이 혀를 찰 정도였다고 한다. 그는 백운산 유격대 사령관까지 하다 체포되었다.

남원유치장에 분리 수용될 당시 나는 그의 옆방에 있었다. 그때 의용경찰대들이 토벌작전에 동원되었다가 남태준 부대에 의해 포로가 되었으나 죽임을 당하지 않고 석방돼 살아남은 수십 명이 남원유치장에 찾아와 남태준 동지가 생명의 은인이라고 하면서 진정서까지 제출해 주었다. 그러나 남태준 동지는 워낙 이름난 동지라 결국 총살 집행을 당하게 되었다. 유치장에 있을 때 가족 면회를 시켜주지 않았으나 70대 노모가 살아 있어 놈들은 특별 면회를 시켜주었고, 간신히 철창 사이로 어머님 얼굴을 한번 뵌 적이 있었다.

또한 구례군 문척면에서 출생한 최복삼 동지를 잊을 수 없다. 구빨치로서 후퇴 후 1연대 부연대장까지 하다 1952년 지리산 부대장을 했다. 1953년에는 전남부대 참모장을 하다가 54년 2월 20일 옥룡골 전투에서 복부 관통상을 입고 체포되어 남원 외과병원에 입원했다. 놈들의 불성실한 치료를 받다가 하체에 피가 통하지 않아 다 썩어 들어가는 과정에 유언을 남기고 희생을 당하였다. 그때 내게 "나는 여기서 살아나가지 못하고 죽어나간다. 동무는 어떠한 일이 있어도 살아나가서 내가 여기서 굴하지 않고 놈들에 의해서 희생되었다는 것을 동지들에게 알리라"고 유언한 사실이 엊그제같이 회상되고 있다.

최복삼 동지는 기본출신인데 개잡이는 잘해도 학습을 게을리하여 발전하지 못하고 매번 그 자리에서 맴돌다시피 하고 있어, 자기 밑에 중대장 하던 동지가 발전하여 부대장까지 하는 부대의 그 밑에서 투쟁하기도 했다. 그것을 보고 아무리 이력이 화려해도 학습하지 않고는 발전할 수 없다는 것을 산 교훈으로 남기고 있는 것이다.

이상과 같이 빨치산 투쟁에서 직접 보위하며 투쟁한 간부들의 투쟁 지도 모습은 나의 이상형이 되어 오늘날까지 투쟁 속에서 간직하고 살아가고 있다.

전남 영암 국사봉에 얽힌 사연

해발 604m의 영암 국사봉은 갑오농민전쟁 때 전투장이 되기도 한 역사성을 가지고 있다. 1945년 광복 후에는 빨치산 투쟁의 전적지 중 하나로, 1950년 조국해방전쟁이 일어난 전후에는 적과의 싸움에서 마지막 후퇴의 종착지점으로서 그 역할을 톡톡히 해냈다.

영암 국사봉은 너무 편평하고 갈대가 우거진 산으로 일상적인 투쟁의 거점은 아니다. 이 국사봉은 유명한 영암 월출산과 맞보고 있다. 그러나 월출산은 기암절벽이 많아 빨치산 투쟁의 전적지로 활용되지 못하였다. 9.28 후퇴 후 잠시 초기에 영암군당부가 있다가 금정재 너머로 아지트를 옮겨 투쟁했다. 장흥 무지개재 능선에서 바라보면 영암 국사봉이 사람 한 길 되는 갈대숲으로 덮여있는 풍경을 감상할 수 있다.

1951년 2월 21일에 영광 불갑산 거점을 포기하고 장흥 유치내산으로 이동하여 동나주 다도면 도동리 도롱굴 마을에 지구당과 골짜기 마을에 지구사령부가 거점을 쓰고 있을 때다. 이 땅을 재침략한 적들은 골짝 산간마을에 이르기까지 마수를 뻗치기 시작하여 점령해 들어오고 있었다. 이 때가 1951년 6월경이다. 적들의 하계공세에 지구당 지도부와 지구사령부가 함께 12개 골짝을 거쳐 무지개재 능선에 올랐다. 이때 적들은 계속 꼬리를 물고 따라붙으며 추격해 오고 있었다.

하는 수 없이 적들의 포위망을 뚫고 영암 국사봉까지 후퇴할 수밖에 없었다. 지구사령부 산하 14연대 무장연대가 있었으나 우리 후퇴 일행과는 따로 떨어져 있었기 때문에 예상치 못한 적들의 대대적인 추격공세에 거리와 시간상 연락하여 지원을 받을 수도 없었다. 당시 당지도부와 사령부를 합해 무장 성원은 10여 명에 불과하고 나머지는 비무장 성원들이었다. 후퇴 인원은 30여 명 정도밖에 없었고, 그래서 추격하는 적들과 한판 붙어 싸워보지도 못한 채 영암 국사봉까지 후퇴에 후퇴를 거듭할 수밖에 없었다.

그런데 하나의 난관이 조성되었다. 지구사령관인 박정현 동지가 다리에 퇴역(근육 마비현상)이 나타나 한 발자국도 걸을 수 없었던 것이다. 그래서 부랴부랴 업고 가다 팔다리 사지를 네 사람이 들고 적들의 추격에 생사의 운명이 절정에 달한 때를 극복하는 과정은 처절한 싸움이었다. 지금 생각해 보면 적들이 내부 정탐을 통해 당지도부와 사령부가 함께 후퇴하고 있다는 사실을 알고 악착같이 따라붙었던 것이 아닌가 하는 생각도 들고 있는 것이다. 사령관 동지를 여러 명이 달라붙어 들고 가면서도 다리를 주무르기도 했으나 시간만 지연시킬 뿐이었다. 적들의 추격은 후방 감시의 총

국사봉 전경

격에 바짝 따라 붙지는 못하나 국사봉 갈대밭에 다다라 한질대는 갈대가 우리의 정체를 감싸주었기에 다행이었다.

  그러나 적들은 악착같이 따라붙어 총격을 가하고 우리 후방 감시 전투원은 맞받아 총격을 가하고 있는 과정에 박정현 사령관 동지는 "나 때문에 안전한 후퇴가 지연되어 피해를 당할 수 있으니 나를 두고 무사히 일행들이 안전지대까지 후퇴하라"고 하면서 여러 동지들의 부축을 마다하며 한동안 씨름을 하기도 했다. 그러나 우리 동지들의 사령관 동지를 목숨으로 사수하겠다는 의지를 꺾을 수는 없었다. 김용우 당위원장 동지는 어떠한 일이 있어도 사령관 동지를 끝까지 구출하는데 최선을 다해야 한다고 했고 이에 이의를 단 사람은 한 명도 없었다.

  그런데 석양의 해는 기울어지고 갈대숲은 엄호의 빛이 되었다. 적들은 굽이굽이 돌고 돌아 영암 국사봉을 면전에 두고 국사봉 중간까지 따라붙어 추격하던 것을 멈추고 후퇴하는 바람에 우리 후퇴 대열은 무사했고 박 사령관 동지 다리도 후퇴하면서도 계속 주물러서 정상으로 돌아왔을 때 적들의 추격도 멈추어 무사했다. 그러니까 도롱굴 마을에서 영암 국사봉까지 하루해가 다 간 것이었다. 이는 장흥 유치내산이 얼마나 넓은 것인가를 말해주어 유격활동에 보탬이 많은가를 상징해 주고 있다.

박정현 지구사령관 동지는 그 후 전남 빨치산 총사령부 총참모장으로 발령이 나 화순 백아산으로 이동했다. 총참모장으로서 1951년 11월에 백아산 토벌에 침입한 적들을 물리치는데 전략전술가로서 용맹을 떨치기도 했다. 그러나 마음 아프게도 백아산에서 모후산으로 가는 한 동산에 총지휘부를 두고 토굴에서 연대 간부들과 작전토의를 하는 과정에 적이 쏜 포탄이 토굴에 명중되어 연대간부들과 함께 최후를 맞게 되는 비운의 기록을 남기고 말았다.

박정현 동지는 구빨치로서 용맹을 떨치기도 했으며 6.25 합법 때 나주군당 위원장을 했으며 9.28후퇴 후에는 영광 불갑지구 사령관을 거처 장흥 유치내산 제3지구 사령관을 하다 전남 총사령부 총참모장으로서 투쟁 중 희생되었다. 남조선 빨치산 투쟁에서 몇 안 되는 전략전술가 지휘관으로서 명성을 떨치기도 했으며 아버지(박일섭)도 도당 간부로서 지리산에서 희생되기도 했다. 부자가 지휘간부로서 이 땅을 침략한 미제를 구축하고 조국의 자주 독립국가 건설을 위해 한 줌의 흙으로 산화하여 간 수많은 혁명열사들과 함께 조국통일의 길 위에서 영생하기를 기원하면서 영암 국사봉에 얽힌 사연으로 기록을 남긴다.

나는 빨치산 투쟁으로
영예로운 조선노동당원이 되었다

　이는 1951년 3월 강계 조선노동당 제3차 전원회의에서 화선당원제가 채택된 데 따른 것이었다. 화선당원제란 원래 만 20세가 되어야 당에 입당할 연령인데 이를 2살 낮추어 만 18세면 입당을 허가한 것이다.

　왜 입당 연령을 낮추었는가. 조국해방전쟁 시기에 투쟁에서 아무리 용감하게 잘 싸워도 당원이 되지 못하고 희생되는 경우가 많이 있었다. 실제 투쟁에서 당원이 된 동무들보다 잘 싸우고 있어도 연령 미달로 당원이 되지 못하는 경우도 있었다. 조선노동당원이 되는 것은 일생의 투쟁 보람과 영예로 생각해서 당원이 되기 위해 열심히 투쟁하는 모습을 직접 보기도 했다.

　재산 시 다른 도는 어떻게 하고 있었는지 몰라도 전남도당만은 재빨리 중앙당 제3차 전원회의를 삐삐통신을 통해 입수하고 당시 잘 싸운 동무들이 당원이 될 자격을 갖추었으면서도 연령 미달 때문에 당원이 못되고 희생되는 안타까움을 더 이상 방치할 수 없어 만 18세 되는 동무들 중 입당 자격이 있는 동무들을 가려 1952년 가을부터 입당 수속 절차를 밟기 시작했다. 이 수속도 적들의 침공이 잦을 때는 할 수 없었고 빈 공간을 통해 수속 절차를 시행했다.

당시 나는 지리산 전투지구당부에 있었다. 지구당 위원장인 박찬봉 동지는 나에게 당에 가입신청서를 내야한다고 하면서 우선 본인의 이력서 한 통을 작성하라는 지시를 주었다. 나는 적들의 침공이 잦아 마음 편안히 쓸 수 없어 틈틈이 조금씩 노트에 초안을 잡아 오는 와중에 1952년을 보내고 1953년을 맞이했다. 1953년 1월에 지구당 산하 모든 단체 성원들이 광양 백운산 전남도당부로 소환되어 이동하게 되었다. 백운산 88도당부에 와서 도당 지도부 집단보위대인 '88근위대'가 조직되었고, 여기에 들어가 투쟁하게 되었다. 88근위대는 1개 중대로서 부대장, 참모장, 정치위원, 강사, 중대장, 그리고 대원들로 조직되었다. 88근위대 간부들 외에 대원 중에서 당원은 구빨치산 출신 1명뿐이었다. 모두 나보다 2살 이상인데 그때까지도 당원은 못되고 있었다.

나에게는 다시 입당 절차를 밟으라는 정치위원 동지의 지시가 내려왔다. 그래서 이력서를 작성하고 당원의 생활준칙을 공부하고 다 암기했다. 그리고 드디어 적들의 침공을 피하며 투쟁하는 과정에 3월 5일에 입당하게 되었다. 보증인 두 분은 중대장 권영용 동지와 강사인 이영원 동지였다. 지리산에 있을 때는 지구당 위원장인 박찬봉 동지가 서주겠다고 했으나 제

5지구당 유격지도부장으로 이동함에 따라 이는 성사되지 못했다. 부대 당 조직위원회에 이미 접수되었으나 당조직위원회에서 비준이 나야 정식 당 원이 되는 것이었다. 그러나 적들의 침공에 의해 날짜만 가고 회의를 열 기 회가 여간 나지 않았다.

드디어 4월 15일 백운산 옥룡골의 선지골에 진지를 잡고 있을 때였다. 당조직위원회에서 토론과 질문들이 있은 다음 당시 도당 위원장인 김선우 동지가 결론을 내려주었다. 출신성분은 '빈농'이고 '사회성분'은 빨치산이 었다. 전남도당부 산하에서 영예로운 빨치산 성분을 가진 동무는 나와 김 이호, 이렇게 두 사람뿐이었다.

그런데 김이호는 광양 인민위원장 아들로서 구빨치였다. 1954년 2월 20일 옥룡골 전투에서 생포되었다. 징역 5년을 받고 김천 소년감옥에서 만났다. 이때 교무과 전향공작반에 매수되어 생활하는 것을 직접 목격했 고 출옥 후에는 그 연줄로 미국에 갔다는 말만 듣고 있을 뿐이다. 김이호 는 백운산 동계공세 때 생포되었으나 그들의 허술한 틈을 타 원능선에서 탈출에 성공한 용사였다. 물론 부친은 백운산에서 희생을 당하였다. 나 는 체포된 후 대내 밀고자에 의해서 조선노동당원이 되고 빨치산 성분을 가진 모범전투 대원임이 드러났고, 이는 사형언도를 받는 사항 중의 하나 가 되었다.

합법적인 생활 속에서는 후보당원을 거쳐 정식 당원이 되지만 빨치산 투쟁 속에서는 후보당원제가 없었다. 내가 아는 바는 소년단 생활과 민청 생활 단계를 거쳐 입당할 수 있는 합법적인 길도 있었다. 그런데 1953~4

년도에 빨치산 투쟁하다 체포되어 징역을 오래 살고 비전향으로 자기 혁명적 지조를 지키고 있는 살아 생존한 사람은 나뿐인 것으로 알고 있다. 나는 지금도 조선노동당 당원으로서 그 영예감을 잊지 않고 항상 되새기면서 투쟁하고 있다. 감옥에서 비전향을 고수한 동지들은 사업은 정지되었어도 당적 생활은 그대로 존속한다고 하며 남은 것은 재심사를 거쳐 등록하면 된다는 것으로 알고 있다.

투철한 혁명적 신념 없이는
최후의 승리를 담보할 수 없다

투철한 혁명적 신념 없이는 최후의 승리를 담보할 수 없다. 이는 항일 빨치산 투쟁에서 얻어진 결론이다. 위대한 조국해방전쟁 시기를 전후한 빨치산 투쟁에서도 마찬가지였다. 항일 빨치산 투쟁의 혁명전통을 이어받아 투쟁하고 있기 때문이다. 일제로부터 오늘의 미제에 이르기까지 조국의 자주독립을 위하여 투쟁전선에 나섰다가 무장투쟁 과정에서 희생된 동지들은 모두가 혁명열사들이다. 그러나 개중에는 끝까지 투쟁하지 못하고 중도에서 포기하고 자수하는 동무들도 있었다. 아무리 잘 싸웠다고 하더라도 마지막 끝을 잘 맺지 못하는 안타까움도 있었다.

적들과 전투 중에나 수색작전에서 체포되는 동무도 많이 있었다. 이에 체포되는 경우는 어찌할 수 없이 불가피적으로 체포되는 경우와 손들고 나와 체포되는 경우도 있다. 이 경우가 체포되는 경우의 절대 다수라고 말할 수 있다. 그러나 어떤 경우에도 체포된 상태는 마찬가지다. 그런데 자수하는 경우는 두 유형이 있다. 하나는 부닥친 고난을 극복할 수 없어 자수하되 마음은 변치 않는 경우와 이용당하는 경우, 다른 하나는 자수하면서 동무를 쏘아 죽이고 자수하는 경우였다. 후자는 극히 희소하다.

재산 시 교양에서 당에서 주는 임무를 수행하는 과정에 어떤 경우라도 체포되지 않고 임무를 끝까지 수행하는 것이 원칙이고, 체포된 후 적들의 고문투쟁에서 자기 조직의 기밀을 불지 않는 것이 원칙이며, 감옥 생활에서 자기 혁명적인 신념을 올곧게 지키는 것이 원칙인 것이다. 이를 두고 혁명하는 사람들의 3원칙이라고도 했다.

그런데 재산 시 1951년 적들의 대대적인 동계공세 때 선이 떨어져도 제때에 소속기관을 찾아가 결합하는 것이 기본원칙인데 이를 지키지 않고 동계공세가 일차 끝난 후 휴식공간이 있음에도 불구하고 돌아오지 않고 선 떨어진 몇몇 사람들이 모여 도토리 생활하는 사람들이 있었다. 이런 사람들을 일명 '곰부대'라고 명명했다. 특히 지리산에서 이현상 부대에 있다가 전투 중이나 적들의 수색작전에 분산되어 전투가 끝난 후에도 본부대로 돌아오지 않고 끼리끼리 남아서 자체 보급을 하며 피신생활을 하는 무리들이 있었다. 이들은 자수하면 죽임을 당할 것 같고 즉시 돌아가지 않고 나중에 찾아가면 총살당할 것 같아, 돌아가지도 않고 남아서 보급만 해결하면서 산생활 하는 것을 1952년 여름에서야 알게 되었다.

지리산 대소골에 아지트를 쓰고 있을 때 구례군 광의면으로 보급 사업을 나가기 위하여 마을 가까운 기슭에 잠복하고 있었다. 면당 정보선에 의

하면 몇몇 사람들이 내려와서 반동집, 유가족집 가리지 않고 식량을 약탈에 간다는, 여론이 좋지 않다는 것을 입수하게 됐다. 당시 지구당 산하 단체나 무장부대 성원들을 잘 알고 있기 때문에 보급을 나가도 지하정보에 입각해서 보급문제를 해결하고 있는데 이상하다는 생각을 갖고 몇 주간 유심히 살펴보기도 했다. 그런데 어느 지점에 나타난다는 정보에 입각하여 사전에 잘 다니는 통로를 알고 있기 때문에 통과할 수 있는 지점을 선택하여 매복전을 벌린 결과 3명중 한 사람을 생포했었다. 아지트로 동행하여 자초지종을 심문한 결과 이현상 부대 소속임과 동시에 전남 어느 군 출신임을 알게 되었다. 남은 사람들은 그 후 종적을 감추어 다시 나타나지도 않고 해서 조용해졌다.

또 하나는 백운산에 있을 때 우리 전남부대가 진상골 잣나무 아지트를 쓰고 있을 때다. 때는 1953년 가을이다. 국방군 제5사단이 야지에서부터 백운산을 포위하고 좁혀 들어오는 과정에 영암 출신의 김재규라는 3중대 대원이 중상을 당하여 절름발이가 되어 무장투쟁을 할 수 없었다. 1중대에서 3중대로 가서 도당 지도부와 우리 부대 간의 연락사업을 맡아서 하고 있었다. 적들이 산상에 주둔해 있을 때도 연락사업은 잘 수행했다. 해가 석양에 걸터앉을 때 출발해서 밤 11시 전에 돌아오곤 했었다. 그런데 어느 날인가, 돌아오지 않아 이상히 여기고 이튿날 내가 직접 도당 지도부를 찾아가 문의한 결과 레포를 전달하고 전처럼 갔다는 것이었다. 그렇다고 자수했다는 정보도 없고 해서 이상히 여기고 본 아지트를 다른 골짝으로 옮기고 비상선을 나가서 감시해 보아도 이상 반응이 없었다. 보름 후 정보에 의

하면 구구식 총을 들고 자수했다는 소식을 접하게 되었다. 이에 부대에서는 비판사업이 진행되었다.

　백운산 골짝을 돌고 돌아가는 과정에서 88도당 지도부 중초선 능선을 타고 내려가다 보면 큰 암바위가 있다. 그 밑에서 아지트를 쓰는 때도 있었다. 동계공세 때 88도당 지도부 골짜기에서 도당 산하 각 기관 단체 성원들이 모두 1백여 명 가까이 되었다. 정공대 무장세력의 엄호 하에 중허리를 돌아가는 과정에 큰 암바위 밑에 도착했으나 앞에 적들이 공격해 와 다시 뒤돌아 간 적이 있었다. 그 때부터 이 큰 암바위를 '빠꾸바위'라 불렀다. 이 빠꾸바위 밑에서 우리 부대가 하룻밤을 새우기 위하여 당시 불을 피운 화덕에 찬 재를 쓸어버리려고 뒤지는데 그 재 속에 레포를 발견하고 보니 자수한 김재규가 써 둔 것임을 알게 되었다. 그 내용은 입산해서 누구 못지않게 잘 싸운다고 노력했으나, 전투 중 중상을 당하여 무장투쟁을 못하고 동무들에 피해만 끼치고 마는 마음에 부담을 느껴, 차라리 없는 것이 동무들의 맘에 부담감을 주지 않는 것이라 생각하고, 적들에게 자수하더라도 맘은 변치 않을 것임을 믿어달라는 것이었다. 그 후 1954년에 체포되어 남원수용소에서 만나게 되었다. 나는 사형을 받고 대구로 이동되었는데 알아보니 형을 받지 않고 석방되었다는 소식을 들었을 뿐이다.

　평소에 잘 싸우는 동무들은 말발도 세고 칭찬도 많이 받지만 그렇지 못한 동무들은 말발도 서지 않고 냉대 받는 측면도 있었다. 더군다나 부상을 당하여 전투에 동원되지 못한 동무들에게 대한 태도는 너무도 무성의했다. 위에 열거한 측면들이 있었는가를 자아비판하고 앞으로는 뜨거운 동지애를 발양하겠다는 의지적 결심을 굳게 다지고 투쟁했다. 재산 시에 내가 속한 단체나 부대에서 자수자가 발생한 것은 처음이었다. 그 후 체포될 때까지 항일 무장투쟁의 치열한 불길 속에서 어떻게 동지애가 발양되어 한 사람의 낙오자 없이 최후 승리를 구가했는가를 밤이면 교양을 받았다. 생사를 같이하는 투쟁 속에서 믿음과 신뢰가 나오고, 서로 밀어주고 앞서 잡아주는 동지애는 더욱 결속을 다져주기도 했었다.

나의 빨치산 투쟁에서의 최후의 결전

우리 전남부대는 나와 운명을 같이했다. 전남부대의 이력을 간단히 말한다면, 1953년 1월에 지리산에서 백운산 도당부로 소환되어 온 후 88근위중대가 조직되었다. 이 88근위중대는 본래 도당 지도부를 집중 보위하면서 독자적인 투쟁을 전개하는 10대 청년 정예부대였다. 이들은 투쟁에서 전진과 승리만이 있을 뿐이었다. 장차 당 후보 간부로 육성 발전시킬 유망한 혈기왕성한 청년 전사들이었기 때문이다.

그런데 1952년 3월에 적들의 대대적인 동계공세가 1차로 마무리되었고, 살아남은 동지들은 재편성 조직되어 당 직속인 전남연대가 3개 중대로 조직되어 투쟁했다. 1년의 투쟁과정에서 한 개 중대세력의 희생으로 인하여 88근위중대가 들어가 전남부대로 재편되었다. 그리하여 1, 2중대는 전투중대이고 3중대는 후방중대였다. 그리고 1953년 여름부터는 한 개 중대가 줄어들어 2개 중대만 남았다.

 그래서 1중대, 3중대로 편입되어 당시 부대장은 이봉삼 동지이고 마지막에는 임종윤 동지였다. 정치위원은 양순기 동지, 참모장은 최복삼 동지, 강사는 이영원 동지, 1중대장은 권영용 동지, 3중대장은 오덕윤 동지였다. 이렇게 두 개 중대로 나누어 1중대는 부대장이 맡고 3중대는 참모장이 맡아 적정에 따라 분산과 집중투쟁을 전개해 오던 중 1954년 2월 20일 백운산 옥룡골에서 최후를 맞게 되었다.

 그 과정을 기억해 보면 이렇다. 우선 1954년 2월 18일 광양 진월면으로 보급사업을 나갔다가 새벽 3시경에 진상골에 무사히 도착했다. 당시 1953년 7.27정전협정이 체결되어 일선의 정규군 중 5사단이 후방 빨치산 토벌에 동원되어 53년 가을부터 야지에서 백운산, 지리산 등으로 포위망을 좁혀 들어오고 있었다. 드디어 백운산에는 35연대가 상봉을 비롯한 봉우리 능선고지 요소요소에 진을 치고는 낮에는 소조로 빨치산들이 걸었던 발자취를 발견하기 위하여 더듬었다. 진상골 기슭에 도착한 전남부대는 보급한 식량을 골짝 바위틈에 비장하고 하루 먹을 것만 짊어지고 상봉능선을 향해 오르고 있었다. 부대는 제대로 먹지 못하고 매일 전투 속에서 밤이 되면 보다 안전한 곳으로 이동하는 데 피로가 겹친 상태 속에서 보급사업을 나갔다. 또 보급사업에서 돌아왔지만 새벽행군에 좀 쉬었다 하면 코를 골아 녹아 떨어져 깨워야 하는 상태라 행군속도가 너무도 더디었다. 그렇게 날이 새기 전에 상봉능선을 넘어 내곽으로 들어가야 했는데, 목표 지점에 도달하지 못하고 중도에서 날이 새고 말았다.

이때도 나는 선두에서 부대를 이끌고 있었다. 날이 밝자 우선 배가 고파 아침밥을 해 먹어야 했다. 때문에 밥 준비하는 동지들은 밥을 하고 부대원들은 녹아떨어져 잠을 청하고 있었다. 나는 소능선에 올라 중초를 책임지고 서고 있는데 바구리봉 중턱 길을 돌아오면서 우리의 족적을 발견하기 위해 오는 적을 발견했다. 부랴부랴 밥이 끓고 있는 불을 끄고 동원 태세를 갖추었다. 우리가 있는 쪽을 향해 살피는 적을 향해 "돌격" 고함소리를 지르며 접근해 갔는데 능선에 올라 우리 적정을 살피던 세 놈이 깜짝 놀라 한 놈은 M-1총을 놓고 능선 너머로 도주했다. 우리는 그 총을 줍겠다고 달려가는데 그 속도가 느리다 보니 총을 놓고 넘어간 놈이 자기 총을 주우려 넘어오다 우리의 돌격소리에 놀라 세 번을 그렇게 넘어갔다가, 우리의 속도가 너무 느린 것을 보고 네 번째 넘어와서 총을 쥐고 달아났다. 그 장면을 보고도 너무 피로해서 가파른 산길을 단번에 올라 칠 수 없어 한 자루의 총을 노획하지 못한 아쉬움을 남기고 말았다.

그리하여 진상골 중허리 길에서 바구리봉 중턱 길을 돌아 800고지를 넘어 옥룡골 입술에 도달하니 해는 서산에 걸터앉고 있었다. 밤이 되자 도당 지도부에 연락을 띄우고 아침 밥솥을 적들이 수색해 가져가지 않았을 것으로 보고 3중대원 두 명을 파견했다. 오고가는데 늦어도 2시간밖에 걸리지 않는 곳인데도 적정을 살피면서 가다보니 새벽 4시경에 밥솥을 짊어지고 도착해서 우선 한 숟갈씩 나누어 든 후 도당 지도부에 파견한 연락만 기다리고 있었다. 우리는 외곽에서만 있었기 때문에 내곽 적정을 살펴 20일 날 어디로 매복지를 결정해야 하기에 소식을 기다리고 있었다. 동이 트기 시작해서 무조건 중허리를 돌아 내곽으로 들어가는 도중에 먼저 띄운 연락 동지를 만났다. 듣고 보니 적들의 20일 총공격 목표가 내곽이 될 것이니 외곽으로 후퇴해 매복지를 선택해야 한다는 것이었다.

그러나 이미 때는 늦었다. 시간적으로 다시 봉강능선이나 상봉능선을 넘을 수도 없었다. 숲이 없어 능선에서 쌍안경으로 보면 개미가 기어가는 것도 다 보일 정도였다. 어찌 할 도리 없이 돌고 돌아 88능선 발치 빠꾸바위 밑에 도달했다. 도착하자마자 아침밥을 짓기 위해 불을 지피고 있었다. 적들은 날이 훤히 새자 전날 내곽으로 들어온 것을 알고 있었고, 밥을 짓는데 연기가 나는 것을 보고 상봉능선에서 88보초선 능선을 타고 내려오기 시작했다. 우리는 이를 보고 재빨리 불을 끄고 하봉 능선에서 옥룡골로 내려왔다. 깃대봉 능선에 주둔한 적들은 옥룡골 입구에서 새까맣게 기어오르고 있었다.

당시 옥룡골에는 우리 전남부대와 남태준 부대 1개 대대와 도당 지도부가 있었다. 우리 부대가 전면에서 발견되어 적들의 포위망 속에서 전투하는 바람에 남은 두 부대는 무사했다. 우리 부대는 하봉에서 옥룡골로 내려오는 곳에 너덜강 바위가 많았는데 여기에서 배낭을 바위틈에 비장하고 총만 들고 최후결전을 준비했다. 바위를 방패삼아 일렬로 전투태세를 갖추고 적들과 한판승부를 다짐하고 있었다.

드디어 적의 접근에 따라 전투는 시작되었다. 일진일퇴를 거듭하는 과정에 내 옆에는 언제나 부대장이 있었다. 바위를 사이에 두고 결전을 하고 있는데 적의 숫자는 우리 숫자에 비에 비교할 수 없을 정도로 많았다. 앞의 적만 바라보고 전투 중인데 옆 바위를 돌아온 놈의 총탄을 맞았다. 총탄은 내 어깨를 뚫고 견갑부를 거쳐 목과 턱을 향해 뚫고 나갔다. 이때 왼팔을 쓸 수가 없었다. 부대장 동지에게 내가 총에 맞아 한 팔밖에 쓸 수 없으니 내 M-1을 부대장 칼빈과 바꾸자고 했다. 부대장 동지 얼굴에 '영승 동무가 총을 맞아 전투를 못하니 어떻게 하느냐'는 근심이 비쳐지고 있었다. 항상 대비해 목에 감고 있는 명주 목도리로 팔과 목, 턱을 감아 매고 오른손에 칼빈을 들고 전투에 다시 임했다. 그러나 불가피하게 골짝으로 후퇴하는 과정에 왼팔에 또 한 방 맞게 되었다.

우리 전남부대는 적들의 포위 속에 한 사람이라도 살아남기 위해서 분산할 수밖에 없었다. 그리하여 옥룡골 골짜기를 건너 봉강능선 기슭에 붙었다. 우리들은 모두 이 봉강능선을 넘으면 살고 그렇지 않으면 이 골짝에서 최후를 맞게 된다는 각오로 임하고 있었다. 봉강능선 쪽에 붙었으나 적들은 새까맣게 뒤따라 추격하며 총을 쏘면서 달려왔고, 우리는 역시 필사적으로 포위망을 뚫다가 동지들이 거의 전사하고 나는 적의 총탄이 궁둥이를 뚫고 나가 쓰러졌다가 다시 일어났다.

그리고 적들의 집중공격을 피하기 위해서는 불을 질러 타는 연기를 감싸고 봉강능선을 향해 오를 수밖에 없다는 것을 알고 한 손밖에 쓸 수 없었기 때문에 오른손으로 마른 풀을 한 움큼 뜯어 입에 물고 가지고 있던 용개라이터(뚜껑이 있는 라이터. 지포라이터)로 불을 붙였다. 마른 풀잎들이라 단번에 타올라, 나는 연기 속에 몸을 감추어 봉강능선 50여m 전방까지 접근했다. 오르는 과정에 불이 꺼지면 다시 붙이고 하면서 그렇게 오르는데 네

필자 최후의 결전지인 봉강능선 골짜기

댓 명의 동지들이 연기에 감싸여 오르고 있었다. 3중대 오덕윤 중대장 동지를 비롯해 마지막 능선을 올라채면서 나보고 빨리 따라오라고 했지만 도저히 따라갈 수 없었다. 그 동지들이 봉강능선을 넘자 적들이 능선을 점령해 더 이상 오를 수 없었다.

다시 돌아 돌아오다 정의영 동지를 만났다. 의영 동지는 당시 16세 소년이었다. 그의 누나는 정영희 간호원 동지였다. 정영희 동지는 이날 전투에서 희생되었는데, 그날 봉강능선 기슭 전투에서 나와 조우했었다. 그때 자기 동생 정의영이가 칼빈 실탄이 다 떨어졌으니 내 칼빈에 실탄이 남아 있으면 한두 발이라도 줄 수 없느냐고 물었다. 하지만 내 칼빈총도 실탄이 떨어져 지팡이 삼고 있다고 말을 소통한 것이 마지막이 될 줄은 몰랐다. 이때 3중대 조사선 동지가 희생되었는데 적들은 동지의 그것을 잘라 정영희 동지의 국부에 쑤셔 넣고 생포자들에게 보라는 만행을 자행하기도 했다.

정의영 동지와 만나자 그가 "영승 동지 어떻게 하면 좋겠느냐"고 묻기에 "우리 함께 있으면 적들의 집중 표적이 되니 여기서 분산해 우리 둘 중 한 사람이라도 살아야 한다"고 말했다. 그래서 정의영 동지는 좌로 돌아가고 나는 우로 돌아갈 것이니 그렇게 하자하고 정의영 동지는 돌아가다 생포되고 말았다. 나는 우측으로 칼빈총을 지팡이 삼아 돌다 더 이상 힘이 없어 숲속에 쓰러지고 말았다. 얼마 후 눈을 떠 보니 세 놈이 눈앞에 지켜보고 있더니 "안 죽고 살았구만" 하면서 내 호주머니를 뒤지기 시작했다. 호주머니에는 당시 건설담배 세 가치(개비)와 용개라이터 한 개뿐이었다.

놈들은 나를 일으켜 두 놈은 양옆에서 부축하고 한 놈은 뒤에서 밀면서 봉강능선으로 한 발짝 걸어 올라오는 데 놈들은 왜 안 죽고 살아가지고 자기들을 괴롭히고 있다고 불평을 쏟아냈다. 그 중 한 놈이 무전으로 "다 죽게 생겼으니 쏘아버리겠다"고 말하니 "죽더라도 쏘지 말고 능선까지 부축해 올라오라"고 하는 것을 듣기도 했다. 당시 이승만은 토벌작전에서 될 수 있으면 죽이지 말고 생포하라는 명령을 내렸었다고 한다. 그렇게 생포한 자는 일 계급 특진을 하고 일주일 휴가를 준다고 했다.

드디어 봉강능선에 도달하니 위생병이 대기하고 있었다. 검은 명주 수건을 가위로 자르고 응급치료를 받고 붕대로 감아 치료한 후 땅거미 드는 능선을 따라 깃대봉 능선 고지에 주둔한 대대본부 땅굴트에 집어넣었다.

거기 들어가 보니 우리 부대 1중대장 권영용 동지가 생포되어 굴 안에 혼자 있었다. 그래서 둘이 밤을 새우는데 굴 입구에 보초를 서고 있었다. 방에 신문관이 들어와 나에게는 한마디 말이 없고 중대장 동지만 취조를 하는데 부대가 얼마나 되느냐고 묻는 답변에 수백 명 된다고 부풀어서 말한 것만 기억나고 있다.

21일 아침이 밝자 나를 끌어내 상처를 치료해야 하니 광양읍 외과병원으로 가서 치료 잘하라 하였다. 당시 윗도리는 국방군복 한 겹을 입고 있었다. 피범벅이 되어 가위로 잘라 살갗이 나와 2월 추위에 견디기 힘들다고 방한복 상의를 걸쳐주었다. 그렇게 옥룡골 맨 위 첫 동네 민간인 집 방에 들어가 보니 중상자들 6~7명이 누워 있었다. 이들 중 제일 먼저 광양읍 연대본부 환자병동에 있다가 남원 제5사단 본부 의무실로 이동시켜 여기서 남원읍 이동외과병원으로 이송할 자와 포로수용소로 보내 치료할 자를 가리고 있었다. 나는 이동외과병원에 입원해 치료를 받게 되었다. 이리하여 전남부대는 광양 백운산에서 2월 20일을 기해 종막을 고하는 아픈 기록을 남기고 말았다. 지금 살아남은 부대 성원 중에는 나 혼자만 비전향 장기수로 남아 있다.

용맹을 떨친
군사간부 동지들

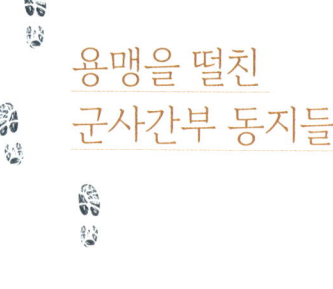

　전남 빨치산 투쟁에서 용맹을 떨친 군사간부 동지들을 회고해 본다. 조국해방전쟁 시기에 영광 구수산 유격대 부대장인 박막동 동지를 꼽을 수 있다. 박막동 동지는 구수산 상봉인 수리봉을 차지한 적들과 갓봉을 차지한 막동부대와의 대치 상태 속에서 수많은 인민들과 동지들을 보호하기 위한 투쟁에서 지휘관으로서 용맹을 떨쳐 적들도 막동부대라고 하면 벌벌 떨었다고 한다. 막동 부대장이 희생된 후 적들은 그의 목을 잘라 영광읍 사거리에 전시하는 만행을 자행하기도 했다.

　장성 태청산 빨치산 투쟁에서 나승기(『전남유격투쟁사』 343쪽, 나승기)를 비롯한 장성 8중대의 용맹을 잊을 수 없다. 장성 8중대는 16개 침략군들이 침공해 들어올 때에 그 침입을 방어하여 태청산에 입산한 피난민과 각 단체 성원들을 보호하는데 기여한 나승기 8중대 부대였기 때문이다.

불갑산 빨치산 투쟁에서는 오대산 빨치산 대대장이었던 불갑지구 무장부대 참모장을 빼놓을 수 없다. 그는 불갑산 1951년 2.0작전에서 몇 배나 많은 적들과의 투쟁에서 작전을 지휘했던 참모장으로서 51년 3월 15일 불갑산 마지막 탈환작전에서 희생되고 말았다.

광주 무등산 빨치산 투쟁에서 김팔 중대장을 잊을 수 없다. 광주 시내 독립작전이나 무등산 지역에서 용맹을 떨쳤기 때문이다.

또한 화순 말봉산 빨치산 투쟁에서 총사 1연대장이었던 남태준 동지의 용맹을 회고하게 된다. 남태준 동지는 여수 애국병사 봉기 때 이등중사였다. 구빨치산 투쟁에서 용맹을 떨쳤다. 9.28후퇴 후 적들이 침공해 들어올 때에 매복전으로 심대한 타격을 가해 무장부대 편성에 공로를 세운 동지이다. 그는 총사 부참모장이면서 백운산지구 사령관을 하다가 비트에서 생포되어 옥중 투쟁도 치열하게 전개했으나 결국 1954년 12월 24일 다른 동지들과 함께 수색 사형장에서 총살당했다. 적들은 남태준 부대가 나타났다 하면 벌벌 떨 정도였다고 한다.

화순 백아산은 전남 빨치산 투쟁의 사령기지다. 총 4개 연대를 보유하고 있는데 총참모장이었던 박정현 동지를 잊을 수 없다. 박정현 동지는 나주군당 위원장을 했고 9.28후퇴 후는 불갑지구 사 사령관을 했고 제3지구 사 사령관을 하다가 백아산 총사령부 총참모장을 하던 중 백아산 전투에서 모후산으로 가는 한 동산 지휘부 땅굴 속에서 작전 토의 중 적의 포탄에 희생되고 말았다. 그는 전남 빨치산 투쟁사에 정치군사 전략가의 자질을 갖춘 군사간부였다.

백운산은 전남도당의 핵심 기지였다. 여기에 백운지구 유목윤 사령관과 조갑수 부사령관은 당시 참모장으로서, 조갑수 부대는 1951년 적들의 대대적인 동계공세 때 살아남아 1954년까지 투쟁을 전개한 영웅이다.

도당 정치공작대 부대장인 조동만 동지는 여천군당 위원장으로서 1951년 대공세 때 기습 매복작전으로 1백명의 무장대를 결성한 공로를 남겨 영웅 칭호를 받기도 한 정치군사 간부였다.

전남부대장이었던 이봉삼 동지는 광양 무장부대 부대장을 하다가 남태준 부대 부참모장도 했다. 그 후 전남연대 참모장도 했고 마지막에 전남부대 부대장을 하다 투쟁 중에 하동 섬진강에서 희생되었다. 그는 마지막까지 군사간부로서 지휘와 용맹을 떨쳤다.

전남 지리산부대에서 용맹을 떨친 1중대장 이선중 동지를 잊을 수 없다. 이선중 동지는 인민군 출신으로서 투쟁에서 지휘와 용맹으로 이름나 있었다. 그는 나와 같이 지리산 지초봉 전투에서 팔 중상으로 외팔이가 되었으나 끝까지 싸우다 지리산에서 한 줌의 흙으로 산화해 갔다. 지금도 그의 모습이 눈에 선하게 아롱거리고 있다.

전남 지리산 전투지구당 조직부 지도원인 김용철 외팔이 동지를 잊을 수 없다. 김용철 동지는 남태준 1연대에서 대대장을 하다 전투 중 팔을 잃은 빨치산 용사다. 김 동지는 지리산 전남도당 학교 학생으로 추천을 받아서 공부하다가 적들의 대공세로 인하여 학업이 중단되었고 대공세 때 살아남았다. 군당 간부들이 도당학교에 왔다가 같은 학생 신분으로 살아남아 지구당 조직부에서 활동했던 동지들 다섯 명을 인솔하고 구례 광의면에 투쟁 나갔다가 외팔이 김용철 동지만 살아남아 아지트로 돌아왔다. 이때 광의면 지서는 밤에 자위단을 꾸려 무장을 돌고 마을에 들어오는 빨치산을 잡는 임무를 맡고 있다는 정보를 입수하고 인근 산기슭에 잠복했다. 날이 새자 자위단은 총을 거두어 지서로 가고 있었다. 그런 자위단 일행을 향해 사격하여 총을 수거하고 지리산을 향해 퇴각하는 과정에 반동들이 던지는 날창(대검)에 맞아 우리 일행 중 네 명이 전사했다. 김용철 외팔이 동지만 겨우 살아 돌아온 가슴 아픈 사실이다. 그때 우리는 칼빈 한 자루만 무장하고 나머지는 비무장이었다. 전투 경험을 가진 김용철 동지의 뛰어난 용병술도 보람 없이 아까운 동지들만 희생되고만 아픈 기록이다.

전남 노령병단장 김병억 사령관을 잊을 수 없다. 노령지구는 영광, 담양, 장성군당을 지도하는 지구이다. 김병억 노령병단 사령관은 담양 가마골에 진지를 쓰면서 전북유격대와 합동작전도 잘해 이름이 나 있었다. 합법 때 장성군당 위원장을 하다 9.28후퇴 후 노령지구 결성에 따라 사령관으로서 위용을 떨치기도 했다.

마지막으로 유치지구 사령관 황병택 동지를 잊을 수 없다. 황병택 동지는 영암 출신으로 물론 구빨치로서 이름이 나 있으며 합법 때 영암군당 위원장을 했으며 9.28후퇴 후 유치지구 사령관을 했다. 마지막에 영암군당이 파괴되어 수습책으로 나갔다가 지하 아지트가 탄로나 무참하게 희생을 당하였다.

이상 전남 빨치산 투쟁에서 용맹을 떨친 군사지휘관 동지들을 회상하게 된다. 항일 빨치산 혁명 전통을 이어 조국전쟁 시기에 전남 빨치산 투쟁사에서는 위의 우수한 간부동지들이 있었기 때문에 다른 도에 비하여 가열찬 투쟁을 전개한 빛나는 발자취를 남겼던 것이다. 이에 유능한 군사간부를 가진 용감한 부대원들의 투쟁은 더욱 빛나고 있는 것이다.

그 외에도 많은 군사간부들이 있지만 이상의 동지들이 기억나고 그의 밑에서 투쟁을 했거나 지켜본 사실도 있기에 기억에 남는 것만 기록한다.

바래봉에서 본 지리능선

제4부

빨치산의 안식처 지리산

지리산 피아골 제5지구당 아지트를 습격당한 교훈

　지리산 피아골은 전남유격대 투쟁 지역이다. 나는 1951년 동계공세를 섬진강 건너 백운산에서 겪고 1952년 4월에 지리산 전투지구당부가 건설되었을 때 지리산에서 투쟁하다가, 1953년 1월에 전남 도당부 산하 지리산 전투 지구당부가 해체되어 다시 백운산 도당부로 오게 되었다.
　지리산 지구당부는 1951년 적들의 동계공세 때 거의 부서졌고, 1952년 적들의 대대적인 제1차 공세가 끝나 잠시 숨 고르는 기간에 새롭게 지리산 전투지구당부가 조직되었던 것이다. 당시 당부 소속 인원은 20~30여명에 불과할 정도였다. 제5지구당부 지상 아지트는 52년 10월에 삼도봉 바로 밑 피아골에 아지트를 쓰고 있었다. 당시 지구당트는 구례군당 제1트 진지에 있었다.
　1952년 10월 중순경 삼도봉 근처에서 새벽에 총소리가 바글바글해서 어떤 사고가 일어났는가 걱정이 되었다. 박찬봉 위원장 동지를 보위하고 둘이서 5지구당 아지트를 향해 올라가던 도중 현재의 대피소 부근에 5지구당 조직부장이던 조병하 동지 일행과 조우하게 되었다. 당시 조병하 동지가 헝클어진 머리에 양말만 신고 골짜기 숲을 헤치며 후퇴하는 모습이 지금도 선명하게 기억에 남아있다. 조병하 동지는 합법 때 공화국에서 내려와 전북도당 부위원장을 하다가 1952년 10월에 제5지구당(전남 전북 서부경남지역)이 결성될 때에 조직부장으로 투쟁하였다. 그 후 제5지구당 해체와 함께 경남도당 위원장으로 갔다. 그리고 1953년 11월경에 지리산 조개골 땅굴 아지트에 있다가 적들의 수색전에 발견되어 생포를 당했다. 조병하 동지는 당시 남원 포로수용소에 갇혀 있다가 남원 이동 고등군법에서 사형을 선고받고 대구 감옥에서 1954년 12월 24일 다른 사형수 동지들과 함께 총살 집행을 당하였다.

그 후 알게 된 바에 따르면, 적들의 새벽 기습으로 선전부장을 비롯한 4명이 희생되었고 이현상 동지는 부관 연락병 동지의 영웅적인 투쟁으로 무사히 구출되었다. 사건의 발단은 당 지도부와 연락부가 한 골짝에 아지트를 썼던 것이었다. 적들은 당시 삼도봉에 주둔하고 있었는데 연락원이 경남도당으로 가는 도중 삼도봉 근처에서 체포되었고, 그를 끌고 들어와 새벽 기습을 자행했던 것이다.

이 사고는 기본원칙을 지키지 않으면 사고를 면할 수 없다는 교훈을 남겼다. 연락원은 적들의 그물망을 뚫고 나가는 생사의 갈림길에서 사업하기 때문에 당성이 강한 동지만 할 수 있는 사업이다. 그러나 끝까지 당성을 고수하는 동지도 있지만 그렇지 못한 동지도 있기 때문에 만일의 경우 체포될 수도 있는 것을 감안한다면 연락원은 당 지도부 아지트를 알지 못하고 연락부장만 알고 레포 연락사업을 해야 한다는 것은 항일 빨치산 투쟁에서 제시된 원칙이다. 그런데 5지구당부는 이 원칙을 안일하게 생각했던 것이다. 그 후 이 인과관계를 깨닫고 당부와 연락부는 따로 트를 쓰고 투쟁하다가 제5지구당부는 1953년 8월에 해체되고 말았다. 그 당시 투쟁했던 간부들과 동지들은 지리산 유격투쟁사에 그렇게도 처절했던 조국의 자유와 자주독립 쟁취를 위한 투쟁 속에서 한 줌의 흙으로 산화하여 간 것이다.

생사를 같이 했던 간부 동지들의 모습이 지금도 지워지지 않고 선명하게 떠오르고 있다. 조국 광복을 맞은 지 75년이 되고 있지만 우리의 싸움은 현재도 진행형이다. 수많은 동지들의 거룩한 희생정신을 한시도 잊을 수 없다. 역사는 기억이고 기억은 기록되어야 살아 숨 쉬는 산 역사가 되어야 한다는 것을 새기고 또 새긴다.

지리산 지초봉
전투에서

　조국해방전쟁이 한창일 때인 1952년 8월 중순경이었다. 지초봉은 노고단 시암재에서 광의면 쪽으로 뻗은 능선의 마지막 봉우리다. 이 능선을 중심으로 천은사골 능선을 넘어가면 산동면 골짜기다. 여느 때와 같이 지리산 대소골 돼지령 중턱에 아지트를 쓰고 있을 때였다.

　전남도당 지리산 전투 지구당부 산하 지리산부대는 구례군 광의면으로 보급사업을 나갔다. 당시 나는 지구당부에 있었다. 나는 보급사업 나갈 때는 거의 빠지지 않고 나갔고, 나가서도 무장부대 엄호 하에 보급부대 동지들과 같이 행동하는 것이 아니라 무장부대와 같이 행동했다. 그래서 부대 동지들은 내가 나가면 쌍수를 들고 환영했었다. 적들과 부닥칠 때 함께 선두에서 싸우기 때문이다. 그리하여 부대장은 나를 1소대 소대장으로 임명해 줄 것을 지구당위원장에게 제의하기도 했다. 나는 부대로 나가 싸우고 싶은데 당부 동지들이 내가 나가면 지도부를 보위할 동지가 없다는 이유로 만류하여 성사되지는 못했다. 그러나 기회가 있을 때는 항상 무장부대와 함께 했다.

이날도 구례 광의면으로 보급을 나갔으나 적의 중도 매복에 걸려 본기지로 들어오지 못하고 지초봉 중허리 길에서 날을 새게 되었다. 하루 더 잠복하고 보급 대상지를 새로 선정해서 보급투쟁을 하기 위해서였다. 이튿날 새벽부터 비가 내리기 시작했다. 날이 새자 비가 조금 그치어 아침밥을 하려고 준비 중이었다. 마침 중초선에서 총소리가 울렸다. 우리 중초(중간초소)에서 나간 동지가 우리 발자국을 따라오는 적병을 향해 먼저 발사했던 것이다. 총소리를 듣고 부랴부랴 전투태세를 갖추고 있는 찰나, 나는 중초선에 달려가 M-1총을 쏘았는데 약실에 물이 들어가 탄피가 튀어나오지 않고 막혀버렸다. 이때의 심정은 말로 다 표현할 수 없다. 그리하여 뒤로 돌아서 준비한 철사로 쑤셔서 탄피를 빼고 약실을 헝겊으로 닦아 드디어 실탄을 장전하고 쏘니 정상이었다.

이제 남은 것은 어떻게 부대를 안전지대까지 무사히 후퇴시키느냐였다. 이때 우리 앞 능선에 한 개 중대가 새까맣게 올라오는 것을 발견했다. 적들이 우리 후퇴로를 먼저 점령하면 최후 판가리 싸움을 해야 하는 위급한 상황이 된다. 그래서 나는 이때 부대장 동지에게 대원 한 명만 붙여주면 먼저 달려가 적들의 차단을 막아내겠다고 했다. 그렇게 2소대장하고 둘이서 죽을힘을 다하여 달려가 간발의 차이로 먼저 고지를 점령하고 적을 향해 총을 발사했다.

그런데 본부대는 싸우고 있다가 우리의 총소리를 듣고 후퇴하기 시작했다 제일 먼저 1중대장 동지와 1소대장 동지가 도착해서 4명이 방어작전을 펼쳤고 본부대는 위험지대를 벗어났다. 그래서 이제 남은 것은 우리 4명이 어떻게 안전하게 후퇴하느냐였다. 1중대장 이선중(인민군 출신) 동지는 바로 뒤 고지로 후퇴해야 한다고 했다. 후퇴 길은 얼마 안 되지만 적들의 직탄거리에 노출된 상태 속에서 희생만을 자아내니 좀 멀더라도 중허리 길을 타고 후퇴해야 안전하다고 말했으나 먹혀들지 않았다. 중대장 명령대로 나와 같이 먼저 달려왔던 2소대장(인민군 출신)이 뒷고지로 후퇴하다가 적탄에 맞아 쓰러졌다. 총이라도 건지려고 시도했으나 위험해 건지지도 못하고 말았다.

두 번째 중대장 동지가 후퇴하다가 오른팔 골절상을 입었다. 세 번째로 1소대장이 후퇴하다 궁둥이 관통상을 입고 말았다. 나는 마지막 적들을 향해 수류탄을 던지고 중허리 길을 타야 무사하다고 힘주어 말했다. 그렇게 우리 셋은 중허리 길을 돌아 무사히 본부대와 합류했다. 그런데 본부대 성원 중 한 명이 후퇴 길에 우리 전투상황을 본다고 주변의 만류에도 불구하고 능선 너머로 고개를 들고 보다가 적의 사격이 명중해 쓰러지고 말았다. 결국 2명 희생, 1명 중상, 1명 경상의 피해를 입고 말았다.

본부대는 노고단 시암재까지 후퇴한 후 집결하여 본기지로 들어가고 우리 세 명만 남아 적들이 후퇴하는 것을 보고 소대장 동지의 희생지를 찾았다. 적들은 M-1을 탈취하고 소대장 동지의 목을 잘라가는 만행을 자행했다. 당시 적들은 빨치산을 죽이든가 생포하면 훈장을 타기 때문에 전과

지리산 일출

를 부풀려서 보고하는 것을 막기 위해 목이나 귀, 코를 베어오라고 했던 것이다.

1952년 지리산 빨치산 투쟁에서는 보급문제 해결이 제일 어려웠다. 그리고 통로 여기저기에 적들이 매복을 펴고 있어 저녁에는 먼저 발견하는 사람이 산다는 말이 사실이었다. 매달 희생자 통계를 내는데 제일 많이 희생될 때가 동지들 23명을 잃었을 때였다. 이 동지들은 척후병으로 나간 희생자들이다. 당시 식량문제 해결이 얼마나 어려웠는지 '식량문제 해결은 조국을 위한 투쟁이다'라는 구호까지 부를 정도였다. 그래서 척후병을 안 서려고 머리가 아프다고 꾀병을 부리는 대원들도 있었다. 그야말로 투철한 혁명의식을 갖지 않고는 주어진 난관을 헤쳐 나갈 수 없는 처절한 싸움이었다.

박찬봉 위원장 동지는 지초봉 전투 소식을 보고 받고 탄식하면서 얼마나 마음 아파했는지 모른다. 그리고 부대 총화에서 "김영승의 말을 듣지 않는 결과로 희생을 당했다"고 지적했다. 그 후로는 투쟁에서 내 말발이 조금 서기도 했다.

2019년 10월 31일 박영발비트에서 답사반과 함께

제5부

전적지 답사

●

역사기행은 현장답사를 통해 생생하게 살아 움직이는 학습장이 돼야 한다. 동시에 왜곡되고 잊힌 현대사를 바로잡고 정상적으로 발전시키는데 기여해야 한다. 현장답사에서 단순히 어떤 사건들이 어떻게 전개되었는가를 아는데 그쳐서는 안 된다. 그 시절 그때로 돌아가 당시 펼쳐진 사건들이 무엇 때문에 일어났는지 그 원인을 똑바로 규명하고, 그 속에서 체득해야 할 역사적 경험과 교훈이 무엇인가의 핵심을 찾아내야 한다.

역사는 단절이 아니라 연속성을 가져야 하기 때문에 현장답사의 물줄기를 과거로부터 현재, 현재에서 미래에로 지향해 가는 목적의식을 가지고 현대 정치사로 연결시켜 논리적이고 체계적인 주체적 역사관을 옳게 확립하는데도 기여해야 한다.

그런 의미에서 이 기행문도 전개되는 사건들의 가감 없는 진실을 밝혀야 한다. 오늘 조국의 자주 평화와 민족대단결에 접목시켜야 하며 저마다 주어진 여건에서 당면한 과업 완수의 획기적인 전기를 마련하는 계기로 삼아야 한다. 그런 기본 관점에서 기술하고자 하나, 미흡한 점 많으리라 생각한다.

백운산 지역

피로 물든 섬진강을 가다 | 2002년 7월

우리 일행에는 유봉남, 박유배 동지(백운산 빨치산 출신), 나와 생사고락을 함께 했던 노투사들(이성근, 안학섭, 양희철, 안희숙, 나승하, 정관호, 전덕례, 정귀남, 윤혜자, 신평식, 손영심 등), 그리고 몇몇 젊은 일꾼들(박지수, 김해령, 노진민 등)이 함께 했다.

남원에서 구례를 통과하는 길에 밤재가 있다. 지금은 밤재에 산 터널을 뚫어서 가파른 고개를 넘지 않아도 직선으로 통할 수 있다. 그동안 많이 변했다는 것을 실감했다. 이 밤재에 얽힌 사연은 이렇다. 1951년 가을 이현상 부대가 백아산까지 와서 인원을 보충하고 지리산으로 이동하는 중이었다. 당시 곡성과 구례 해방작전을 펼치는 과정에서 구례를 해방시키기 위해서는 이 밤재 능선을 장악해야만 했다. 밤재 능선이 남원에서 구례로 넘어오는 적의 통로를 차단하는 유일한 작전지대였기 때문이다. 구례작전은

왕시루봉에서 본 섬진강

밤재와 곡성에서 들어오는 통로, 하동에서 구례로 들어오는 통로를 완전히 차단해야 가능했던 것이다. 그러나 당시 우리 빨치산 무력으로는 감당하기 어려웠던 전투였다. 치열한 전투가 벌어졌지만 끝까지 사수하지 못하고 피아간 수많은 사상자를 냈던 피어린 밤재 능선을 잊을 수 없다.

   일행이 구례 산동면을 지날 때는 산동면 해방작전을 연상하지 않을 수 없었다. 산동면은 지리산 자락에 골짜기 하나가 한 마을을 이루고 있기에 상동, 하동, 중동이라 불렀다. 이 세 골짝 마을의 끝에 산동면 지서가 위치해 있다. 산동면을 해방시키는데 마지막 지서 함락 작전이 전개됐다. 이 작전에서 지서 안의 경찰들은 실탄이 다 떨어져서 총을 버리고 나오려고 했는데, 우리 부대는 그 사실을 모르고 날이 새어 불리하다고 판단한 결과 후퇴했다. 이 함락 작전에서 총사 연대 중 7연대 연대장 조용식 등 지휘간부들과 대원 동지들의 희생이 있었다. 참으로 잊을 수 없는 한편의 역사 현장이었음을 되새겨 보면서 섬진강에 이르렀다.

구례 토지면에서 섬진강변을 따라 하동읍을 향해 달려가다 보면 강변 우측은 우리의 기행 목적지인 백운산이, 그리고 좌측은 지리산이 자리 잡고 있다. 섬진강을 사이에 두고 지리산과 백운산으로 나뉜다. 토지면에서 강 건너 백운산 쪽 간전면과 하동군 화개면을 가기 전 한수내골을 좌측으로 바라보면서 달리게 된다. 한수내골 가기 바로 전에는 강변 모래사장이 있다. 이곳도 잊을 수 없다.

백운산 따리봉에서 섬진강변까지 뻗어 내린 능선을 중바위등 능선이라 부른다. 1953년 9월 15일 김선우 도당 위원장을 보위한 우리 일행은 다섯 명이었다. 권영용(체포 후 총살 집행) 중대장과 연락지도원 윤석두(체포 후 총살 집행) 동지가 후방을 감시하고, 나와 이성근 연락지도원이 척후 정찰 책임을 맡고, 위원장과 조병탁 보위병은 중간에 두고 섬진강을 건너는 과정이었다. 우리 척후 정찰조가 강을 무사히 건너 모래사장을 지나 도로 언덕에 닿았고 시각은 바로 해가 서산에 지고 어둠이 캄캄하게 깔린 상태였다. 그렇게 일몰 전에 건너편 중바위 능선 중턱을 돌아내려 지리산 자락 도로변을 정찰하는데, 한편 건너편에서 우리 일행을 발견한 적의 매복부대가 막 도착해서 자리를 잡는 순간에 우리 정찰조와 마주치게 된 것이다. 뒤의 일행은 별일 없으리라 생각하고 강을 한참 건너오고 있었다. 캄캄해서 실체는 보이지 않지만 바로 앞에서 "이곳에서 잠복하면 된다"는 적의 말소리가 들렸다. 일단 적이 전투태세를 갖추고 나면 대응하기 어렵겠다고 판단했다. 뒤쪽으로는 물살을 가르며 건너오는 소리가 크게 들리고 있었다. 위기의 순간이었다. 바로 그 순간, 우리 정찰조가 M-1 8발을 쏘며 돌격 소리로 전진했다. 적은 당황한 나머지 한 발도 쏘지 못하고 어디론가 사라졌다. 결국 우리 일행은 왕시루봉 중허리를 단숨에 오르며 무사히 노고단을 넘을 수 있었다. 그런 사연이 얽힌 강변 모래사장을 회상하면서 한수내골 강변을 달린다.

이 한수내골은 백운산에서 지리산, 지리산에서 백운산으로 오는 연락통로 중의 하나였다. 그 당시 섬진강을 건너다 얼마나 많은 동지들이 희생되었던가. 물살에 떠내려가 죽은 동지들, 강을 건너다 건너편 매복에 걸려 강물에서 싸우다 희생된 동지들, 특히 엄동설한에 물살이 가슴까지 차오르는 속에 살을 에이는 강을 건너야만 했다. 건너다 싸움이 벌어지면 물살에 전사하거나, 빗발치는 적의 총탄을 맞으며 넓은 모래사장을 지나 적의 매복지를 뚫고 지리산으로 이동하며 투쟁해야 했다. 그런 섬진강은 잊을 수 없는 역사의 피어린 현장이다. 지금도 강물은 말없이 흐르고 있다.

한수내골에도 빼놓을 수 없는 비사가 있다. 1953년 8월, 제5지구당 조직위 결정으로 지구당을 해체하게 됐다. 그때 제5지구당 결정서 문건을 지참하고 한수내골을 내려오던 도중 박영발 위원장의 주치의였던 이형년 동지가 매복에 걸려 부상, 생포 당해 문건을 빼앗겼던 곳이다. 부상당한 이 동지는 응급조치를 제대로 하지 못해 결국 파상풍에 걸려 죽고 말았다. 지금 그의 유골은 영광군 군서면 이 동지 선산에 묻혀 있다.

피아골 입구를 지나면서는 피아골 입구 전투를 연상하지 않을 수 없었다. 피아골 입구는 1950년 9.28후퇴 후 소위 유엔군 부대와 치열한 격전이 벌어졌던 전적지였다. 구례에서 하동읍으로 이동하던 적들에 매복전으로 결정적 타격을 주었던 곳이기도 하다.

그리고 화개장터를 지나면서 화개골 빗점골에서 이현상 동지가 매복에 걸려 희생됐던 1953년 9월 18일을 되새기면서 악양면을 바라보며 하동읍을 달리게 됐다. 악양면은 지리산 세석평지로 이어지는 한 골짜기가 한 개 면인데 1951년 동계공세 전 이현상 부대가 일시적으로 해방시켰던 곳이며, 여기에서 보급한 식량을 동계공세로 인하여 다 소모하지도 못하고 적들에게 빼앗겼던 기억도 새롭게 되살아났다.

하동읍을 통과할 때 지나는 강변 낭떠러지 입구는 1953년 7월 하동읍 파출소를 전남부대 소조가 습격해 궤멸시킨 곳이었다. 그러나 그때의 파출소 흔적은 하나도 남아있지 않았다. 일행은 어둠이 깔린 속에 하동읍에서 광양군 진월면으로 통하는 새로 건설된 섬진강 다리를 건너 진월면, 옥곡면을 거쳐 옥룡면, 옥룡골 백운식당에 이르렀다. 이곳 민박에서 일박하면서 하루의 피로를 풀고 각자 소개와 하고 싶은 말 한 마디씩을 남겼다.

한재를 오르다 | 2002년 7월

한재는 해발 868고지이다. 한재 너머 구례군 간전면(지리산 문수골로 통함) 좌측을 오르면 따리봉, 우측으로 오르면 상봉을 향하는 원능선이다. 옥룡골은 도로와 민박들이 들어서서 옛 모습을 거의 찾아볼 수 없을 정도였다.

아침 7시에 출발한 일행은 연병장을 통과하게 됐다. 이곳은 9.28후퇴 후 해방구를 갖고 있을 때 빨치산 부대들이 훈련 등 각종 행사를 했던 곳이다. 그러나 지금은 개발되어 도로가 나고 새로 심은 나무들이 우거져 있다.

옛 모습은 남아 있지 않았다. 이 연병장은 도당 지도부가 있던 88골짜기에서 연병장을 통해 도솔봉으로 가는 통로이기도 했다. 그래서 1951년 동계공세 때부터 이곳을 지나다 적의 매복에 수많은 동지들이 희생되고 생포되기도 했던 곳이다. 이곳 근처에서 생포됐던 한 여성 동지는 지금 살아 생존하고 있다. 지금은 할머니가 되었지만. 이런 저런 일들을 생각하며 한재를 향해 올랐다.

원래 88능선에서 추모행사를 진행하려 했으나 사정상 변경하여 한재에서 지내기로 했다. 그러나 일행 중 노투사들의 건강이 허락지 않아 일부만 한재까지 오르고 나머지는 중도에 처지는 상태였다. 그래서 한재골의 작은 골짜기인 용송골과 한재로 가는 갈림길 골짝 물가에서 상봉을 바라보며 동

백운산 한재

지들을 추모하는 자리를 가졌다. 준비해 간 과일과 술을 따르고 조국의 자유와 해방을 위해 먼저 산화하여 간 동지들을 기리면서 엄숙한 마음으로 묵념을 했다. 일행은 모두가 한마음 한뜻으로 먼저 간 동지들의 희생정신을 본받아 6.15공동선언 고수 이행으로 남은 생을 다 바쳐 나갈 것을 다짐하기도 했다. 우리는 마지막으로 서로 손과 손을 맞잡고 '우리의 소원은 통일' 노래를 함께 불렀다.

한재는 동계공세 전 백운산 부대가 거점으로 쓰던 곳으로 여기에서 각종 문화행사도 했다. 동계공세 때는 피아간의 전투장이 되어 많은 희생자를 냈던 한재 전적지이기도 하다. 특기할 만한 것은 이 한재가 잣나무로 이루어져 있다는 것이다. 당시 속된 말로 한재잣이 이승만의 진상에 오르기도 했다는 일화도 있었다. 그만큼 한재잣이 유명했다는 것이다. 지금 한재에는 우리 선생들 네 분이 묻혀 있다.

선지골 확독터를 가다

백운산은 큰 산이라 눈도 제법 많이 와서 눈을 밟으며 확독터를 찾아 오른다. 옛날에 밟았던 길이고 고리수(고로쇠)를 받기 위해 비닐 파이프를 설치하느라 민간인들이 다녔던 길이기는 하나 눈에 덮여 제 길을 찾아가기가 쉽지 않아 숲과 너덜강(너덜겅의 방언) 바위를 넘나들며 한참 헤맨 끝에 드디어 확독터를 찾아냈다.

용송골에는 도당 연락부가 터를 쓰고 있었다. 이 '확독'은 널따란 바위 한복판에 정으로 쪼아 만든 것이다. 당시 연락부원 형(이름 미상)이 목수였기에 며칠간의 작업 끝에 파서 만들었다. 디딜방아를 만들어 양쪽에서 발로 디디며 한 사람은 확독에 곡식을 밀어 넣고 찧었던 것으로, 1951년에 만들어졌다. 지금 살아있는 생존자로서 당시 방아를 찧었던 정관호 선생과 전덕례 동지가 있다. 현장을 답사한 감회와 추억이 새롭게 되살아나기도 했다. 이 확독에서 벼나 겉보리 등을 찧었는데 이 확독을 거쳐 간 동지들은 대부분 세상을 떠나 유일하게 이 두 동지만 남아 있는 상태다.

   토벌대는 방앗간은 없앴지만 확독만은 파괴할 수 없었다. 그래서 반세기가 지난 오늘에도 말 없는 역사의 증인으로 남아 그때의 생생한 모습을 전해주고 우리의 마음을 감동시키며 새로운 다짐을 불러일으키고 있다. 백운산에서 유일한 전적지의 생생한 역사 현장이기도 하다. 일행은 여기에서 간단한 추모의 뜻을 표하고 사진촬영도 했다. 근래에 금속탐지기를 이용해 선지골(현지주민들에 의하면 용송골로 불리고 있다)에서 새로운 동굴을 발견하고 유품도 많이 수습했다. 특히 인민군 훈장도 나와 전사들을 다시 한 번 되새기게 되었다.

   여기에서 원능선에 오를 선생들만 남고 나머지 일행은 옆 능선 너머 도당 지도부가 있던 88트를 답사하고 하산하여 집결지에서 우리 일행을 기다리기로 했다. 우리 일행은 가파른 경사, 우거진 숲과 바위를 넘나들며 나무와 풀잎을 잡고 미끄러지고 또 오르면서 드디어 원능선에 도달했다. 오르는 과정에 지난 폭우 때 산사태가 나서 자연환경이 많이 훼손되었으나 이를 치유할 손길은 미처 뻗치지 못하고 있음도 실감했다.

   일행 중에 젊은 한 친구 때문에 오르는 속도가 느리기도 했다. "노장 선

백운산 확독

생들은 잘 오르는데 왜 젊은 친구가 그렇게 더디냐"고 가벼운 재촉도 했다. 그런데 뒤늦게 몸이 아픈 상태에서 역사기행을 취재하겠다는 일념으로 아픔을 참고 함께 올랐던 것임을 알고서 젊은 친구의 불편함을 사전에 감지하지 못한 자신을 책망하기도 했다. 추운 눈얼음 속에서도 진땀을 흘리며 원능선을 올랐을 때 그동안 막혔던 숨통이 확 트인 기쁨은 말로 다 표현할 수 없었다. 반세기 전 빨치산 동지들이 생사를 걸고 단숨에 오르고 내리던 길을 단시간이나마 체험해볼 수 있었다는 점에서도 값있는 경험이 됐으리라 생각한다.

드디어 고 김선우 위원장 유골이 묻혔던 능선고지에 다다랐다. 이 가묘에서 상봉을 향해 간단히 추모의 뜻을 표하고 백운산을 한눈으로 내려다보며 동서남북 방면 지형지세를 관찰했다. 김선우 동지가 이곳에 묻히게 된 동기는 이러하다. 김선우 동지는 전남 보성 출신으로 고매한 성품을 가진 지도자로서 매사에 다정다감하고 하부 일꾼들의 의사를 존중하고 절대로 반말이나 "해라"를 하지 않았던 사람이었다. 그래서 하부 일꾼들이 항상 그를 우러러 받들었다.

진월면 폐광 금굴에 잠복해 있다가 적들에게 발각돼 함께 있던 유상기 책임지도원 동지와 보위병 동지는 위원장 동지 구출 작전에서 희생되고 김선우 동지만 다리 허벅지 관통상을 입고 단신으로 백운산에 들어왔다가 적들의 포위망에 걸려 최후까지 싸우다 1950년 4월 5일 전사했다. 그리고 적들은 김선우 동지의 인품과 인격, 그리고 지도자상을 받들어 시신을 이곳 능선에 묻게 했던 것이다.

그 후 40년이라는 세월이 흘렀다. 늦게나마 살아있는 노장들이 기억을 더듬어 유골이라도 찾아야겠다는 일념으로 몇 차례의 지형 답사 탐사 작업을 했다. 지형지세 탐색에 일가견을 가지고 있는 류락진 선생(암으로 작고했다)과 이복순 동지가 유골지를 발견했다(복순 여사는 당시 김선우 위원장 기요원인 동시에 비서로 사업했다). 골격과 옷, 그리고 묻힌 지점을 종합해서 선우 동지임을 여러 노장들과 함께 확인하고 선산인 보성군 웅치면에 안장했다. 그 후 매년 추모를 하고 있다.

한눈으로 바라보는 백운산의 지형지세와 역사적 의미

백운산은 역사적으로 임진조국전쟁, 갑오농민전쟁, 일제 강점 하 의병

투쟁, 항일투쟁, 해방공간시의 유격투쟁, 조국해방전쟁 시기의 치열한 전투장이었다. 이 모두가 이 땅에서 외세를 몰아내기 위한 민족자주와 조국해방투쟁의 산 전적지 중의 하나임을 상기해야 할 것이다.

백운산은 1222고지로 상봉, 따리봉, 도솔봉으로 이루어져 있다. 이 3대 봉우리로 둘러싸인 안쪽을 내곽이라 하고 그 반대 바깥쪽을 외곽이라 불렀다. 내곽은 제일 큰 옥룡골이라 부르고 상봉 너머는 진상골, 다압골, 서골, 독새바위골이라 부르고, 따리봉에서 섬진강변까지 뻗어 내린 능선은 중바위등 능선이라 부른다. 도솔봉에서 옥룡골 쪽으로 뻗어 내린 능선은 봉강능선이라 부르고 그 골짜기를 봉강골이라 한다. 그리고 도솔봉에서 순천 쪽으로 뻗어 내린 능선에 용계산이 있고 용지동골이 있다.

섬진강 쪽으로는 문척골과 간전골이 있다. 상봉에서 하봉-삼각고지-기관포고지-800고지-바구리봉으로 이어지고 한 갈래는 옥룡면과 옥곡면 경계를 이루는 큰 능선이 길게 늘어져 있다. 그 외에 이름 모를 능선들과 골짜기들이 수없이 펼쳐진다.

백운산 봉우리와 골짜기들의 새로운 명칭 부여

재산 시 잘 싸우다 희생된 간부들이나 전투원들의 이름을 따서 백운산 봉우리와 골짜기들을 새로 명명했었다. 지금 기억에 남아 있는 것만 열거한다면, 백운산은 전남도 인민위원장 김백동 동지 이름을 따서 백동산, 상봉은 도당 위원장 김선우 동지 이름을 따서 선우봉, 따리봉은 도당 부위원장 김인철 동지 이름을 따서 인철봉, 도솔봉은 백운산지구 사령관 유목윤 동지 이름을 따서 목윤봉, 옥룡골은 당시 도당 부위원장 염형기 동지 이름을 따서 염형기골, 상봉 너머 진상골은 당시 도당 책임지도원이었던 유상기 동지 이름을 따서 유상기골, 바구리봉은 광양 군당위원장 박정기 동지 이름을 따서 박정기봉, 진상골 잣나무트는 부대장인 이봉삼 동지 이름을 따서 이봉삼트라 불렀으며, 다압골은 당시 전남 연대장이었던 김정태 동지 이름을 따서 김정태골, 간전골은 당시 도당 부위원장 정귀석 동지 이름을 따서 정귀석골, 용계산은 당시 정공대장 조동만 동지 이름을 따서 동만산이라 불렀다.

용지동골은 당시 사령관인 남태준 이름을 따서 남태준골, 옥룡골 쪽 88트 능선 너머 병암골은 동계공세 때 지구사령부 참모장이었던 조갑수 동지 이름을 따서 조갑수골이라 불렀다. 안타깝게도 그 외에는 생각나지 않는다. 참으로 다 기억하지 못해 죄송한 마음을 금할 수 없다.

옥룡골에서 잊을 수 없는 몇 가지 역사적 사건들

옥룡골은 우선 내가 1954년 초봄에 총 세발을 맞고 체포된 곳이며 전남부대가 최후를 마쳤던 곳이다. 옥룡골 입구에서 안으로 들어오면 똥섬이 있다. 이 똥섬은 1953년 8월 14일 저녁 기습작전에 들어가다가 내가 지뢰를 밟아 50여 군데 파편을 맞고 구사일생으로 살아났던 곳이며 특히 소년전사 구춘길 동지가 장렬하게 전사한 골짜기다.

따리봉 밑에서는 토벌대들의 포위공격에 김인철 부위원장 동지가 희생됐다. 토벌대가 그의 목을 잘라 배낭에 넣어 한재에서 상봉으로 가는 첫 봉

옥룡골

우리인 민샛등에 놓아둔 것을 유봉남 동지가 발견해서 정귀석 부위원장과 전영선 여성동지가 머리를 시신 몸통에 붙여 매장했다. 하지만 지금도 매장지를 찾지 못하고 있다.

그리고 1954년 봄 염형기 부위원장 동지가 비트에 있다가 수색에 발견돼 전사했다. 토벌대는 그의 목을 잘라 담요로 싸서 광양읍까지 가져왔다. 염형기 동지는 당시 순천군당 위원장이었던 남동원을 소환하여 오는 과정에서 도솔봉 밑에서 잠시 쉬는 중이었는데, 남동원이 칼빈으로 저격하여 염형기 동지에겐 중상을 입히고 보위병을 쏘아 죽이는 일이 발생했다. 남동원은 이후 자수하는 웃지 못 할 비극이 벌어졌던 것이다. 그리고 88능선 너머 병암골에는 민청학원이 있었고 이 골짜기에 도당 정공대 3대대 부부대장 심 동지(여수 출신으로 기관총을 소총 다루듯 한 우람한 체격을 가지고 있었음)가 단신으로 토벌대 12명을 사살하고 마지막에 희생된 곳이다. 시신은 공세가 끝나고 묻었으나 지금은 찾을 길이 없다.

두 소년 전사

한 소년 전사(이름 미상)는 1951년 동계공세 때 백운산지구 사령부 부정치위원 연락병이고 또 한 소년 전사 구춘길은 전남 부대원이었다.

이름을 알지 못하는 그 소년 전사는 부정치위원과 함께 한재 골에서 기습 잠복하고 있었다. 토벌대는 수색작전을 펴며 능선에서 골짜기로 내려오고 있었다. 그런데 당시 토벌대 중대장이 부정치위원의 대학 동창이었다. 부정치위원은 이를 알고 위기의 순간 손을 들고 투항하면 살 수 있다고 생각한 나머지 자기 연락병에게 함께 투항하자고 했다. 그러나 소년병은 완강히 거부했다. 아무리 설득해도 듣지 않자 부정치위원은 자기만 투항했다. 그래서 그는 살았다. 그러나 소년 전사는 발각돼 생포됐다. 그 순간 소년 전사는 끝까지 저항했다. "나는 너희들에게 투항할 수 없다. 미제의 앞잡이들아, 쏠 테면 쏴라" 하면서 완강히 저항하자 결국 토벌대는 할 수 없다고 체념하고 참으로 악질이라면서 저항하는 소년 전사에 8발의 총탄을 퍼부어댔다. 그렇게 그는 장렬하게 전사했다.

구춘길 소년 전사는 우리 전남부대 전투원으로서 1954년 초 토벌대와 치열한 전투 끝에 다리 부상으로 걸을 수 없게 됐다. 동무들은 할 수 없이 그를 바위 밑에 은신시켜 두고 전투가 끝나면 데리러 오려고 했다. 그러나 적과 전진 후퇴를 거듭하는 투쟁 속에 구춘길 동무는 발각됐다. 적은 그를 생포해서 데리고 가려 했다. 그러나 구춘길 동무는 완강히 거부하며 "미제의 앞잡이, 개새끼들아, 쏠 테면 쏴라, 죽어도 너희들에게 투항하지 않겠다"고 성토했다. 적들은 수차례에 걸쳐 위협도 하고 달래도 보았지만 도저히 마음을 돌릴 수 없다고 생각한 나머지 빨갱이 악질이라며 3명이 집중사격을 가함으로써 소년 전사는 몸이 벌집이 돼 붉은 피를 쏟으며 최후의 장렬한 죽음을 맞게 됐다. 이 소식을 듣고 포로가 된 동무들은 할 말을 잃고 있었다. 구춘길 동지는 구례 간전면 출신으로 노래도 잘 부르고 활달한 성격에 한마디를 하더라도 야무지게 하며, 돌격전에도 항상 선두에 서서 진격하며, 생활에서 적극성과 자발성을 갖고 다른 전사들의 모범이 돼 사랑을 독차지했었다.

지금도 그때의 그 모습이 선하게 남아 있다. 이제는 한 줌의 흙이 되었지만 항상 머리 위에서 지금 동무들은 어떻게 살며 무얼 하고 있는가 말하는 것 같다. 백운산을 그리며 동지를 되새겨보게 된다.

진상골에 얽힌 몇 가지 역사적 사실들

진상골 발치에서 상봉까지 폭 50m로 웅장하게 심어진 나무를 벌목해서 상봉에서 골짜기를 내려다보면 개미 기어가는 것도 다 보일 정도로 민둥하게 만들었는데 전쟁 기간 내내 그 형태 그 모습이 남아 있었고 지금도 그 흔적이 남아 있다. 이곳은 1948년 10월 19일 여순 애국병사 봉기 후 백운산 빨치산의 거점과 부대 이동을 한 눈으로 감시하기 위해서 벌목했던 해방공간시의 역사현장이기도 했다.

잣나무트(전남부대트)는 1953년 8.15 경축행사를 하던 중 그날 밤 적들이 들어와 포위하고 날 새기를 바라고 있었으나 우리의 새벽 정찰이 적들을 발견해 부대가 무사히 포위망을 탈출했던 일이 있었던 곳으로 당시 적

진상골

들과 대치하며 아군의 사상자까지 내면서 싸웠던 곳이기도 했다.

그리고 소능선을 넘으면 소령트가 있다. 1951년 적의 군용차를 습격하여 소령을 생포했다가 다시 내려 보냈던 곳을 소령트라 명칭을 부여했던 것이다.

또한 전남 연대장이었던 김정태 동지가 적의 매복에 희생돼 박영발 동지의 애정 어린 동지애의 눈물을 자아냈던 아픈 사연도 있다. 그 외에 많은 역사적 사연들이 있으나 다 열거할 수 없어 안타깝게 생각한다.

그리고 하봉에서 800고지로 가는 삼각고지는 1952년 1월 중순 도당 정공부대가 토벌작전에 동원된 육군 수도사단이 막 삼각고지에 짐을 푸는 순간 대낮 기습전을 감행해 많은 무기와 탄약 보급품을 노획했던 고지이다.

이때 노획한 M-1탄 1만여 발을 한재골 바위 밑에 비장했으나 비장한 동지가 모두 희생돼 지금껏 찾을 길 없다. 아마도 무언으로 주인을 기다리고 있겠지만 영원히 빛을 발하지 못하는 흙진주가 될 것 같아 안타까운 마음 금할 길 없다.

서골에는 환자터가 있었다. 이곳 환자터는 공세 때 부실하기 짝이 없는 흙땅굴 비트에 들어가 있었다. 1953년 늦가을, 적들의 대대적 수색작전에 모조리 발견돼 끝까지 저항하는 환자 동지들은 사살되고 나머지는 생포해 갔던 피의 투쟁이 서린 골짜기이다. 이때 모자가 입산해 어머니는 저항하다 사살되고 아들은 생포되는 비극도 있었다. 아들은 지금도 살아 있을 텐데 어디에서 어떻게 살고 있는지 궁금할 뿐이다.

그리고 800고지는 1953년 초가을 미 전투기 5대가 한 편대를 지어 타원을 그리며 맹폭격과 기관총을 난사하고 소이탄을 터뜨려 불바다가 된 상황에서 고지에서 살아나온 기억도 생생하게 남아있어 평생 잊을 수 없다.

용지동골에 얽힌 역사적 사실들

1951년 야산지대에서 활동하던 동지들 백여 명이 용계산에 들어갔을 때는 적들의 1차 공세 중이었다. 그래서 백운산 내곽으로 들어가지 못하고 1차 공세가 끝나면 들어오라는 연락을 받고 독자적으로 연락원 두 명의 인솔 하에 공세를 막고 있었다. 보급로가 차단돼 며칠을 굶으면서 비무장 동지들은 매일 계속되는 포위 공격 수색작전에 걸려 일부는 체포되고 일부는 죽어 갔다. 이 와중에 공세 전 방앗간 터에 쌓인 맷재를 눈과 얼음을 깨고 손으로 한 줌씩 붙어서 싸래기 한 주먹을 알루미늄 솥에 넣어 물을 붓고 끓여서 한 모금씩 나누어 먹으면서 공세를 극복해야 하는 처절한 지경까지 이르렀다.

이런 상황이다 보니 투쟁의식이 약화돼 이래도 죽고 저래도 죽을 것이니 날이 새도 산상 잠복을 나가지 않고 그대로 터에 남아 있다가 토벌대들의 총탄에 맞아 소각당해 검게 타버린 앙상한 시신을 수없이 보게 되었다. 그 역경 속에서도 투쟁의 의지를 불살랐던 동지들은 살아남았고 완전히 자포자기한 동지들은 수없이 죽어갔던 피어린 역사의 현장, 용지동골을 잊을 수 없다. 나 역시 살아남은 유일한 몇 사람 중의 한 사람이라 그때의 현실을 회상하게 된다. 이러한 역사적 사실들을 마음 속 깊이 되새기면서 하산길에 들어섰다.

88능선과 88트 답사

일행은 내려올 때는 가벼운 발걸음으로 88보초선 능선에 도달했다. 이 능선을 타고 내려가면 빠꾸바위가 있다. 빠꾸바위라는 이름은 동계공세 때 도당 지도부 산하 각 기관 단체성원 약 백여 명이 88트에서 중허리를 돌아 큰 바위 밑에 왔으나 토벌대의 공격으로 다시 오던 길로 되돌아 후퇴하게 된 데서 붙여진 것이다. 부대 이동 때 이 빠꾸바위 밑은 이따금 하루쯤 묵다가 이동하는 이른바 정거장, 거점으로도 이용됐다

88능선에 도달한 일행은 새삼 88보초선 위치가 그 얼마나 전략적인 위치인가를 실감하게 됐다. 여기서는 백운산 내곽 원능선을 한 눈으로 살펴

적의 동태를 살필 수 있다. 적들의 진격에 따라 사면팔방으로 후퇴할 수 있는 요충지대이기 때문이다. 여기에다 사실 위령비를 세우려고 다 준비했다가 비문의 사전 발각으로 일단 계획 실천을 접게 된 일도 있다. 가파른 경사를 따라 내려오던 일행은 중간쯤에서 도당 위원장 바위 밑 터와 구들장도 발견하게 됐다. 그때 바위 밑에서 불을 지폈던 검은 그을음이 반세기가 지났어도 아직 남아있었다.

  88이란 도당 암호이다. 이 골짝에는 위원장트를 비롯해서 도당 각 부서와 인민위원회트들이 있었다. 동계공세 전에 구들장을 만들고 잣나무로 귀틀집을 사각형, 직사각형으로 짜서 틈새를 진흙으로 발라 바깥 공기를 차단시키고 지붕은 서까래를 얹어 흙을 바르고 쒜(억새)를 둘렀다. 공세 때 토벌대가 수차에 걸쳐 불을 질렀으나 지붕은 타고 통나무는 타지 않고 그을

88능선

전적지 답사

린 채로 1954년 봄까지 그 형태가 남아있었다. 그러나 반세기가 지난 오늘에는 귀틀집은 흔적조차 없고 나무와 숲만 우거져 있었다.

88트에도 잊지 못할 사연이 하나 있다. 1952년 1월 27일 정공대장이 88보초능선에서 전투하다 다리 관통상을 입었다. 그래서 도당 위원장 비서 이정태 동지, 주치의 이형년 동지, 그리고 필자와 같이 조동만 대장을 보위하고 임시 땅 밑 환자트에 들어가 있다가 발각돼 적들을 물리치고 3명은 살아났으나 조동만 대장은 희생되고 마는 아픔을 겪은 곳이다. 시신은 살얼음판 속에 낙엽으로 묻어주고 공세가 끝나고 해동되면 다시 매장하려 했으나 이후 그곳을 가지 못했다. 그 후 반세기 후 찾았으나 흔적조차 없었다(지금도 위치는 알고 있지만).

당시 정공부대는 8명으로 출발해서 공세 때 잘 싸워 100여 명의 무장대오로 발전했다. 이 정공대는 도당 산하기관 동지들을 보위하고 보급을 해결하는 강력한 무장부대였다(부대원은 모두 도당 학생들, 군관학생, 민청학원생들이었다). 이렇게 무적을 자랑하던 부대였으나 대장이 부상으로 비트에 들어감에 따라 부부대장에게 지휘권을 위임했다. 하지만 계속되는 전투에 피로에 지친 나머지 적의 집중 공세를 예견하고 밤에 외곽으로 이동하라는 지시가 내려졌음에도 이를 어기고 날이 새자 88능선 너머 병암골에 분산 잠복시킴으로써 1월 27일 하루 사이에 종막을 고하는 아픔도 겪었던 곳이다. 지도자나 지휘관의 역할이 그 얼마나 중요한가를 뼈저리게 느꼈으며 원칙을 저버리면 어떤 결과가 오는가를 실감하게 되었다.

그 역사적 경험은 그때나 지금이나 변함없다. 이와 같은 생각을 되새겨

보면서 집결지에 시간 맞춰 도착해서 먼저 하산한 동지들과 합류했다. 우리 일행은 양지바른 잔디에 앉아 마무리 인사를 마치고 기념 촬영한 후 상경 길에 오르게 됐다.

결어

이번 백운산 역사기행은 원래 9.28후퇴 후 도당부와 빨치산 총사령부 산하 부대들이 활동하며 싸웠던 백아산을 돌아가기로 했었지만 시간 관계상 부득이 취소하고 섬진강변을 돌아가게 되었다. 또한 상경 길에 노장들이라 피로했겠지만 역사기행의 소감들을 각자 한마디씩 남기는 시간을 갖지 못한 아쉬움도 남았다. 그러나 오랜만에 찾는 기행에서 노장들임에도 불구하고 한 사람의 사고나 낙오자도 없이 무사히 마쳤다는 안도감도 잊을 수 없다.

또한 기행을 통해 과거 빨치산들의 어려운 역경을 짧은 시간이나마 다시 한 번 생각해 볼 수 있는 계기가 됐다고 생각한다. 우리는 역사현장 답사를 통해 자신들의 정신적 육체적 단련을 했음은 물론 일사불란하게 정해진 시간표대로 모든 일정을 마침으로써 단결되고 단합된 강철의 대오를 실천으로써 증명했다.

우리는 항상 오늘의 현실을 단순히 조국 분단에서 오는 비극으로만 돌릴 것이 아니라 분단의 원인 제공자가 누구이며 왜 확고한 주체성을 확립하지 못했는가 하는 냉철한 반성과 함께 누가 누구를 위해서 그렇게도 많은 피를 흘리고 죽이고 죽임을 당해야 했는지 그 처절한 역사의 경험과 교훈을 되살려야 할 것이다.

　한마디로 이 땅에서 외세를 몰아내고 간섭을 배제하지 않는 한 비극의 역사는 계속될 수밖에 없다는 것을 잊지 말아야 할 것이다. 이처럼 전남 광양 백운산은 전남도당의 핵심기지로 1954년까지 빨치산 투쟁을 치열하게 전개하다 종막을 고하는 아픈 역사적 기록을 남기고 있다.

지리산
지역 지리산 빗점골을 찾을 때마다 (2000년 9월 18일)

　지리산은 백두대간의 명산으로서 임진조국전쟁, 갑오농민전쟁, 항일투쟁, 조국해방전쟁 때 빨치산 투쟁의 치열한 불길 속에서 조국의 자주와 독립을 위하여 사랑도, 청춘도, 재산도, 생명까지 다 바쳐 싸운 전적지임을 염두에 두고 빗점골을 기행하기 바란다.

가는 길과 목적지

　하동군 화개면 화개장터로 들어간다. 도로를 따라 올라가면 첫 번째 다리까지는 화개골이라 하고 그 이후부터는 대성골이라 한다. 빗점골은 대성골의 한 골짜기다. 빗점골은 빗점마을이 있으나 폐허가 된 지 오래되었다. 빗점골은 원골, 산태골, 절골로 나누어있다. 위 세 골짝의 물이 합쳐진 곳에서 이현상 선생의 일행이 너덜강을 건너는 과정에 경찰대들의 매복에 걸

이현상 최후격전지 표지판

려 희생된 곳이다. 대성골과 빗점골로 가는 삼각지점이 의신마을이다. 여기까지는 대형 버스가 들어간다. 이후부터는 봉고나 소형차가 마지막 삼정마을까지 들어간다. 여기서부터 차 통행을 차단하는 쇠사슬 줄이 가로막고 있어 걸어서 올라가야 한다.

그러면 이현상 선생이 빗점골에서 희생된 것을 어떻게 알게 되었는가. 1953년 8월 박헌영, 이승엽 도당들의 미제 고용간첩사건이 발생하여 처형되었을 때 제5지구당이 자체 조직위원회의 결정에 의하여 해체되고, 그들의 사상적 영향을 받았던 지도 간부들 5명이 자진해서 평당원으로 내려앉았다. 따라서 이현상 선생도 평당원이 되었다. 당시 각 도당 산하 각급 당단체와 일꾼들이 대대적으로 간첩도당들의 사상적 영향을 받았음이 없는지 비판사업을 전개하여 당의 사상적 통일과 결속을 굳게 다지며 투쟁의

열의를 더욱 높여 나갔던 것이다.

그런데 나중에 알고 보니 중앙당에서는 지구당을 해체하지 말고 그대로 존속시켜 사업을 계속하라는 지시문을 가지고 온 연락원이 적들의 손을 거쳐 전북도당에 잠입해 들어왔었다. 전북도당은 잠입한 연락원의 신분 확인을 위해 조사기간을 가졌다고 하더라도 응당 상급당부가 제5지구당이기 때문에 보고를 해야 하는데도 불구하고 하지 않은데 대하여 왜라는 의문을 아직까지 풀지 못하고 있다. 사전에 알았다면 제5지구당을 해체하지 않았을 것이 아닌가 생각하게 된다. 언젠가는 밝혀지리라 생각하고 있다.

적들은 이현상 선생 시신을 사진을 찍어 비행기로 지리산을 비롯해 남조선 빨치산 투쟁 지역에 삐라를 뿌리기도 했다. 그리고 시신은 목을 잘라 이현상 선생 고향마을에 걸어놓는 만행도 감행했다고 한다. 그 후 시신을 섬진강 모래사장에서 화장했다고 했다.

마지막 제5지구당 지리산 빗점골 아지트를 찾아갔다

1953년 9월 15일 섬진강 건너 광양 백운산에 있을 때 당시 전남도당 김선우 위원장 동지를 보위하고 지리산에 가서 구례군당부에서 1박하고 16일에 빗점골 이현상 선생 아지트까지 찾아가 하루 밤을 새웠다. 9월 17일 아침을 먹고 박영발 동지 일행과 함께 꽃대봉(지금 지도상에는 토끼봉으로 되어 있음)에 올라 화개재를 넘어 뱀사골의 삼도봉 밑에 임시 아지트를 마련해 놓고 17일 밤을 새웠다.

18일 새벽 4시에 꽃대봉 정찰을 위에 올라 빗점골을 내려다보면서 날이

빗점골 남부군 아지트

밝기를 기다리고 있는 상태에서 동쪽 하늘이 붉게 물들이고 동이 틀 무렵 빗점골에서 총소리가 바글바글 골짜기를 울리는 소리를 듣고 혹시 동지들이 매복에 걸린 것이 아닌가 생각하면서 본대로 돌아와 보고도 했는데, 오후에 이현상 동지 일행 중 한 사람만이 살아나왔다는 소식을 듣고 상황을 알게 되었던 것이다. 그리고 이 빗점골 아지트를 쓰고 있을 때 꽃대봉 전투에서 제5지구당 김태규 동지 소조가 백주에 서남지구 경찰대장을 사살하고 1개 대대를 생포하기도 한 전과를 올리기도 했다.

매년 9월 18일이면 서울에서 이현상 부대 문화담당 지도원이었던 최순희 여사가 손수 제찬을 장만하여 빗점골 희생지를 찾아가 제를 올리기도 했는데 근년에는 노쇠한 관계로 일산 어느 요양원에서 요양하다가 안타깝게도 작고해 희생지 근처에 유분을 뿌리기도 했다.

그 동안 뜻있는 어느 두 팀에서 매년 현장을 찾아 제를 올리며 기리고 있었다. 금년 기일에 두 팀이 우연히 만나 함께 제를 올리면서 그간 상황을 나누기도 했다. 내년부터는 따로따로 할 것이 아니라 함께 하기로 했으며 이현상 선생을 비롯한 지리산에서 희생된 전체 열사들을 생각하면서 가급적 많은 인원이 함께 할 것을 다짐하기도 했다.

대성골의 일화

1951년 제1차 동계공세 때 대성골에서 남부군 이현상 부대는 경남도당 성원들과 함께하고 있었기 때문에 대부대 활동으로 매일 토벌대는 꼬리를 물고 추격하기도 했다. 때문에 원능선을 넘고 넘는 치열한 전투 속에 많은 성원들이 희생되고 부상자도 많이 발생하게 되었다.

1952년 1월 19일부터는 적들의 대대적인 공세 속에서 대성골에 집결

능선에서 내려다본 대성골

한 이현상 부대와 경남도당부 각 단체 성원들은 적들의 집중적인 포위 속에서 무차별 폭격은 물론 심지어 네이팜탄까지 투하돼 약 2,000여명의 희생자를 발생케 했던 것이다. 이 공세 속에서 남부군 이현상 부대의 주력군이 거의 궤멸되는 것은 물론 경남도당부는 거의 희생되어 공세가 끝난 후 다른 도당부 간부들을 파견하여 도당부를 형성할 정도로 참화를 겪기도 했다.

대성골에서 이현상 부대 지휘부가 위기에 처해 있을 때 부상당해 움직일 수 없는 전사들 30여명이 자신들이 희생되더라도 사령부를 구출해야 한다는 결사옹위 정신과 희생정신을 발휘하여 사령부를 위기에서 구출해냈다. 30여명의 전사들은 입에 수류탄을 물고 터트렸는데 적들이 이곳에 화력을 집중하는 사이 방어망을 뚫고 무사히 빠져나오게 되었던 것이다. 이 대성골 투쟁이 이 결사옹위 정신과 희생정신을 계승한 남조선 빨치산 투쟁의 역사에 한 획을 긋는 자랑스러운 투쟁으로 기록되리라 믿어 의심치 않고 있다. 이 참혹한 현장에서 살아남은 한 여성 동지의 증언임을 상기시킨다.

빗점골의 사령부 아지트

이현상 선생 희생지에서 약 30분 올라가면 지휘부 아지트가 나온다. 여기에도 표지판이 세워져 있었는데 지금은 철거하고 터만 남아있다. 이 아지트에서 동서남북을 살펴보면 뒤쪽은 너덜강, 좌측은 벽소령으로 오르고 우측은 토끼봉 능선을 관찰할 수 있는 요충지임을 직감할 수 있다.

이현상 바위

    이상과 같이 빗점골에 얽힌 사연을 윤곽이나마 살펴보면서 진달래산천 답사팀은 매년 한해도 거르지 않고 빗점골 이현상 선생 기일을 맞아 제를 올리는 성의를 다하는 모범을 보이고 있다.

    이현상 선생은 애국열사릉의 제1호로 묻혀 있으며 훈장은 '영웅훈장', '자주독립훈장', '국기훈장'을 받았다고 한다. 이현상 선생이 일제 때 감옥에 있을 때 박달 동지와 이재순 동지를 만나 김일성 장군의 항일 노선을 알았다는 일화도 있다. 그래서 빨치산들은 이현상 선생의 말씀 중에 '운동하는 사람이 올바른 지도를 받지 못하면 아무리 열성을 다하여도 한갓 종잇장 위의 불과 같다'는 교훈을 받았다고 했다.

마지막 생을 마감한 '박영발 천연동굴'을 찾는 분들에게!
| 2003년 11월 말

박영발 동지는 경북 봉화 출신으로 인쇄 노동자로서 항일투쟁을 전개했다. 해방 후 전남 전평 초대 의장을 했으며 북상해서 모스크바 공산대학 재학 중 조국해방전쟁이 발발하여 학업을 중단하고 전남도당 위원장으로 부임했다. 1950년 9.28후퇴를 맞아 전남 화순 백아산으로 입산하여 비합법적 빨치산 체제 속에서 모든 투쟁을 조직 지도했다. 그러나 적들의 공세가 심하여 1951년 8월에 큰 산인 광양 백운산으로 이동하여 옥룡골의 88트골짜기에서 도당부 각 부서들이 진지를 구축하고 투쟁을 전개했다. 당시 잣나무 귀틀집을 마련하여 온돌방까지 만들어 동기를 준비하면서 지도했다. 당시는 반해방구 상태에 있었기 때문에 가능했다.

박영발 동지는 몸 건강 상태로 보아서는 빨치산 투쟁을 오래 할 수 없었다. 그 때문에 신변을 보호해주는 믿음직한 동지가 필요했다. 그리하여 팔로군 출신인 김정태 동지와 이정례 동지가 필요해 마지막 생을 다할 때까지 비서격으로 항상 곁을 떠나지 않았다.

1951년 적들의 동계공세가 백운산을 뒤덮다시피 했다. 이때 지형지세를 잘 이용하여 파놓은 지하 아지트에 들어가 있을 때도 아지트 주위를 맴돌면서 저녁이면 적정을 살폈다. 식사 제공은 하루도 빠짐없이 했으며 지시문을 받아 연락부에 전달하고 받아들이는 견고한 투쟁을 전개하여 제1차 공세를 승리로 마감했다.

김정태 동지는 1952년도에 도당 직속 전남연대가 결성될 때에 연대장으로 투쟁하다 가을에 진상골에서 적들의 매복에 걸려 희생되고 말았다. 이 소식을 듣고 박영발 위원장 동지는 눈물을 흘렸다고 했다. 나는 당시 김정태 동지와 같이 두 번의 지하 아지트에서 적들과 싸워 살아남았다. 그래서 공세 끝나기 전에 한적한 공간이 있어서 뵙게 되었다. 박영발 동지는 김정태 동지로부터 나의 투쟁소식을 듣기도 했다. 그래서 나는 박영발 동지로부터 칭찬도 받았다. 그리하여 장차 앞으로 영광군당 위원장으로 발전시켜야 한다는 말을 듣고 더 열심히 투쟁할 것을 다짐하기도 했었다.

그 후 1952년 10월에 뱀사골에서 제5지구당 결성을 위한 3개 도당 위원장 회의에 박찬봉 보위대원으로 참석했을 때 또 다시 뵙게 되었다. 그 후 1953년에 백운산에서 투쟁할 때 한때 제5지구당이 따리봉 옥룡골 쪽 기슭에 있었고 그때 이현상 동지도 위원장으로서 와 있었다. 그 후 제5지구당은 다시 지리산으로 옮겨 빗점골에서 최후를 맞게 되었다.

박영발 동지는 지금의 삼도봉 밑에 임시 아지트를 쓰고 있었다. 한편 보위대원들이 각 골짜기 암바위 밑을 탐사하여 반야봉 밑 함박골(폭포수골)에 동굴을 발견하여 아지트로 쓰면서 조국출판사란 명칭을 걸고 북쪽의 삐삐통신을 받아 등사하여 각 도당에 내려 보내는 실질적인 5지구당 역할을 했다. 그러나 한 군데 오래 아지트를 쓰면 족적관계도 있고 적들의 수색작전에 발각될 우려도 있어 다른 안전한 곳을 물색하고 있던 차였다.

당시 주치의원이었던 박갑서씨가 노고단 전투에서 중상을 당하여 동굴에서 기거하면서 치료를 받고 있었다. 그런데 박갑서씨는 혹시 다른 곳으로 이동하면 자기를 죽이고 갈 것이란 피해망상증을 가지고 저녁 동초 보는 순간을 이용하여 박 위원장을 비롯한 4명을 쏘아 희생시키고 말았다. 이때 이정례 동지가 동굴 안 삐삐통신 하는 곳에 있다가 수류탄을 던져 그

박영발 비트

자를 사살했다. 이때가 바로 1954년 2월 21일이다. 이때에 이정례 동지도 쓰러졌는데 하동군 화계면으로 보급사업을 나갔던 동지들이 와서 이 비참한 참상을 보게 되었다. 그리고 우선 생명이 붙어있는 이정례 동지를 구출하여 자세한 상황을 알게 되었다고 한다.

그 후 적들의 수색작전에서 눈이 쌓여 있을 때 족적이 남고, 이어 눈이 오면 덮여져 발자국이 보이지 않는데 3월이라 눈이 녹기 시작하면 원 발자국이 남게 되는데 적들의 수색에서 남은 발자국을 따라가 보니 동굴을 발견하게 되고 동굴 안을 들어가 보고서 동지들의 시신을 발견하게 되었다. 이때가 바로 3월 21일이라고 한다. 이 사실은 수년 전에 돌아가신 박남진 선생이 동굴 안에서 며칠 있었고 그 후 54년 8월에 체포되었기 때문에 잘 알고 있었다.

그러면 동굴은 어떻게 발견하게 되었는가. 1990년대만 해도 공안의 감시 때문에 꼼짝달싹 할 수 없었다. 김대중 정부가 들어서고 2000년 6.15공동선언이 나온 후 본격적인 전적지 답사가 시작되었다. 당시 박남준 선생이 건강상태가 지리산 뱀사골 산장까지는 천천히 갈 수 있었다. 당시 정관호 선생, 박남진 선생, 박동기님, 조성봉 감독, 손영심 동지 등이 뱀사골 산장에서 일박하면서 일러준 대로 필자 혼자 답사를 했으나 실패하고 말았다. 이때가 2003년 11월이다.

그 후에 뱀사골 2만분지1 지도를 사서 등고선 공부를 하고 다시 찾았다. 이듬해 11월 말경이다. 이때는 박동기, 라승하, 기세문, 조성봉 감독들을 비롯한 5명이 탐사작업을 했다. 지금의 함박골 6.15쉼터에서 나는 홀로 골짝 우측을 더듬어가고 나머지 4명은 좌측을 더듬어 탐사작업을 전개했다. 나는 우측 골짜기 물가를 내려가는 과정에 물가 구들장 아지트를 발견하고 옆으로 돌아 큰 암바위 밑에 구들장을 발견해 이 근처에 동굴이 있을 것을 예측했다. 그리하여 박남진 선생이 가르쳐 준 대로 너덜강을 지나 아치형 입구를 발견하고 나무와 풀뿌리를 잡고 올라가는데 손을 짚은 곳에서 다 쓴 배터리를 땅속에 묻어둔 것을 발견하고 옆을 보니 올라가는 곳에 동굴 입구를 발견하고 나와 아무리 소리를 질러도 남은 일행의 답이 없었다. 그래서 본래 자리(6.15 쉼터)로 돌아오겠지 하고 기다리는 시간에 골짝의 어둠이 들기 시작했다.

점심도 들지 못하고 배가 고파 억지로 견디면서 캄캄한 산길을 조심조심 걸으면서 저녁 9시경에 노고단 산장에 도착했다. 남은 일행은 탐사 중 밑에까지 갔으나 힘들어 다시 올라오지 않고 뱀사골 반선으로 내려가 구례읍에 도착하여 저녁을 들고 있었다. 서울의 손영심 누나가 동굴 탐사소식이 궁금하여 남은 일행에게 전화하여 내가 혼자 떨어졌다는 것을 알게 되었고, 산타는 데는 산토끼와 같아 아무런 사고 없이 돌아올 것이라고 답변했다고 한다. 그러나 한편으로 또한 염려되어 노고단 산장에 조난신고를 해 마침 준비하고 있는 차에 내가 나타나 자초지종을 묻고 안심하고서 남은 일행에게 동굴발견 소식과 함께 노고단 산장에 와 있다는 소식을 알렸다. 이를 듣고 조성봉 감독이 차를 몰고 산장까지 와서 남은 일행과 함께한 사연을 이미 민중의소리 블로그에 올렸는데 이후 저장한 서버를 파기했다는 소식을 듣고 기사가 없기에 다시 써서 기록으로 남기는 것이다.

그 후 2005년도에는 아홉 번 동굴을 찾았다. 지금 난 길은 동굴발견 당시 탐사 길이 등산길로 된 것이다. 그 후 묘향암에서 이 동굴을 깨끗이 청소하여 암자로 이용하려 한다는 조성봉 감독의 소식을 듣고, 전적지 유적으로 남는 것이 필요하다는 설득에 포기하고 있는 상태에 있다. 동굴 안의 유물은 그대로 놔두면 손상될 것을 염려하여 조성봉 감독과 박동기님이 상의하여 전남대에 보관하면서 사용시 조성봉 감독과 필자의 승인 없이는 누구도 사용할 수 없는 보증서도 받아 놓고 있다. 그리고 등사기는 그 후 조 감독이 찾아가 지상아지트 주위 너덜강을 탐사하는 과정에 발견한 것이다.

박영발 동지는 일제 고문을 많이 당해서 하체를 잘 쓰지 못하여 재산 시에도 적정이 있을 때는 지하아지트에서 지도사업을 해야 했다. 그리고 심한 위장병을 앓고 있어 식사를 제대로 할 수 없었다. 그래서 건강상태는 뼈와 가죽만 남아있었다고 해야 할 정도로 제대로 걸어 다닐 수조차 없었다. 그러나 말소리는 철소리 같이 뚜렷하게 빈말이 없이 기둥에 못을 박아 놓는 것과 같은 빈틈을 찾아볼 수 없을 정도로 인쇄물과 같았다. 그러면서도 동시에 너무도 인자한 아버지상과 같은 느낌을 받았다. 그리고 매년 전태일 열사 노동대학 2년생들이 박영발 동굴을 찾아 제를 올리고 있다가 코로나 때문에 금년 가을에는 간다는 소식을 접하고 있다.

    진달래산천탐사팀도 여러 번 찾아 제를 올리기도 했다. 앞으로 동굴을 찾는 분들은 동굴 사연을 듣고 대외 백만의 적보다 대내 일인의 적이 얼마나 무섭고 잔인한지를 음미하면서 찾기를 바란다.

백아산
전남 유격투쟁의 사령기지인 백아산을 아는가(2005년)

백아산을 향해 출발하면서

백아산을 중심으로 서쪽으로는 무등산, 남쪽으로는 화순 동북 경계인 독재, 북쪽으로는 곡성 오산면 경계, 동쪽으로는 곡성 겸면 삼기 석곡면 등 산간마을들이 넓은 영역에 걸쳐 빨치산 해방구에 들어와 있었다.

백아산은 전남 빨치산 투쟁의 사령기지로서 위대한 조국해방전쟁 시기에 미제를 비롯한 16개 침략군을 몰아내기 위하여 치열한 빨치산 투쟁의 전적지 임에도 불구하고 반세기 넘도록 제대로 된 답사도 한 번 해보지 못했다. 그동안 다른 전적지는 비교적 여러 번 답사와 역사기행을 통해 다소 알려지기도 했으나 백아산 전적지만큼은 세상에 제대로 알려지지 않고 있었던 것이 현실이었다. 그 당시 활동하던 노 선배들이 노령인 관계로 답사 할 수 없는 안타까운 현실 속에서 후대들에게 바른 역사기행을 할 수 있는

모후산

백아산 전경

길을 열어주어야 하겠다는 간절한 염원에서 뜻있는 젊은 일꾼들의 협조 하에 답사의 첫 닻을 올리게 되었다. 앞으로 대를 이을 젊은 일꾼들, 뜻있고 양식 있는 사람들에게 왜곡으로 점철된 빨치산 투쟁의 역사성의 단면이라도 올바로 인식시켜주고, 민족적 자주의식을 고취시키는데 조그마한 보탬이 되기를 바라면서 이 기록을 남긴다.

소년 빨치산 김기환 열사 추모

우리 답사 일행은 광주교도소 공영주차장에서 만나 반가운 인사와 함께 화순 북면 노치리(갈갱이)를 향해 달렸다. 달리는 차창을 통해 펼쳐지는 가을 단풍으로 물들은 산야를 보면서 전쟁 시기 치열하게 벌어졌던 전적지나 무죄한 민간인들이 무참하게 학살되었던 곳을 지날 때마다 "살아남은 너희들은 지금 무얼 하고 있으며 우리의 염원을 잊지 않고 있는가?" 하고 묻고 있는 것 같아 마음 한 구석에는 말할 수 없는 죄책감과 동시에 결코 잊지 않고 이 땅에서 미제를 몰아내기 위하여 자주적 통일전선 투쟁에 사력을 다하여 투쟁하겠다는 다짐을 하면서 첫 종착지인 갈갱이 마을에 도착했다.

소년 빨치산 전사 김기환 열사(아명 똘똘이)는 전남 나주 출신으로 9.28 후퇴 후 입산하여 소년 전사로서 전남 빨치산 총사령부 오금일 부사령관 연락병이었다. 이 소년 전사는 일반 전사 못지않게 용감하게 잘 싸웠으며 너무도 영리하고 똑똑해서 '똘똘이'란 애칭까지 받았다. 심성이 착하고 아름다우며 어떤 어려움 속에서도 맡은 바 임무를 충실히 실천 투쟁으로 관철시키면서 부사령관 곁을 한시도 떠나지 않고 보위하였다. 간부들이나 일반 대원들에 이르기까지 칭찬이 자자했으며 동지적 사랑을 독차지하기도 했다. 앞으로 유능한 간부로 발전할 수 있는 소양과 기질 그리고 투쟁력을 갖추고 날로 발전하는 투쟁 과정에 오발에 의하여 갈갱이 마을에서 최후를 맞는 아픔과 상처를 안겨주고 말았던 것이다. 시신은 갈갱이 마을 뒷산에 장례를 치르고 묘를 만들었다.

당시 함께 있다가 최후를 맞은 김기환 열사 묘를 아는 사람은 이복순 여성 동지와 사령부 아지트로 썼던 집 주인 김용식씨뿐이다. 그동안 김용식(당시 77세)씨가 묘를 관리해 오늘에 이르렀다. 김용식씨는 안타깝게도 몇 년 전에 세상을 떠났다. 백아산에서 투쟁했던 생존자 중 이복순(당시 75세) 동지만이 알고 있기 때문에 거동이 불편함에도 불구하고 강행해서 묘소까지 동행했던 것이다. 김용식씨의 안내를 받아 이복순 동지가 준비한 제찬을 묘소 앞에 차려 놓고 간단한 추모제를 지냈다.

백아산 갈갱이마을 김기환의 묘

　우리 모두는 엄숙한 마음으로 김기환 동지가 못다 이룬 위업을 온몸으로 받아 안고 '우리 민족끼리'란 이념의 기치 하에 6.15공동선언과 10.4선언 고수이행 관철투쟁에 전력을 다하겠다는 굳은 결의를 다짐했다. '위대한 조국해방전쟁 승리를 위하여 소년 전사로서 고귀한 생을 마치고 전남 유격사령 기지인 백아산 갈갱이 뒷산에 묻힌 김기환 혁명열사여 고이 잠드시라'는 한마디를 남기고 기울어져 가는 석양빛을 받으면서 떨어지지 않는 발걸음을 뒤로 했다.

　9.28후퇴 후 백아산 일대에 해방구를 가지고 있을 때 갈갱이 마을 김용식씨와 서대석(당시 87세임)씨는 집 위아래에 맞닿아 살았다. 김선우 유격대 사령관은 먼저 김용식씨 집에 있다가 서대석씨 집으로 옮겼다고 한다. 이

두 분은 사령관 동지와 함께 기거하면서 한집 식구처럼 지내며 정성으로 수발했다고 한다. 당시 적들은 강제로 마을 사람들을 소개하여 외지로 나간 사람도 있었지만 나가지 않고 함께 했다고 했다.

두 분은 20대, 30대 초반이었기 때문에 총사 보위대에 들어가 투쟁하다가 지리산으로 파송되었다. 그리고 지리산에서 싸우다 체포되어 수용소에 있다가 석방되었다. 그 후 군에 입대하여 서씨는 군속으로 김씨는 포병부대에 배치돼 일선에서 근무하다 제대 후 이곳 갈갱이에서 타버린 집터위에 집을 짓고 지금껏 살아오고 있다 했다. 그리고 서씨는 동생도 지리산 노고단에서 희생되었다고 했다. 서대석씨 부부도 몇 년 전에 세상을 떠났다. 1954년 김선우 사령관의 죽음을 비행기로 뿌린 삐라를 주워 보고 알게 되어 눈물까지 흘렸다고 회고하면서 눈시울을 적시기도 했다. 그리고 갈갱이에서 사령관과 함께했던 감격은 지금도 잊지 않고 있다고 했다.

솔치마을

파란만장한 내외분의 이야기를 시간 관계상 다 들을 수가 없어 다음을 기약하고 아쉬운 발걸음을 뒤로하면서 솔치마을 민박집에 여장을 풀었다. 시골 통닭구이에 소주잔을 나누면서 다음 산행을 준비했다.

솔치마을은 전쟁 전 90여 호가 살았다 한다. 적들은 침공해 들어올 때마다 강제 소개시키고 집들을 소각했다. 특히 9.28후퇴 후 빨치산 거점으로 이용되고 있기 때문에 한 집도 남김없이 미제 전폭기에 의해서 잿더미가 되었다. 그 후 이곳에서 살았던 민간인은 한 사람도 들어오지 않아 쑥대들

백아산 솔티재

만 무성하게 자라고 있었다. 1994년도에 민박집 하나만 허가받아서 오늘에 이르기까지 관광이나 피서 온 손님들을 받고 있다 했다. 40대의 민박 주인은 부모님이 살아 계실 적 그 당시 상황을 들려주어서 대강 알고 있다고 하면서 호감을 표시하기도 했다. 이복순 동지는 집주인의 부모님을 잘 알고 있었다.

　현재 솔치마을 골짜기는 저수지로 만들어져 있다. 솔치재는 화순과 곡성의 경계에 있는 재이고 지금은 수도원 건물 두 채와 주차장이 있고 주위는 과일나무를 심어 놓고 있다. 건물 짓기가 몇 년 되었는데 드디어 2021년 3월 27일에 완성되어 20여 명의 숙소가 마련되어 있어서 기행 하는 사람들이나 청소년들의 학습장이 되고 있다. 관심 있는 분들의 한 번쯤 찾아가 백아산 빨치산 투쟁의 사령기지의 기를 담뿍 담아가기 바란다.

하늘바위

하늘바위는 수리에서 갈갱이로 들어가는 입구 시냇가 우측에 엄청나게 큰 바위산으로 뾰족하게 우뚝 서 있었다. 그래서 하늘바위라 부른다. 하늘바위 밑 골짜기에 지금은 민박집이 들어서 있어 기행 때 숙박하기도 했다. 당시 미제 전폭기가 떨어졌던 위치를 김용식씨가 알고 있었다. 이분의 안내를 받아 떨어진 위치를 확인했다. 하늘바위 밑 골짝 길 좌측 산 언저리였다. 그때의 흔적은 찾아볼 수 없고 잡풀만 무성하게 자라고 있었다.

미제 전폭기가 격추된 사연은 다음과 같다. 1951년 여름 7월 2일, 적들의 수차례에 걸친 침공으로 피아간 치열한 전투가 벌어졌고, 적들은 사상자가 많이 나자 전폭기를 동원해 백아산을 쑥대밭으로 만들었다. 이때 곡성 매봉고지에서 진지를 사수하고 있던 총사 보위대원 위종근 동지는 기필

하늘바위

코 적기를 격추하고 말겠다는 굳은 결심을 하고 자신을 완전히 적기에 노출시켰다. 이때 적기는 능선이나 고지 가까이 접근하여 기총소사를 감행하고 있었다.

위종근 동지는 장총을 들고 노출된 상태 속에서 매봉고지를 향해 오는 적기를 향해 총을 쏜 결과 날개에 명중되어 갈갱이 골짝을 배회하다 골짜기 길가에 처박혔다. 미군조종사 2명이 죽고 기관포 6문과 실탄 등 군수품을 노획했다. 기관포는 병기과에서 수리하여 총사 15연대 기관포 대대를 창설하는데 계기가 됐다.

이 사실은 당시 인민군 총사령부 전과 보도에 나왔으며, 전남 빨치산 신문에도 보도되어 재산 성원들은 다 알고 있었던 것이다. 위종근 동지는 이 공로로 빨치산 영웅 칭호를 받았으며 그 후 용감히 잘 싸우다 애석하게도 희생되고 말았다.

백아산 전략 고지인 삼각고지

우리 답사반 일행은 솔치 민박에서 일박하고 11월 13일 오전 7시 30분경에 솔치재를 향해 오르기 시작했다. 이복순 동지는 거동이 불편한 관계로 답사를 마치고 돌아올 때까지 민박집에서 기다리기로 했다.

민박집에서 솔치재까지는 1.8km이다. 도로가 포장되지 않아 울퉁불퉁하기 때문에 트럭이나 승용차밖에 지나갈 수가 없었다. 집주인의 배려로 집주인 트럭에 몸을 싣고 솔치재까지 무사히 도착했다. 곡성에서 올라오는 길은 시멘트로 포장되어 있었다. 화순과 곡성의 차이를 실감할 수 있었다.

백아산 삼각고지에 대해 설명하고 있는 필자

여기서부터 길 없는 수목을 헤치며 삼각고지를 향해 깎아지른 급한 경사를 올라 삼각고지에 도달했다. 현재는 솔티재 좌측에 '쥬신공화국'이란 집 두 채가 지어지고 주차장도 있다. 용도는 백아산 기행자를 위한 것도 있다고 하는 데 2021년 8월 현재까지도 완성되지 못하고 있다.

삼각고지는 백아산의 사령기지를 지키느냐 못 지키느냐의 갈림길에 선 생명고지였다. 삼각고지는 화순과 곡성의 경계를 이루고 있다. 동쪽으로는 곡성 매봉, 중봉, 뒤로는 한동산으로 이어지고, 화순 매봉까지 이어진다. 이 전선은 총사 기동연대 15연대와 1연대가 합동작전 할 때 담당했다. 북쪽으로는 보름재, 수산재를 이어 차일봉, 검단산까지 이어진다. 이 전선은 곡성유격대가 담당했다. 서쪽으로는 중봉, 상봉, 마당바위 능선으로 이어진다. 이 전선은 광주유격대인 540부대가 담당했다.

삼각고지에서 총사고지, 후방고지, 병기과고지, 문바위재까지는 총사보위부대가 담당했다. 이 능선을 사다리 능선으로 불렀다. 사다리 능선 좌우로 전남도당 산하 각 기관과 광산, 곡성군당 등의 각 기관과 유격부대들이 일시적 해방구를 설치하여 대중 정치공작 사업을 하면서 싸웠던 것이다. 그러기 때문에 적들은 사력을 다하여 삼각고지를 점령하기 위해 무력을 총동원하여 침공을 감행했으나 그때마다 패퇴를 거듭하던 끝에 미 전폭기 편대를 동원하여 초토화 작전을 감행했다.

이 와중에 1951년 여름 미제는 국제전투 법규를 무시하고 네이팜탄과 세균탄까지 투하했다. 네이팜탄 투하 범위는 직경 30~50m쯤 되는데 무려 4회나 저공으로 날아와서 삼각고지 참호에 투하했다. 고지를 사수하고 있던 전사들은 2천도씨 열 때문에 검은 숯이 되고 말았다. 게다가 그 파편들은 주위를 불바다로 만들었다. 실로 가공할 만한 살상무기였다. 이로 말미암아 까맣게 타버린 전사들은 누가 누군지 분별할 수 없을 정도였다. 살아남은 전사들은 복수의 통곡을 하면서 시신을 수습해 묻어야만 했다.

그 후 적들은 고지 능선들을 점령하고 수색작전을 펼쳐 비무장 성원들, 환자아지트의 부상자들, 재귀열병에 걸려 거동 못하는 환자들, 입산한 인민들을 닥치는 대로 무차별적 학살 만행을 자행했다. 당시 빨치산 전구에서 1백여 명의 유격전사들과 7백여 명의 마을 인민들이 떼죽음을 당했던 것이다. 답사반은 당시의 참상을 회고하면서 사다리 능선인 총사고지, 후방고지, 병기과고지, 문바위재까지 길 없는 가시밭과 무성하게 자라난 산죽을 헤쳐 가며 문바위재에 도착했다.

마당바위 능선

이 마당바위 능선은 오사공(540)부대가 지키고 있었다. 이 능선 좌우는 깎아지른 듯한 낭떠러지다. 여기에서 피아간의 대치전이 이어지다가 서로 휴전하자는 데까지는 합의했으나 담판자들의 무장해제 문제로 결렬돼 치열한 격전을 벌인 곳이기도 했다. 적들은 생포자들을 바위 난간에 세워놓고 기관총으로 난사하여 떨어져 죽게 하는 만행도 서슴지 않고 감행했다.

그리고 마당바위와 상봉 사이에 구릉진 곳이 있다. 여기에 샘이 있다. 이 샘물은 피아간에 점령하고 있을 때는 쉼터로서 밥도 해 먹고 주둔도 했었다. 적들이 상봉을 올라오면서 이 구릉진 곳을 반드시 거쳐야만 했다. 그렇기 때문에 적들이 안심하고 구릉진 곳을 통과할 때 매복전으로 섬멸적 타격을 가하여 많은 전과를 올리기도 했다.

전남 유격대 총사령부 기동연대 투쟁

총사 기동연대는 1연대, 3연대, 7연대, 15연대로 편성되어 있다. 그리고 광산유격대, 곡성유격대, 화순유격대 등 각 유격대는 총사령부 지휘 하에 싸우고 있었다. 총사령부 산하 무장유격대들은 화순, 순천해방작전과 이양철도 기차 전복 투쟁, 광주시 주둔 기마대 본부 섬멸작전, 8사단 주둔지 습격작전을 통해 많은 전과를 올리기도 했다.

그러나 1951년 광주감옥 해방작전은 실패하고 많은 사상자를 내기도 했다. 뿐만 아니라 작전 중 한동산 참호에서 작전을 토의하던 중 적들의 포탄 공격으로 박정현 총사 참모장과 연대 참모장, 문화부 연대장 등 군사간부들이 희생당하는 아픔도 겪어야 했다. 박정현 참모장은 탁월한 전략전술가로 백아산 해방구를 사수하는데 명성을 떨친 정치군사 간부였기에, 이로 말미암아 심한 전력 손실의 타격을 받기도 했었다.

해방구 내의 당정치사업

일시적 해방구 내에서 당은 인민대중과 밀접한 연계 속에서 절대적 지지를 받고 같이 생활했다. 제한적이기는 하지만 대중정치 공작사업들이 활발하게 전개되었다. 지구 내에 당학교와 군관학교를 개설하여 당 정치 일꾼들과 군사간부를 양성하였다. 또한 병기과를 개설하여 각종 실탄과 수류탄을 제조하여 무장부대에 보급했고, 의무과를 개설하여 부상자들과 재귀열병 환자들을 치료했다. 환자아지트는 중환자와 경환자를 분류하여 따로 아지트를 마련하여 치료했다.

특히 적들의 침공 때 환자들을 보호하기 위하여 영웅적으로 싸웠던 박대화 의무과장 동지가 한 팔을 잃으면서까지 사수했던 공로로 빨치산 영웅 칭호까지 받기도 했다.

적들의 백아산 고지 점령

백아산 해방구를 사수하기 위하여 전진 후퇴를 거듭하는 결사항전을 전개했으나 적들은 입산자 가족들을 강제로 동원시켜 총알받이로 앞세워 침공을 거듭한 끝에 각 고지마다 참호를 구축하고 방어했으나 적들의 무차별적 폭격과 수색작전 속에서 더 이상 진지를 사수할 수 없었다.

이미 이를 예견하고 1951년 4월부터 도당 산하 기관들은 서서히 보다 안전한 유격기지인 백운산으로 옮기기 시작했다. 김선우 사령관 동지는 1952년 11월에 백아산 전구를 오금일 부사령관에 위임하고 백운산으로 옮겼다. 그에 앞서 박영발 도당 위원장은 8월에 백운산으로 옮겼다. 오금일 부사령관(1953년 5월에 사령관)은 1953년 가을, 희생될 때까지 사령기지를 사력을 다하여 지키었다. 그리하여 백아산은 오금일 사령관의 희생으로 조직적인 무장투쟁은 종막을 고하는 아픔을 겪게 되었다. 도당의 조직적인 당 정치공작 사업도 1955년 3월 박갑출 부위원장의 지하 아지트에서의 희생으로 말미암아 종막을 고하게 되었다.

하산하면서

지금 백아산은 등산로가 만들어져 일반 등산객들이 오르내리고 있다.

그들은 백아산에 얽힌 역사적 사연을 아예 모르거나 구전으로만 듣고 있을 뿐이었다. 일면 간단한 설명도 했지만 안타까운 마음도 들었다.

전쟁 때 당 산하 각 기관들이 있었던 웃새목은 휴양림으로 나무가 빽빽이 들어서 있다. 이 골짝을 큰 동화석골이라고 부르고 소능선 너머는 작은 동화석골이라 부르고 있었다. 동화석골 중간에 빨치산 아지트가 있는데 여기에 표지판이 새워져 있어 눈길을 끌고 있다.

작은 동화석골 휴양림 속에 세워진 6.25 전적지 판에 의무과와 병기과 아지트가 표시되어있어 답사하려고 급히 들어갔으나 민박집이 있고 또 민박집을 짓고 있었다. 골짜기 깊숙이 들어가야 답사할 수 있었는데 철망이 쳐있어 더 이상 들어갈 수 없고 어둠이 찾아와 시간관계상 답사하지 못하고 후일을 약속할 수밖에 없었다. 아쉽게도 발걸음을 뒤로하고 출발했던 민박집으로 되돌아왔다.

이번 백아산 답사는 시간관계로 아쉬움을 남기면서 다음을 기약했다. 그러나 1박 2일의 짧은 일정이었지만 그런대로 핵심적인 윤곽을 파악하는 성과를 올렸다고 생각한다. 백아산에 얽힌 피어린 역사의 한 페이지를 세상에 알리는 계기를 만들었기 때문이다. '백아산이 왜 전남 유격투쟁의 사령기지가 되었는가'에 관심 있는 사람들에게 백아산 역사기행의 단초가 되기를 바랄 뿐이다.

지리산 빨치산 투쟁의 역사성과
그 의미를 되새겨본다

지리산은 소백산 줄기(백두대간) 타고 뻗어 내린 유서 깊은 산이다. 아름답다기보다 웅대한 산이다. 겹산이 아니라 홑산이다. 임진조국전쟁 때나 갑오농민전쟁, 일제 때 항일투쟁, 위대한 조국해방전쟁 때 이 땅을 침략한 외세를 몰아내고 조국의 자유와 독립을 쟁취하기 위하여 가열차게 투쟁했던 피어린 산이다. 지리산은 능선마다 골짝마다, 돌부리 풀뿌리마다 피가 어리지 않는 곳이 없다. 특히 조국해방전쟁 때 흘린 피는 지리산을 붉은 산으로 물들게 했다. 10여 년 전 만해도 등산할 때 해골을 볼 수 있을 정도였다. 반세기가 지난 오늘에도 흙 한 줌으로 변하여 간 열사 동지들의 입김과 손길 그리고 피어린 흔적들이 지금도 생생한 산 역사의 증인으로 우리의 심장을 고동치게 하고 있다.

지금은 등산로가 만들어져 등산객들이 붐비고 있다. 많은 등산객들이

크고 웅대한 산을 힘들게 등산한 만큼 보람과 쾌감을 느낄 수도 있을 것이다. 하지만 지리산에 얽히고설킨 한 많은 역사를 얼마나 음미해보고 등산하는지 모를 일이다.

나는 약 1년간 지리산에서 빨치산 투쟁을 전개한 당사자의 한 사람으로서 전남 빨치산 투쟁지역을 중심으로 각 골짝 능선마다 얽힌 피어린 사연들을 기억나는 대로 윤곽만이라도 기술하고자 한다.

1) 노고단을 중심으로

노고단 등산길은 구례군 산동면에 속한 성삼재에서 시작된다. 노고단 산장을 거쳐 능선에 올라 대소골과 피아골을 가로지른 원능선을 따라 돼지령, 피아골 삼거리, 임걸령 약수터, 노루목, 삼도봉, 화개재, 꽃대봉(토끼봉), 벽소령, 세석평전, 장터목을 거쳐 상봉(천왕봉)에 이른다. 지금은 천은사골의 관광로가 성삼재에 이르고 있다. 그러나 전쟁 때는 화엄사골에서 노고단으로 오르는 하나의 길밖에 없었다. 지금 노고단 산장(대피소) 터에는 미국선교사들의 통신대가 있었다.

집들은 빼치카(벽난로) 벽돌집으로 한 마을을 이룰 정도였다. 수목은 사철나무로 빽빽하게 들어서 있어 장관을 이루고 있었고 맑은 물은 성삼재를 통해 대소골로 흘러가고 있었다. 통일이 되면 휴양소로 이용하면 좋겠다고 입을 모으기도 했다.

노고단에서 흐르는 물을 성삼재에서 막아 댐(무넹기를 말하는 것으로 구례의 식수확보를 위해 유역 변경한 것을 말하는 것)을 만들고 화엄사 골로 흘려보내 수력발전소를 건설할 수 있었다고 했다. 이는 화엄사골 쪽은 경사가 급해 물의 낙차를 이용해 수력발전소 터빈을 돌릴 수 있기 때문이다.

그런데 아쉽게도 적들은 빨치산 거점으로 이용하고 있다 하여 수십 차에 걸쳐 폭격과 방화로 파괴되어 골조만 앙상하게 남아있었다. 소위 박정희 정권 때 근대화 개발 붐을 타고 교회당으로 사용했던 벽 골조만 남겨놓고 지금의 산장(대피소)으로 만들어져 있다. 뿐만 아니라 적들은 사철나무를 모두 벌목해 민둥산을 만들었다. 수려한 옛 모습은 역사의 뒤안길로 사라져 버렸다. 이는 미제에 의한 전쟁이 낳은 상처의 하나이다.

노고단 상봉은 방송중계탑 시설이 있어 출입금지 지역이다. 노고단에 올

지리산 노고단

라서면 남해 먼 바다가 한눈에 들어오고 펼쳐지는 전경은 말로 다 표현할 수 없다. 멀리 화순 무등산까지도 볼 수 있었다. 언제 올라 아름다운 전경을 감상할 수 있을지 모르겠다. 아니, 조국의 자주적 통일만이 지름길이다.

노고단 능선에서는 1951년 여름 적들의 공세 때 지리산 부대원 4명이 국군203부대 1개 대대를 4시간 동안 방어한 영웅적인 기록도 남겼다. 무장대원 동지들의 희생적인 투쟁으로 부대가 대소골에서 문수골로 무사히 넘어갈 수 있었기 때문이다.

화엄사골에는 일제 때부터 여선교사들이 화엄사골에서 도보로 노고단까지 오르는데 힘들어, 산동면에 사는 지게꾼 농민이 지게에 짊어지고 오르는 것이었다. 그런데 하루는 지게꾼 농민이 화엄사골 중턱에 오르다가 겁탈을 하고 도주했다고 한다. 그 후부터 여선교사들이 혼자 아닌 둘 이상이 동행했다는 웃지 못 할 사연도 있었다. 그때 지게꾼 농민은 입산해서 투쟁 속에 희생되었다. 적들은 화엄사 본찰만 남겨놓고 지리산 각 골짝의 사찰을 전부 소각했다. 빨치산 거점으로 이용되고 있다는 것이었다. 본찰을 남겨놓은 것은 소위 토벌대 사단장이 불교 신자였기 때문이었다고 한다.

문수골은 구례군 토지면에 속한다. 노고단에서 왕시루봉까지 뻗어 내린 능선은 문수골과 피아골을 가로지르고 있다. 문수골에는 1952년도에 지리산 전투 지구당부, 구례군당부, 지리산 부대가 주둔했던 곳이기도 했다. 그런데 9.28후퇴 후 51년도 동계공세까지는 전남 도당학교 분교가 있었다. 그러나 이곳을 답사하려고 하니 2005년 12월부터 휴식년으로 입산 금지 구역으로 되었다.

근년에 몇 차례 답사했으나 지구당과 구례군당 아지트 흔적을 찾지 못하고 도당분교 아지트만 확인했다. 문수골의 당부 아지트는 반세기가 흘러서 위치만 추정할 뿐이다. 문수골에 들어가면 중대마을 뒷산 대밭 뒤에 천연동굴이 있다. 이 동굴은 전쟁 전 여수14연대 군인 봉기 때 입산해 지리산 문수골에 주둔했던 김지회 부대장이 얼마 동안 썼던 동굴이라고 했다. 이 동굴은 들어가는 입구와 안에서 뒤로 나가는 출구도 있다.

그리고 김지회 동지가 거처했던 집도 있다. 전쟁 때 소각되었던 것을 다시 세워 황덕순 할머니가 살고 있다. 집 주인이었던 황덕순 할머니의 시아버지는 그 당시 아지트를 제공하고 협조했다 하여 49년 가을에 소위 토벌군에 의하여 동네 사람들이 운집한 가운데 다른 한 명과 함께 단도로 무참하게 학살당했다. 이 사건은 과거사 진실위에 제기하여 진실규명 결정 통고를 받았다.

중대마을 건너편에 현 산장학교 자리는 14연대 봉기군이 지리산에 입성할 때 주둔한 곳이기도 했다. 그리고 산장학교 위 골짝에 6.25전쟁 전 빨치산들이 사용했던 동굴도 있다고 한다. 수년 전에 이 동굴에서 서너 명의 유골과 유품도 발견되었는데, 이 동굴에서 나온 유골은 머리가 없었다고 한다. 사실이라면 머리는 적들이 잘라 간 것으로 확신한다. 전쟁 때 적들의 만행을 수없이 목격했기 때문이다. 지금 문수골 산장학교 교장 김종복씨가 알고 있다고 했다. 그가 답사를 알선해 주기로 약속했는데 근년에는 거부하고 있어 아직까지 설득하지 못하고 있다.

전쟁 때 4년 동안 발견되지 않고 썼던 민간 동굴은 언제라도 답사할 수 있다. 문수골은 백운산 도당부에서 지리산 지구당부와 경남 도당부까지 레포 연락의 루트이기도 했다. 섬진강 건너 광양 다압면, 구례 간전면, 문척면에서 강을 건너 토지면 문수골 지구당부까지 연락통로였기 때문이다. 1951년 동계공세 때 많은 동지들이 희생되었다. 노고단 쪽으로는 비트들이 있으나 답사에 엄두조차 못하고 있다.

문수골에서 피아골로 넘어가는 재를 질매재라 한다. 이 질매재에서 질등을 거쳐 섬진강으로 뻗어 내린 마지막 봉우리가 왕시루봉이다. 지금 이 봉우리에는 노고단에 있었던 미 선교사들의 통신대가 설치 되어있다. 이곳도 관광지(현재 비정규 탐방로이며, 일반인의 출입이 금지되고 있다)로 이용되고 있다. 왕시루봉 중허리 피아골 쪽 한 골짝은 다래 넝쿨을 이루고 있다 빨치산들은 가을에 이곳에 잠복하게 되면 다래로 끼니를 때우기도 한 경험이 있다.

그리고 백운산 따리봉에서 섬진강으로 뻗어 내린 중바위등 능선이 있다. 이 능선을 타고 내려와 섬진강을 건너 토지면 한수내골을 거쳐 왕시루봉 중허리 길을 돌아 대소골 지구당부까지 레포 연락 통로이기도 했다. 왕시루봉 기슭 한수내골에서 1953년 8월 제5지구당 조직위 결정 문건을 지참하고 한수내골을 내려오다 적의 매복에 걸려 당시 박영발 동지 주치의였던 이형년 동지가 부상 생포되고 연락부 지도원 한명이 희생되기도 했다. 이 한수내골에서는 연락부 지도원 동지들이 매복에 걸려 많이 희생된 골짜기다. 이형년 동지는 파상풍으로 사망하여 가족 친지들에 의해 시신은 전남 영광 선산에 묻혔다.

피아골은 왼쪽 능선 너머는 문수골, 우측 능선 너머는 화개골, 정면의 원능선 너머는 대소골이다. 피아골은 악산 골짜기다. 바위들로 거의 산골짝을 이루고 있기 때문이다. 이 골짜기에서도 수많은 동지들이 희생되었다. 1951년 동계공세 때 입산했던 한 가족이 큰 바위 밑에서 먹지 못하고 불도 지피지 못해 서로 얼싸안고 동사하기도 했다. 지금 피아골은 피아골 삼거리까지 등산로가 나 있고 산장도 있다. 이 산장은 1986년도에 세웠는데 공사 중 유골들이 한 트럭쯤 나왔다고 산장지기 함태식옹은 말했다. 나온 유골들은 민간인들이 약 효과가 있다 하여 다 처분되었다고 한다. 그런데 이 유골들은 어떤 사람들의 유골일까 궁금하지 않을 수 없다. 다만 공세 때 생포되어 반항자들을 집단 학살하지 않았나 추측하고 있을 뿐이다.

1952년 여름 지리산 지구당부가 피아골 질매재 중턱에 트를 쓰고 있었다. 이 지상 아지트가 제1구례군당 아지트이다. 이 아지트는 전쟁 전에 군당과 부대들이 썼던 아지트로 천연 요새로 되어 있다. 뒤는 암벽으로 절벽을 이루고 있기 때문이다. 지금은 지방자치단체에서 관광지로 사용하기 위해 아지트를 복원해 놓고 있으나 훼손되었고 공단 측에서 출입금지구역으로 설정해 놓았다.

피아골에서 깊숙이 올라가면 산장이 있다. 여기서 피아골 삼거리를 향하여 첫 중허리 철다리 건너기 전 50~60m 올라가면 제2구례군당 아지트가 있다. 그리고 골짜기를 타고 올라가면 토끼봉 밑 삼도봉에 이른다. 그 밑에는 일제 때부터 목기를 만들었던 흔적이 많이 남아있었다. 이 근방에 5지구당 지도부(아지트)가 있었다. 그런데 1952년 늦가을 새벽 적들의 기습 공격으로 5지구당 선전부장을 비롯한 간부들이 4~5명이 희생되었다.

이때 이현상 동지는 부관과 연락병의 영웅적 투쟁으로 무사히 구출되었다. 당시 나는 지리산 지구당 위원장을 보위하고 아침 일찍 5지구당 지도부 아지트를 향해 올라가고 있었다. 5지구당은 기습을 맞아 간부들이 맨몸으로 빠져 내려오는 과정에서 5지구당 조직부장 조병하 동지를 만나 자초지종을 듣게 되었다.

당시 기습사건에서 얻어진 교훈은 지구당과 경남도당을 오가는 연락부 지도원이 적들에게 생포되어 당 지도부 아지트를 가르쳐 줬다는 것이었다. 그 때문에 그 후부터 당 지도부와 연락부는 한 골짝에 있지 않고 서로 떨어져 있었다. 당 지도부 아지트는 연락부장만 알고 오가면서 연락사업을 전개했다. 빨치산 투쟁원칙은 당 지도부와 연락부는 같은 골짝 아지트를 쓰지 않는 것이다. 왜냐하면 연락부 지도원은 연락사업 과정에서 적들에게 체포되거나 희생될 가능성뿐만 아니라 적들에게 체포되면 당 지도부 아지트를 가르쳐 줄 위험성이 많기 때문이다. 실제 그런 사건으로 피해를 본 사례도 간혹 있었다.

피아골은 큰 바위 골짜기가 많아 봄 해동될 때는 바위 밑에 은신하는 것이 위험했다. 해동과 함께 바위가 무너져 내려 압살될 우려가 많기 때문이다. 실제 바위가 무너져 굴러가는 소리는 골짝을 뒤흔들게 할 정도로 폭발음을 내기도 했었다. 특히 동절기에 적들의 대공세 때 큰 바위 사이에 눈이 많이 쌓여 높낮이를 분간할 수 없어 급한 후퇴 길에 아차하면 바위 사이에 쌓인 눈 속에 처박혀 주위의 도움을 받지 못하면 구출되지 못하는 것이었다. 피아골에도 동굴 아지트가 있다고 하나 찾을 길 없다.

대소골은 노고단과 반야봉, 만복대 사이에 있다. 지리산에서 가장 큰 골짜기라고 한다. 여기서 흐르는 물은 70리를 거쳐 낙동강에 이른다. 대소골의 노고단 쪽 중허리에 거자수나무(자작나무과의 낙엽수)가 제일 많이 있다. 매년 곡우 때면 거자수 물을 받느라고 인산인해를 이룰 정도였다. 전쟁 때도 예외 없이 많은 사람들이 위험 부담을 안고 물을 받아가고 있었다. 이 과정에서 적들의 스파이가 민간인으로 가장하여 빨치산 활동의 동태를 살피기도 했다. 1952년 곡우 때 대소골에 당부 아지트를 쓰고 있는 중 정탐꾼을 발견하여 체포한 사례도 있었다.

대소골에서 구례쪽으로 사업을 나가려면 성삼재를 거치지 않을 수 없다. 그리하여 성삼재에서 적들의 매복에 걸려 많은 동지들이 희생되기도 했다. 1952년에는 식량문제 해결이 제일 어려웠다. 적과의 전투보다 식량문제 해결을 위한 투쟁으로 제일 많이 희생되기도 했다. 한 달의 희생 통계는 23명이나 되었던 기억은 지금도 잊혀지지 않고 있다. 특히 전투부대가 자체 해결도 못 할 경우도 더러 있었다. 부대원들의 사기는 떨어져 참으로 어렵던 때가 있었음을 실토하게 된다. 그래서 식량문제 해결이 얼마나 어려웠으면 '식량을 위한 투쟁은 조국을 위한 투쟁이다'라는 구호를 외치게 했을 정도였다.

대소골 마지막 기슭에 심원마을(심원마을은 2020년 국립공원관리공단으로부터 소개되어 현재 자연화 과정중임)이 있다. 지금은 사람들이 들어와 밤이면 불빛이 요란하지만 전쟁 때는 모두 소위 토벌대들에 의해 소각되어 폐허가 되고 있었다. 이 마을에서 남원시 산내면으로 가는 달궁 입구가 있다. 개울가에 몇 가옥들이 있었다. 반야봉 능선이 대소골로 뻗어내려 골짜기에 맞닿고 굽이굽이 돌아가는 길목에 마을이 있었다. 전쟁 전 김지회 부대가 운봉에서 투쟁하고 대소골로 들어오다 잠시 개울가 마을(주막)에 휴식을 취하면서 후방 보초를 세웠다. 보초를 선 대원 동지는 피로를 견디지 못해 잠이 들고 말았다. 적들은 꼬리를 물고 계속 추격해 오다 잠든 대원을 생포했다. 불의의 기습을 당한 김지회 동지를 비롯한 많은 동지들이 희생되었다. 나는 1952년 대소골의 반야봉 중허리에 아지트를 쓰고 있을 때 그 희생지를 가보기도 했다. 지형을 살펴보니 협곡이라 기습을 당하면 어찌할 수 없는 곳임을 실감했다. 그 후 산내골(달궁골)을 김지회골이라 이름 붙여 오늘에 이르게 됐다. 북쪽에서는 영웅 칭호까지 수여했다고 한다.

나는 1952년 4월 초에 노고단에서 약수터까지 능선을 타고 가는데 적들은 능선길 좌우 20~30m 정도를 완전히 벌목해 멀리서도 능선을 넘나드는 사람들을 확연히 볼 수 있을 정도로 민둥 능선을 만들어 놓았다.

1951년 군경들의 동계공세 때 대소골에서 피아골로 넘나들 때 전투에 희생된 동지들의 시신이 눈이 녹음에 따라 여기저기 늘펀하게 쓰러져 있는 것을 보면서 대성골의 빗점골에 아지트를 쓰고 있었던 이현상 동지를 찾아 뵌 적이 있었다. 이때 가는 길에 꽃대봉(현재 토끼봉)을 거치는데 이 꽃대봉은 참꽃나무(진달래)로 봉우리를 이루고 있었다. 그런데 빽빽하게 들어선 참꽃대들이 총탄을 맞아 많이 부러져 있는 것을 볼 수 있었다. 사연을 알아본 즉, 동계공세 때 이현상 부대가 뱀사골에서 대성골로 넘나들면서 꽃대봉에서 치열한 전투를 벌였다고 한다. 지금도 이때 본 인상이 지워지지 않고 있다.

꽃대봉의 일화가 있다. 1953년 여름, 제5지구당 김태규 특수부대가 꽃대봉 능선에서 포진한 서남지구 경찰대 1개 대대를 생포했다. 부대장을 비롯한 3명이 군 복장을 하고 능선을 무사히 통과해 꽃대봉 지휘본부까지 갔다. 여기에서 서남지구 경찰대장과 대치했다. 적들의 포위 속에 김태규 부대장은 권총으로 경찰대장의 가슴을 겨누고 있고, 경찰대장은 자기 권총을 미처 꺼내지 못하고 있었다. 위기일발에 처한 부대장은 두 대원에게 쏘라고 외쳤으나 대원들은 엄포로 생각하고 미적댔다. 결국 우여곡절 끝에 대원들이 먼저 발사했고 경찰대장은 권총을 빼내 쏘면서 넘어졌다. 이 흉탄이 김태규 부대장의 눈을 관통했고 경찰대장은 사살되었다. 이때 경찰대 일개 대대는 생포되었으나 이현상 동지 부관이 위기를 느끼고 총만 거두고 모두 놓아 보냈다. 꽃대봉 전투 승전보는 빨치산 신문에 보도됐다.

1951년 동계공세 때 적들은 남원 운봉에서 민간인을 강제 동원시켜 포탄을 짊어지게 한 후 세석평전까지 오르게 했다. 그때 민간인들은 바지저고리에 고무신이나 짚신을 신고 있었다. 산상에서 밤을 새우는데 빨치산에 기습을 당할 우려가 있다고 불을 피우지 못하게 하고 먹을 것도 제대로 주지 않아 70~80명이 전원 동사했다고 한다. 동계공세가 끝난 후 세석평전을 지날 때 주인을 잃은 지게들만 널부러져 있어서 당시 참혹상을 말해 주고 있는 듯했다. 군경들로 말미암아 참혹하게 죽어간 농민들을 생각하면서 이 땅에서 전쟁은 어떠한 일이 있어도 일어나서는 안 된다는 것을 주먹을 불끈 쥐며 다짐하기도 했다.

　대성골은 1952년 1월 20일 이현상 부대와 경남도당과 부대주력이 적들의 무자비한 공세로 2천여 명이 희생된 골짜기라는 것을 알만 한 사람들은 다 아는 사실이다. 이때 적들은 비행기로 네이팜탄까지 투하하여 초토화 시켰던 것이다. 대성골 전투를 겪으며 살아남은 여성 빨치산 동지가 있다. 이 동지의 증언에 의하면, 최악의 위기에 봉착해 있을 때 부상을 당해 거동이 불편한 20~30명의 동지들이 사령부를 구출하기 위해 각자 수류탄을 들고 차례로 자폭했다고 한다. 적들의 화력이 여기에 집중되는 틈을 타 약한 고리를 뚫고 무사히 지도부가 구출되었다고 한다. 만일 자폭한 동지들의 희생이 없었다면 이때 지도부는 완전히 몰살됐을 것이라고 했다. 지도부를 구출하기 위해 자폭한 열사 동지들! 이 동지들이야 말로 빨치산 투쟁사에 지울 수 없는 햇불이 되었다. 이분들의 영웅적인 희생정신을 본받아 조국의 자주적 통일 성취에 몸과 마음을 다 바쳐 투쟁할 의지적 결심을 다짐하기도 했다.

　이현상 동지는 그 후 1953년 9월 18일 빗점골에서 적들의 매복에 걸려 희생되었다. 지금 희생된 현장에 표지판이 세워져 있다. 그리고 골짝에서 1백여m 올라가면 이현상 사령관 지휘부 아지트가 있다. 여기에도 표지판(현재 표지판은 훼손되어 없음)이 세워져 있다.

　전북 빨치산 활동지역에 속하는 뱀사골은 지리산에서 제일 깊은 골짜기라고 한다. 벽소령 쪽 양지 바른 골짜기 중턱에 제5지구당부가 아지트를 쓰고 있던 때도 있었다. 1952년 10월 이 아지트에서 이현상, 박영발, 조병하, 김병인, 박찬봉 동지들이 회합하여 9.28후퇴 후 당시까지 총화를 했다. 여기에서 대부대 활동으로 많은 유생역량(총가동 역량)을 소모시키게 한 이현상 동지가 많은 비판을 받기도 했다. 그것은 항일 빨치산 투쟁전술을 적용하지 않고 반정규군 작전과 대부대 활동을 적들의 토목화점 작전(교통호나 참호 등 방호시설을 중심으로 운용하는 작전)처럼 치르면서 많은 희생자를 냈기 때문이다.

뱀사골 반야봉 쪽에는 방준표 동지 아지트가 있다. 그러나 그 위치를 예측할 수 없어 숙제로 남아있다. 앞으로 반드시 찾겠다는 결심에는 변함없다. 그러나 작금에 답사한 아지트를 추정은 하나 단정은 못하고 있다. 1952년에 박영발 위원장 동지가 백운산에서 지리산으로 왔을 때 방준표 동지, 이현상 동지 일행이 마중을 나와 함께 뱀사골까지 보위하며 동행한 적이 있었다. 임걸령 약수터에서 잠시 휴식을 취하고 있을 때 옆에 있던 한 간부 동지가 "권총만 있으면 됐지 왜 칼빈총까지 메고 있느냐"고 물었다. 이에 방준표 동지가 답하는 말씀이 "적과 전투 때 권총만으로는 약하다. 칼빈총 만이 전투를 할 수 있다. 위기에 처했을 때 보위병에 의존해서는 안 된다"고 했다. 그리고 "자신이 직접 들고 싸울 수 있는 전투력을 가져야 한다"고 했다. 아울러 "당 간부들은 대부분 전투력이 부족하다. 나 자신 전투력을 연마하여 자신의 문제는 남에게 의존하지 않고 스스로 해결하는 전투적인 무장이 필요하다"고 했다. 이 말씀에 분위기는 너무도 숙연했다. 방 위원장은 동계공세 때 보위대도 있었지만 스스로 전투력을 갖지 못해 비통하게도 중상을 당했다고 했다. 그 당시 전북에서는 의사가 다 희생되고 없었다. 그래서 이 소식을 접한 박영발 위원장 동지는 재빨리 당시 지리산 부대 의무과장 이영원 의사 동지를 보내 비트에서 치료함으로써 오늘의 건강한 모습을 찾게 되었다고 고마워했다.

이와 같은 쓰라린 경험을 했기 때문에 간부들은 절대로 보위병에 의존하지 말고 자신의 전투력을 향상시켜야 한다고 했던 말씀은 그 후 53년부터 항일 빨치산 부대 편제에 입각하여 보위병제를 없애는 계기가 되었다. 위험할 때만 집단 보위하고 평소에는 자신의 문제를 자체적으로 보호하는 전투력 향상에 주력하는 계기를 마련해 주는데 일익을 담당했다고 평가할 수 있다. 지금도 그때를 잊지 않고 우러러 마음속으로 존경심을 갖고 있는 것이다. 이것이 다른 도당 위원장이나 간부들과 다른 하나의 특별한 차이점이었다. 우리는 자기 머리로 사고하고 자신이 해결할 수 있는 것은 남에게 의존하지 않고 자기 스스로 해결해야 한다는 확고한 주체적 관점을 갖고 소신 있게 행동하는 일꾼이 되어야 한다는 것을 가르쳐 준 것이다.

그리고 1952년 여름, 가을 2차에 걸쳐 나는 방 위원장 비트를 찾아간 일이 있었다. 52년 12월에 세 번째 남원군당 아지트까지 갔다가 눈 위에 난 족적 때문에 되돌아왔다. 방 위원장 동지는 반야봉 중턱 아지트에서 현지에 나가 함께 싸우겠다고 했다. 그러나 현지 간부들은 한사코 만류했다. 당시 도당 연락부는 뱀사골 기슭에 있었다. 연락부 동지들이 현지 지도부와 레포 연락 사업을 하는데 오가는 도중 달궁 능선에서 적의 매복에 걸려 희생되거나 부상을 당한 일이 자주 있었기 때문이다. 52년 여름 연락부를 찾았을 때 부상환자 동지들이 몇몇 있는 것을 확인하고 위로한 적도 있었다. 방 위원장 동지는 "나 하나 때문에 금싸라기 같은 동지들을 희생시킬 수 없다"고 항상 말씀하셨다 한다. 그 후 53년 봄경에 현지로 갔다가 다음 해인 54년 1월 31일 무주군 덕유산에 위치한 망봉에서 최후를 맞았다고 한다. 그런데 방 위원장이 53년 몇 월 달에 현지로 나갔는지는 지금껏 알지 못하고 있다. 당시 같이 있다 살아남은 사람은 한 사람도 없기 때문이다. 지금 아들 한 분이 생존해 있지만 잘 모르고 있는 안타까운 현실이다. 그리고 부인은 몇 년 전에 작고했다.

노고단 차일봉의 능선(간미봉 능선) 따라 뻗어 내린 능선이 구례군 광의면까지 닿는다. 마지막 봉우리가 지초봉(까치절산)이다. 52년 여름 대소골의 피아골 능선 쪽 중허리에 아지트를 쓰고 있을 때 광의면으로 보급투쟁을 나갔다가 여의치 않아 이곳 지초봉 중허리 길에서 하루 더 잠복을 하고 있었다. 보급량이 너무 적어서 보급투쟁을 다시 하기 위해서였다. 비가 내리고 있었다. 날이 밝자 안개는 자욱이 끼었다. 부대는 휴식을 취하면서 아침식사 준비를 하고 있는데 안개가 벗겨지자 전방 중초선에서 적들이 꼬리를 물고 올라오는 것을 먼저 발견하고 사격을 가함으로써 전투는 시작되었다. 나는 재빨리 M-1을 메고 전방에 나갔다. 방아쇠를 당겼으나 불발이었다. 빗물이 총구를 통해 들어가 약실에 녹이 슬었기 때문이다. 재빨리 무명베 조각으로 약실을 닦아 다시 실탄을 장전하여 방아쇠를 당기니 비로소 싸울 수 있었다.

안개가 벗겨진 후 주위를 살펴보니 적들이 우리 부대 후퇴로를 차단하기 위해 앞 능선을 따라 올라오는 것을 발견했다. 비무장 후방부대를 안전하게 성삼재까지 후퇴시켜야 할 위험에 놓여 있었다. 적들보다 먼저 후퇴로 고지를 점령해야만 남은 부대를 완전하게 후퇴시킬 수 있었다. 그래서 소대장 동지와 함께 온 힘을 다하여 아군 후퇴로 고지를 간발의 차로 먼저 점령하여 적들에게 공격을 가했다. 남은 부대는 무사히 위기를 넘기고 성삼재 중허리까지 후퇴할 수 있었다. 우리 둘이 방어하는 동안 다른 2명이 보충됐다. 마지막은 우리 4명이 어떻게 무사히 후퇴하느냐였다. 나는 당시 지형지세와 상황을 고려할 때 중허리 길로 후퇴하는 것이 안전하다고 했다.

그러나 중대장은 바로 뒤편 고지로 후퇴해야 빨리 본 대열과 합류할 수 있다고 했다. 그러나 위험하다고 한 나의 말도 절박한 상황에서 먹혀들어가지 않았다. 결국 뒤편 고지로 후퇴하다 소대장은 즉사했고 중대장은 팔이 부서지고 대원 1명은 궁둥이 관통상을 입었다. 지형지세로 볼 때 후퇴로는 직선거리이기는 하지만 직탄거리이기 때문에 모험을 강행한 결과였음을 알게 되었다. 사실 희생된 소대장 동지를 구출하려고 시도했으나 직탄거리 60~70m 거리의 민능선이라 또 다른 희생을 염려해 포기하고 돌아섰던 아픔이 지금도 지워지지 않고 있다. 나는 마지막 수류탄을 적들에게 던지고 부상당한 두 동지와 함께 중허리를 돌아 무사히 본 대열과 합류했다. 또 한 동지가 후퇴하다 우리 뒤편 고지에서 전투 장면을 넘겨다보는 순간 적들의 유탄을 맞아 희생되었다. 결국 2명 희생, 2명 부상에 필자만 홀로 무사했다. 이 비보를 접한 지구당 위원장은 얼마나 마음 아파했는지 모른다. 그 후 총화에서 필자의 말을 묵살한데 대하여 비판을 받기도 했다.

적들이 퇴각한 후 희생된 현장을 찾았다. 적들은 우리 소대장 동지의 목을 베어갔다. 그 당시에는 희생된 동지들의 머리나 귀, 코를 베어가기도 했다. 허위 과장된 전과를 올려 훈장이나 휴가의 혜택을 받고 있었기 때문이다. 그래서 머리 코, 귀를 잘라 오도록 했다는 것이다.

52년 여름 지구당부 조직부 지도원들 5명이 지초봉 능선을 타고 광의면에 투쟁 나갔다가 백주에 발각돼 지도원 4명이 희생되고 외팔이 책임자 동지만 살아 돌아왔다. 이때 아까운 젊은 간부 동지들을 잃은 사연은 두고두고 가슴을 때리고 있다.

2) 구례군당의 최후

1954년 초에 구례군당 장을수 부위원장은 군당 성원 20여 명을 구례읍 모 초등학교 교실 밑에 약 한 달간 잠복시켰다가 결국 모두 자수하는 사건도 있었다. 그래서 구례군당은 종막을 고하게 되는 비운을 겪기도 했다.

전남도당은 51년 동계공세 전에 야산에서 활동하던 많은 동지들을 지리산으로 파송했다. 지리산으로 파송된 동지들은 동계공세 때 거의 희생되거나 체포되었다. 공세가 끝난 후 부대원 동지들 몇 십 명 정도 남은 사람들로 부대를 조직했다. 54년에 지리산은 적들의 마지막 공세로 종막을 고하다시피 했다. 아니 지리산 전체가 조직적인 투쟁은 끝났다고 했다. 남조선 빨치산 투쟁이 오래갈 수 없다는 것은 이미 예견되어 있었다고 한다.

빨치산 투쟁 전술에서 항일 빨치산 투쟁 전술을 적용하지 못한 오류에도 근거하지만 보다 더 근본적인 것은, 첫째 조선전쟁은 세계의 최강국인

구례군당터

미제와 전쟁을 하고 있다는 어려움이며, 두 번째는 지역이 협소하고 은폐할 곳이 없다는 것이며, 세 번째는 대중적 기반을 갖지 못하고 있다는 것이다. 이는 월남의 투쟁과 대조적이다. 특히 정전이 되면서 일선 정규군들이 후방 토벌작전에 집중됐다는 것이었다.

4년여의 빨치산 투쟁에서 수많은 영웅 열사들이 배출되었다. 이 땅을 침략한 미제를 비롯한 16개 침략군을 물리치고 조국의 자유와 독립을 위하여 희생된 수많은 영웅, 열사 동지들이었다. 우리는 누가 누구를 위하여 처절한 싸움에서 고귀한 생명을 바쳤는가를 마음속 깊이 되새겨보아야 할 것이다.

반세기가 지난 오늘에도 미제는 남쪽 땅에서 둥지를 틀고 있다. 조국분단은 전적으로 미제에 의한 것이다. 우리 민족의 자주적 역량 부족에서 분단을 자초하게 됐다는 점도 깊이 반성해 보아야 할 것이다. 우리는 6.15시대를 맞아 살고 있다. 냉전수구 세력들은 미제에 편승하여 기득권을 유지하기 위한 갖은 방법과 수단을 동원하여 발광적인 공세를 취하고 있다.

우리는 '우리 민족끼리'라는 이념의 기치 아래에 3대 공조를 실천투쟁을 통해 하나씩 구현시켜 나가야 한다. 우리 민족 대 미제와의 대결구도를 완전히 정착시켜 미제를 축출하기 위한 투쟁을 강력히 전개해야 할 역사적 민족적 과업이 주어져 있다. 진정으로 통일을 염원한다면 미제를 이 땅에 그대로 놓아두고는 이룩할 수 없다.

우리는 구호에만 그쳐서는 안 된다. 미군 철수 원년의 전환적 국면의 해로 만들려면 미군을 어떤 방법으로도 축출하겠다는 확고한 의지를 갖고 미군철수남북공동대책위를 하루라도 빨리 구성해야 한다. 이는 민족적 요구이며 시대의 흐름이다. 시대적 요구와 흐름에 어떠한 변명도 있을 수 없다. 오로지 실천 투쟁뿐이다. 이를 외면하거나 방관하는 자가 있다면 이는 규탄 받아 마땅하다.

우리는 조국해방전쟁 때 희생된 열사 동지들의 요구가 무엇인가를 똑바로 알아야 할 것이다. 우리는 열사 동지들의 희생정신과 위업을 받들어 미제를 구축하는 투쟁에 우리 모두 함께 떨쳐 일어날 것을 다짐하는 역사 기행의 장이 되어야 한다는 것을 잊지 말아야 한다.

추천사

외세와 분단이 빚은 동족상잔의 아픈 상처

권오헌 (사)정의 평화 인권을 위한 양심수후원회 명예회장

    1954년 2월, 전남 백운산지구 전남도당지도부의 보위부대인 '전남부대'는 이제 겨우 수십 명으로 구성된 두 개 중대 전투원만 남는다. 밤낮없이 싸우고 쫓기고, 매복하고 옮기는 전투현장이지만 전투력 유지를 위한 먹는 문제는 빨치산 투쟁에서 또 하나의 필수과제였다.

    전남부대는 2월 18일 광양 진월면으로 보급투쟁을 나갔다가 백운산 내각 옥룡골 본대로 복귀하는 과정에서 토벌대 수색조에 발각된다. 7.27정전협정 이후 토벌대는 정규군 보완으로 병력 수나 화력에서 보급투쟁 빨치산 전투원과는 비교할 수 없이 우세한 상황에서 토벌대에 노출된 것이다. 피할 데는 없었다. 맞서 싸워 승부를 겨룰 수밖에 없었다. 김영승 소년 빨치

산은 이미 노련한 전투원으로 성장했고 조선노동당에 화선입당한, 부대장을 항상 보위하는 임무까지 맡고 있었다.

귀창을 찢는 빗발치는 총탄이 쏟아진다. 앞만 보고 마주 쏘는 사이 옆으로 돌아 공격하는 상대방 총탄을 피할 수 없었다. 어깨에서 목과 턱을 뚫고 나갔다. 목과 턱은 치명상은 아니었지만 어깨 관통상으로 김영승 소년 빨치산은 당장 왼팔을 쓸 수 없었다. 소년 빨치산은 그 긴박한 순간에도 자신의 M-1 소총을 부대장(중대장 겸함)의 칼빈 소총과 바꾸어 오른손으로 적을 향해 방아쇠를 당긴다. 부대장은 자신의 명주목도리를 풀어 소년 빨치산의 어깨와 목을 감싸준다. 전투는 후퇴하는 찰나에도 치열했다. 다시 소년 빨치산은 왼팔 관통상을 입는다.

봉강능선을 넘어야 살수 있다는 것을 빨치산들은 알고 있었다. 그쪽 방향으로 옮기면서 사격은 이어졌다. 아! 나뭇잎 다 떨어진 엄폐물도 없는 나대지에서의 돌파전은 결국 대부분의 빨치산 전투원들에게 장렬한 최후만이 있게 된다.

소년 빨치산은 또다시 궁둥이에 적탄이 뚫고 간 것을 느낀다. 이러한 절박한 순간에도 호주머니에서 라이터를 꺼내 낙엽을 태워 몸을 숨기는 연막전술을 한다. 일부 대원들은 그렇게 하며 봉강능선에 접근한다. 3중대 오덕윤 중대장 등 몇몇이 능선을 넘으며 빨리 따라오길 재촉한다.

그러나 곧이어 토벌대가 능선을 점령했다. 더 이상 오를 수가 없다. 중상을 입은 소년 빨치산은 되돌아 피신하다가 또 다른 두 살 아래 소년 빨치산을 만난다. 둘은 한사람이라도 살아야 한다며 좌·우로 갈라져 적탄을 피해 움직였다. 이날 그 유일하게 살아 있었던 소년 빨치산의 누나 간호사 동지도 장렬하게 전사했었다. 불행하게도 조금 전에 헤어졌던 또 다른 소년 빨치산은 체포되었다.

김영승 소년 빨치산은 어느 순간 정신을 잃고 쓰러진다. 그리고 얼마나 지났을까? 눈을 떴을 때 추격자 세 놈이 버티고 서 있었다. 9.28 이후 온 가족과 함께 태청산 입산 이후 불갑산 전투, 유치내산-화학산에서의 구사일생-1951년 11월 백운산으로 이동(민청학원 입학) 그리고 여천군당 소환으로 정식 빨치산이 되고 1952년 봄 지리산으로 옮겼다가 1953년 '전남부대'가 있는 백운산으로 옮겨 숱한 전투에 참가하기까지 4년여의 소년 빨치산은 '전남부대' 소멸과 함께 그의 '조국해방전쟁투쟁'은 마감하게 된다.

소년 빨치산으로 널리 알려진 김영승 선생은 1935년 전남 영광군에서 빈농 집안의 3남4녀 중 3남으로 태어났다. 일제 강점기 큰형님이 이른바 유언비어 혐의로 구속될 정도로 온 집안이 반일의식이 강했다. 8.15조국광복과 함께 지역주민들은 인민위원회를 결성, 직접 자치능력을 발휘한다. 브루스 커밍스의 「한국전쟁의 기원」에 따르면 영광군 등 전남지역은 인민위원회가 통치기능을 수행한 지역이고 1946년 9~12월 사이 농민봉기가 있었던 지역으로 기술했다. 이런 사회적 환경에서 김 선생은 빠르게 사회의식의 변화를 겪는다.

1948년 10월 여순항쟁 여파로 선생의 고향 불갑산에도 빨치산 활동이 잦았다. 선생은 어린나이로 빨치산 대장의 식사당번까지 한다. 당시 빨치산을 토벌하던 군·경에게 아버지는 숫돌굴에 숨었다가 모진 고문을 당하는가 하면 막내 숙부가 경찰과의 교통사고 건으로 부당하게 처벌받는 것을 보며 소년 김영승은 군·경에 대한 적개심에 한때 소년의 신분으로 입산활동을 하기도 했다.

1950년 '7.23'(영광군 인민군 입성) 이후 토지개혁과 남녀평등, 문맹퇴치 등 새로운 세상을 맞게 된다. 선생은 선거로 소년단 단장이 되고 면당 당부와의 연락사업을 했다. 그러나 이 같은 '합법' 시간은 짧았다. 다시 돌아온 경찰과 군인, 우익들의 '인민학살'을 보게 된다.

마침내 만 15살 소년은 어린 여동생들까지 온 가족이 압제를 피해 입산하게 된다. 이후 진행되는 치열하고 처절한 빨치산 활동과 그 과정에서 만난 이현상 대장 등 많은 빨치산 지도부를 백아산, 지리산, 백운산, 덕유산을 넘나들며 가까이하게 되고, 그 영향을 받는 과정은 독자들의 몫이다.

15살 소년의 빨치산투쟁 어떻게 가능했을까? 김영승 선생은 1953년 4월 15일, 당시 김선우 전남도당 위원장의 최종결론으로 '출신성분 빈농', '사회성분 빨치산'을 인정받아 조선노동당에 화선입당했다. 당지도부가 인정할 정도로 출신성분과 사회성분말고도 그동안 소년 빨치산으로서의 임무와 역할에 대한 평가일 수 있다. 실제로 많은 기습전, 매복전에서의 지휘, 통솔력을 발휘한 사례가 있다. 선생의 어린 시절 빈곤체험, 일제강점기와 8.15미군정기의 탄압과정은 소년의 사회의식에 결정적 영향을 주었을 터였다.

"1950년 중학 입학 때까지는 남들이 입었던 옷만 입었고 새 옷 한번 입어본 적 없다. 나는 큰 형님이 입던 옷을 형수님이 줄여서 바느질해 놓은 옷을 여름과 겨울 두 번에 걸쳐 입었을 뿐이다. 전쟁 때 11살, 13살 누이동생은 속옷도 없는 검정통치마를 입고 1년 열두 달을 살았다. 중학교 입학 때 무명베로 만든 런닝셔츠에 검은바지를 입은 것이 난생처음 입어보는 새 옷이었다. 신발은 짚신을 삼아신고 다니거나 맨발로 10리길을 걸어 학교에 다니기도 했다. 중학교 들어가서야 고무신 한 켤레 신고 다니다가 그대로 중학생 복장에 그 고무신을 신고 입산했다."

이 같은 가난을 이겨내려면 새 세상을 이뤄내야 한다는 사회의식이 싹텄고, 언제나 억압자였던 부잣집, 가진 자들에 대한 계급의식을 갖게 되고, 가난과 핍박의 배후에는 일제와 미제가 있다는, 민감한 상황의식이 자랐다. 그리고 빨치산투쟁 과정에서 만난 항일투쟁에서부터 구빨치까지 그 외 새로 부임하는 지도부 동지들의 영향과 틈틈이 진행되는 교양과정에서 빨치산 김영승 인식체계가 형성되지 않았을까. 이러한 인식체계는 이후에도 비전향으로 37년 옥고를 치르고 석방 후 30년 넘게 민주화운동과 자주통일운동에 헌신하는 초석이 되고 있었다. 선생은 회고한다.

"무장투쟁에서 발휘되는 동지애는 조직적 사상적 결속을 다지고 투쟁의 불길을 치솟게 한다."
"오늘의 고난에 찬 투쟁을 극복하고 최후의 승리를 쟁취하는 것은 오로지 혁명적 신념과 사상적 무장을 튼튼히 하는데 있다."

    회고록에서의 문장과 낱말들은 김영승 소년 빨치산의 입산투쟁 과정의 현장언어이다. 미수를 내다보는 오늘에도 김영승 선생의 정신세계는 빨치산 투쟁의 캡슐에 잠겨있는 것처럼 보인다. 침략외세와 계급적 적에 대한 적개심과 긴박하고 처절했던 전장의 상황은 아직도 김 선생님 뇌리에 각인되었을 터였다.

2022년 10월

추천사 /

분단의 아픔을 오늘도 앓고 있는 이 있다

양희철 시인, 비전향 장기수

분단의 아픔을 오늘도 앓고 있는 이 있다.

열여섯 살 소년 빨치산이 여든여덟 살 되어서도 앓고 있다.

지금도 산만 보면 마음이 설레고 목이 메인다.

1950년 조국해방전쟁이 그를 성큼 키도 의식도 크게 했다.

조국을 알게 했다. 애국의 길을 걷게 했다.

왜 내 동포를 미워하랴, 외세가 만들어 들씌운 분열인데 그 외세를 몰아내야지

외세, 두 제국주의를 미워하고 이들과 싸워야지

전쟁을 부추기고 살상을 일삼는 자, 전쟁 없인 살아 갈 수 없는 전쟁마니

아, 두 제국주의, 미제 일제를 미워해야지 동포를 미워할 순 없다던
이 땅이 뉘 땅인데 남북으로 갈라놓고 민족분열을 일삼는 자, 미제 일제와
의 싸움이다.
이 분탕질에 놀아나는 동족이 가련하다, 그들의 주구가 되어 같은 민족에
게 총부리를 휘두른 불쌍한 족속들.
대리전쟁은 불식되어야한다, 외세는 이 땅에서 나가야 한다.
전쟁은 멈췄으나 그들은 남아 내 나라 남녘을 77년간 점유하고 있다.
강점을 끝내고 그들은 저희들 땅으로 돌아가야 한다.

여기 소년 빨치산의 회고가 있다.
지나간 소년 적 백아산, 백운산, 지리산들에서 당하고 겪었던 생생한 일들
을 기록했던 것을 책으로 내놓는 일일 게다.
기대가 된다.
역사란 계급과 계급간의 투쟁의 기록이라 했던가.
한 시대 일정 지역의 주류로 살았던 인민의 항쟁을 가감 없이 서술해 보겠
다는 당찬 기백에 찬사를 보낸다.

그는 의로웠고 용감했다.
어리고 순수했기에 어른으로부터 귀여움을 받으며 자랐었고 학습과 실천
에서 이민위천 정신으로 무장하니 의로울 수 있었고 과감하니 용기 또한
출중했으리라 본다.

그는 열정적이었다.

문제 해결을 위한 토의에서도, 부대원들의 오락회에서도, 민청학교 교습에서도 열과 성 다하여 참여했고 흥이 넘치게 오락회를 이끄셨다.

그는 정의로웠다.

열한 살, 열세 살 두 누이만을 위한 빨치산일 수 없었다.

두 동생들은 엄마도 아빠도 떨어진 채 오직 오빠 김영승만이 하늘인데 오빠와 갈란다니 어인 청천벽력이리오. 이런 때도 야멸찼다.

"산에서 당장 내려가라!"고 눈 부라리고 고함쳤을 때 듣는 동생들도 본인 김영승도 얼마나 가슴 아팠을까. 안겨오는 누이들을 뿌리치고 산비탈로 치달려야 했던 그, 대의에 따르고 정의의 편에 섰음을, 이런 장면들을 회상하며 쓰러져 가신 동지들을 불러내야 한다.

집단학살은 전투성원보다 비무장 민간이 당한 참혹상이다. 혼란의 와중에 군경들의 예봉을 피하기 위해 남부여대로 산 깊숙이 들어가 연명하다 내려오게 되면 가두거나 사살하니 죽음이 두려워 재차 입산했던 부락민들, 한쪽으로 몰아 집단으로 사살, 이 무서운 광경을 오늘에 되살려 기록으로 남기는 작업. 장하여라.

그는 입산 시 사리분별력이 없었다.

산에서 배우며 컸다. 고신간난의 역경 속에서도 배워야 산다.

선배 동지들로부터 하나하나 익혔고, 명제의 푸는 지식과 지혜를 함양함에 촌음을 아꼈었다.

그는 담대했다.
훈련에서도 배움에서도 적아간 투쟁에서도 언제나 앞장섰고 두려움 없이 싸워 이겼다.

그는 민족적이다.
민족을 중심에 두고 사고하고 행동하는 실천가다. 단군겨레의 우수성을 믿어 의심치 않는다.
오늘날의 공화국 북반부의 눈부신 발전상이 그것이라며 우주과학, 육종학, 컴퓨터공학이 인민생활에 응용된다는 것.

그는 항상 긍정적이다.
그를 오늘날의 실천가가 되게 하고 혁명적 실천으로 삶을 엮는 생활인이 되게 한 근본동인은 세계 발전 법칙을 배워 알고 있기 때문이리라.

지금도 남도의 산하 누빌 때면 아련히 다가오는 동무가 있다.
소년 빨치산으로 장렬히 산화해 가신 구춘길, 김기환 동무들.
아! 그립다 보고 싶다, 미안하다.
"아직 그 자리 멈추고 있는 겨?
미안해, 내쫓아야 하는데
서두를 것 없어 내외 협공이 은을 낼거고만"

그대 김 영 승!

차근차근 드팀없이 일하시는 모습 그리며 여기까지 함께 온 지난 날 그대와 민중들

비록 오늘이 어려울지라도 내일이 있음을 믿기에 돋는 해 지는 달을 보며 음미해야지.

그리고 복됨으로 이어지기를...

2022년 10월

나의
살아 온
이력

1935년 8월 7일 전남 영광군 묘량면 삼학리 235번지에서 7남매 중 3남으로 태어났다. 아버지의 20년 남의집살이로 논밭 10마지기를 장만하여 두 칸 자리 새 집 부엌에서 출생했다.

1942년에 소학교에 들어가지 않고 10여리 산골 서당 3년 중에 1945년 8.15조국 광복을 맞이했다.

1945년 8.15광복을 맞이하여 큰형님이 유언비어 죄로 일제 말에 감옥에 들어갔는데 그해 평양 감옥에서 출옥했다. 일제에 대한 증오심은 큰형님의 감옥살이로 말미암아 10살 때부터 싹트기 시작했다.

1945년 8.15해방 후 가난해서 학교에 들어가지 못한 어린애들이 소학교에 들어가는 연령과 실력에 따라서 소학교 2학년에 입학했다.

1950년 6월 30일에 고향 묘량국민학교를 졸업하고 영광중학교에 입학하였다.

1950년 7월 23일 중학교를 약 1달 다니는 과정에 인민군에 의한 해방을 맞이했다. 나는 국민학교 6학년 때 동네 야학에서 소학교에 들어가지 못한 동네 어린이들을 전부 문명퇴치 했다.

1950년 6학년 때 학교 스트라이크 주동자로 몰려 교장실에 들어가 난생 처음으로 빨갱이란 말을 듣고 훈계받기도 했다.

1950년 해방공간에 소년단 활동을 하면서 리 세포에서 당원 명단 작성과 당비를 받으려 다닌 작업과 면당부 연락사업을 9.28후퇴 때까지 했다.

1950년 9.28후퇴를 묘량면 장암산으로 입산해서 장성 태청산에 있다가 1950년 12월 1일에 불갑산으로 이동했다. 불갑산에서 불갑지구당 연락과 분트에서 연락과 본트에 도당 각종 레포 연락사업을 하다 본트에 소환되어 본트에서 지구당부까지 레포연락사업을 하다가 지구당부 소환으로 12월 말부터 지구당부 연락사업을 했다. 이때 불갑지구 사령부와 지구당 전체 산하 단체와 함평군당, 무안군당, 목포시당 일부에 당 레포사업을 했다.

1951년 2월 19일 새벽에 지구당부 위원장만 남고 서나주 금성산으로 후퇴했다.

1951년 2월 21일에 동나주 국사봉 및 금덕마을로 이동하여 유치내산 빨치산 투쟁을 하게 되었다.

1951년 4월 20일 당시 유치지구당부와 불갑지구당부가 합쳐 전남도당부 산하 제3지구당부가 결성되었다. 나는 제3지구당부 연락병으로 지구당부 산하 각 부서와 목포시당 레포연락사업을 주로 했다.

1951년 11월 28일 지구당 위원장 이방휴 동지의 추천을 받아 백운산 민청학교에 가게 되었다.

1951년 군경들의 대대적인 동계공세 작전으로 연락루트가 차단되어 모후산에서 이틀을 머물었고, 백아산에 사흘간 있다가 다시 모후산으로 왔다. 다시 조계산으로 해서 순천 갓꼬리봉에서 하루 머물고 백운산 용지동골에 들어갔다.

1951년 12월 15일까지 용지동골에서 있다가 옥룡골 도당 88트에 들어가 도당 간부부에서 병암골 민청학원에 들어갔다. 약 일주일 민청학원에 있다가 적들의 공세가 시작되어 학업을 할 수 없기 때문에 학원을 해산할 수밖에 없었다. 이때 조동만 여천군당 위원장의 눈에 띄어 군당 위원장 연락병으로 가서 무장투쟁을 하게 되었다. 여천유격대가 7-8명밖에 되지 않지만 공세 때 기습작전으로 100여명의 강위력한 무장부대를 만들어 전남도당 정치공작대로 편입되었다. 이때부터 약칭 '정공대'라 했다.

1952년 1월 27일 전투 중 정공대장의 다리 부상으로 임시 환자비트에 들어가 있다가 적들에게 발각되어 비트에 있던 이정태 박영발도당위원장 비서와 주치의 이형년 동지들이 같이 있다가 3인은 살아나고 위원장은 희생을 보았는데 정공대도 병암골에 개별 잠복했다가 1월 27일 하루에 적들에게 희생 체포되어 종막을 고하게 되었다.

1952년 3월에 제1차 적들의 동계공세가 끝날 때까지 도당 간부들을 집중 보위했다가 3월 말경에 박영발 위원장 동지의 명을 받들고 박찬봉 도인민위 부위원장 보위병으로 1952년 4월 5일에 지리산으로 오게 되었다. 이때 지리산 전투지구당이 새로 결성되었기 때문이다. 박찬봉은 1952년 10월 지리산에 제5지구당부가 결성되어 유격지도부장으로 갔다.

1953년 1월에 전남도당부로 소환되어 백운산으로 왔다. 백운산 옥룡골 88도당 건위부대가 결성되어 활동하다가 당시 도당 직속연대가 있었는데 동지들의 희생으로 한 개 중대가 없어지는 바람에 전남연대는 해산되고 전남도당 직속부대인 전남부대가 결성되어 88근위대는 해산되어 한 개 중대로 들어가 투쟁했다.

1952년 전남부대에서 당원 가입문제가 제기되어 먼저 지리산에 있을 때 여름부터 이력을 쓰다가 적들의 공세로 이루지 못하고 백운산으로 왔었다.

1953년 3월 5일에 군경의 잦은 공세로 당조직위 회의를 미루다가 부대조직위서 취급되었다.

1953년 4월 15일에 입당은 중대장 권영용 동지와 의무과장이며 강사인 이영원 동지의 보증 하에 김선우 위원장의 부대 조직위에서 정식 결정되었다. 출신성분은 빈농, 사회성분은 빨치산으로 규정되었다. 전남도당 산하 빨치산 성분을 가진 자는 2명밖에 없었다.

1953년 8월 14일 옥룡골 똥섬 기습작전에서 지뢰 파편 50여 군데를 맞기도 했다.

1954년 2월 20일 옥룡골에서 적 5사단과 전투 중 총탄 3발을 맞고 중상, 생포되었다. 이때 전남부대는 종막을 고하는 아픈 기록을 남겼다.

1954년 3월 20일 광양읍 이동외과 병원에서 치료 중 남원 포로수용소로 이송되었다.

1954년 4월 28일 남원 이동 고등군법에서 국방 경비법 32조로 사형을 선고받고 남원경찰서 유치장에 구금되었다. .

1954년 5월 10일 사형수 10여명과 함께 대구감옥으로 이감 왔다.

1954년 9월 10일 무기로 감형되어 소년수이기 때문에 가을경에 김천소년감옥으로 이감되었다.

1955년 5월 10일 성인이 되어 안동감옥으로 이감되었다.

1957년 1월 27에 무기수 3명과 함께 대전감옥으로 이감되었다.

1960년 10월 5.1감형으로 20년이 되었다.

1968년 4월 8일 분산조치에 의해서 목포감옥으로 80명이 이감되었다.

1969년 5월 27일 다시 대전감옥으로 7사 독방에 수용되었다.

1973년 9월 15일 20명이 광주감옥으로 이감되었다.

1974년 4월 28일 20년 만기였으나 비전향을 이유로 출옥시키지 않고 반공법 조작으로 재구속되었다.

1975년 5월 10일 반공법 적용으로 징역 2년을 받았다.

1976년 5월 7일 만기였으나 사회안전법의 적용을 받아 5월 3일에 출옥하지 못하고 감호처분을 받아 광주 감옥에서 복역했다.

1976년 5월 29일 대전감옥 8사로 이감되었다. 당시 8사는 임시 감호소였다.

1978년 11월 18일 청주보안감호소로 개칭되어 감호소 생활 13년여 년 세월을 2년마다 갱신처분을 받았다.

1989년 9월 5일 사회안전법 폐지로 대체입법인 보안관찰법 적용을 받고 비전향 출옥하게 되었다. 총 35년 9개월을 살고 출옥했으나 작은 감옥에서 큰 감옥으로 나온 것과 같았다. 지금까지 출옥 후 30여 년을 2년마다 비전향을 이유로 감시를 받으며 갱신되고 있다.

1991년 10월 10일 결혼하여 딸 하나를 두고 있다.

1989년 11월 20일경 양심수후원회를 비롯한 인권단체들이 종로5가 기독교회관에서 환영대회를 열었는데 공안이 막고 경찰서장의 계고장까지 받았으나 이를 뚫고 참석함으로 인해 경찰서에 연행되었다가 신사동 누나의 보증으로 석방되었다. 기소유예 처분을 받았다.

벨기에 브뤼셀에서 북 인권규탄대회를 무산시키고 규탄하기 위하여 80명이 3박4일 동안 파견하는 과정에 김포공항에서 냉전수구세력들의 망동을 규탄하는 글을 페이스북에 올렸다가 냉전수구세력들이 이를 보고 고발해서 징역 1년 6월에 집행유예 3년을 받았다.

2012년에 가택을 압수수색 당해 보관 중이던 자료 3백여 점을 빼앗겼다. 이로 인하여 고무찬양죄를 적용하여 징역 2년에 집행유예 3년을 받았다.

한편 국가인권위원회에 최석기, 박융서, 손윤규, 김용성, 변영만 동지들 5명을 제기하여 국가 가혹행위 확정통고를 받았다. 보상심의위에서 이분들의 죽음이 전향제도를 폐지시켰다는 측면에서 논의되었다. 하지만 보수언론인 조중동이 어떻게 빨치산이나 간첩이 민주화에 해당되느냐고 보도하는 바람에 기각되고 말았다.

2005년에 진실위원회가 결성되어 감옥에서 희생된 75명을 제기했으나 10명은 수감사실을 증명하는 신분장이 없어 기각되고 12명만 국가 가혹행위 확정통고를 받았고, 나머지는 불능 처리되어 그 안타까움은 말할 수 없다. 당시 이의를 제기했으나 기각되고 말았다.

2009년에 진실위원회에 22명 비전향 장기수 동지들에 대한 고문, 구타 등은 불법한 국가 폭력이란 주제로 진실규명을 제기하여 전원 확정 통고를 받고 그중 20명이 민사소송을 제기했으나 고법까지 상고하는 바람에 소송비 부담이 많아 포기하고 10명이 대법까지 가서 승소함으로서, 사법부가 국가의 불법한 폭력행위를 처음으로 인정했다는데 의의를 찾을 수 있게 되었다. 그러나 국가는 아직까지도 솔직하게 인정하지 않고 있다.

출옥 후 직장은 수십 군데 다녔고 현재 횡단보도 지킴이를 하고 있다.

한편, 출옥 후 통일광장 결성 당시까지 임원으로서 활약했다.

2005년 범민련 산하 경인연합 고문이며 경인연합이 공안의 탄압 하에서 해산된 후에는 남측본부 고문으로 마지막 생을 다할 때까지 할 작정이다. 그리고 인천인권센터 고문으로, 인천 6.15 고문으로, 인천희망유니온 회원으로 돼 있다.

현재 전국묘소답사반에 적을 두고 활동하고 있다.

백운산 봉우리에 남겨진 이름
마지막 소년 빨치산
김영승 회고록

초판인쇄	2022년 10월 10일
초판발행	2022년 10월 10일

지 은 이	김영승
펴 낸 곳	(주)통일뉴스
디 자 인	정면
등록일자	2004년 3월 9일
주　　소	서울특별시 종로구 새문안로5가길 3-10(당주동) 선덕빌딩 6층
홈페이지	www.tongilnews.com
전자우편	tongil@tongilnews.com
전　　화	02-6272-0182

ISBN 978-89-94771-14-4   03990

값 18,000